（宋）呂惠卿 撰

金刻本莊子全解

第二册

國家圖書館出版社

第二册目録

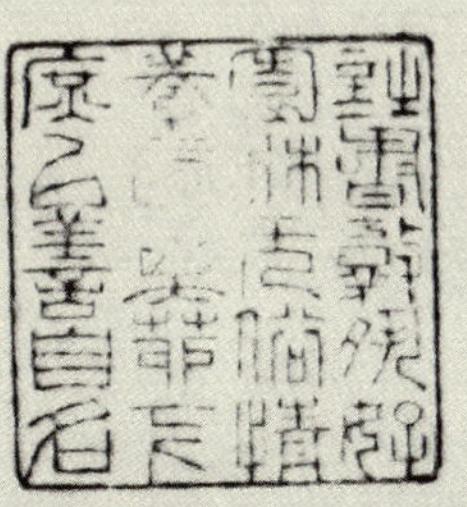

壬辰重改證吕太尉經進莊子全解卷第十

達生第十九

達生之情者不務生之所無以爲達命之情者不務知之所無奈何養形必先之物物有餘而形不養者有之矣有生必先無離形形不離而生亡者有之矣生之來不能却其去不能止悲夫世之人以爲養形足以存生而養形果不足以存生則世奚足爲哉雖不足爲而不可不爲者其爲不免矣夫欲免爲形者莫如棄世棄世則無累無累則正平正平則與彼更生更生則幾矣事奚足棄而生奚足遺棄事則形不勞遺生則精不虧夫形全精復與天爲一天地者萬物之父母也合則成體散則成始形精不虧是謂能移精而又精反以相天

達生之情者不務生之所無以爲生之所無以爲者非生之所待而生也達命之情者不務知之所無奈何知之所無奈何者自知之所不能知也若養形必先之物物有餘而形不養者有之矣則凡形不養者以其

生生之厚而不皆在於物之不足也有生必先無離形形不離而生亡者有之
矣則凡生亡者以其動之死地而不皆在於形之離生也則達生之情者安用
夫為形以務乎生之所無以為哉生之來不能却其去不能止則有命而已矣
則達命之情者安用夫役智以務乎知之所無奈何哉悲夫世之人以為養形
足以存生而養形果不足以存生如向所言則知世之無足為也雖不足為而
不可不為者其為不免則安能免於為形邪則欲免為形者莫若棄世棄世則
有世而不以為累之謂也棄世則無累無累則合乎天地之平道德之正故無
累則正平正平則形氣不能虧而天和將至雖不以為形為事而與彼更生
矣故正平則與彼更生則養形雖不足以存生而得所謂更生者則幾可以存
矣事奚足棄以事之無事也生奚足遺以生之無生也事雖無事不能棄事
則累於事而不能無事而形勞故棄事則形不勞而全矣生雖無生不能遺生
則役於生而精虧故遺生則精不虧而復矣形全精復德同於初則與天為一
矣萬物者稟精於天成形於地則天地者萬物之父母也其合則吾之所以
成體也則所謂天地氤氳萬物化醇是也而其散則物之所以成始也則所謂
男女構精萬物化生是也形精不虧則合而成體者不虧也是謂能移則散
而成始者有能移也能移則成始之與成體在我而已矣不虧固精矣而能移焉
則又精也精而又精則其所稟於天者反以相天矣則其所謂
存生者豈不妙矣哉奈何其累於世與生而不忘棄遺且去也 子列子問關

尹曰至人潛行不空蹈火不熱行乎萬物之上而不慄請問何以
至於此關尹曰是純氣之守也非知巧果敢之列居予語汝凡
有貌象聲色者皆物也物與物何以相遠夫奚足以至乎先是

色而已則物之造乎不形而止乎無所化夫得是而窮之者物焉得而止焉彼將處乎不淫之度而藏乎無端之紀遊乎萬物之所終始壹其性養其氣合其德以通乎物之所造夫若是者其天守全其神無郤物奚自入焉夫醉者之墜車雖疾不死骨節與人同而犯害與人異其神全也乘亦不知也墜亦不知也死生驚懼不入乎其胸中是故遻物而不慴彼得全於酒而猶若是而況得全於天乎聖人藏於天故莫之能傷也。

潛行不窒則實之所不能礙也蹈火不熱則火之所不能焚也行乎萬物之上而不慄則高之所不能危也如此而日是純氣之守也非智巧果敢之列何也今夫天地之運萬物之變意之所不可測者孰非氣邪誠能致守乎純氣則其至於此不足異也凡以其至虛而已豫皆知巧果敢之得預邪何以言之今夫龍之爲物也合而成體則上極下蟠而無不至散而成章則入於無有而不可見亦以氣而已則至人之守純氣何以異於此邪凡有皃像聲色皆物也唯其皆物則物與物不足以相遠不足以相遠則奚足以至乎先以其皆是色而已先則未有物之初色則物之已有者也已有物矣則奚足以致純氣之守而預至虛之遊乎則物之造乎不形造乎不形則未有物之初而非所謂皃象聲色也無貌象聲也則止乎無所化而不去矣夫得是而窮之者物安得而止焉此其潛行不窒蹈火不熱行乎萬物之上而不

慄也然彼其所以得是而窮之者抑有道邪蓋將處乎不淫之度不淫之度
則不繼不時適與之當而不過也藏乎無端之紀無端之紀則始終相反乎此
而不可得而窮也遊乎萬物之所終始則所謂造乎不形而止乎無所化也壹
其性則不敢以貳也養其氣則不敢以耗也合其德以通乎物之所造則性
脩反德而與造物者同造之於不形也夫若是者其天守全其神無郤守
全而無郤則物奚自入焉此窒之所以不能窒熱之所以不能熱而慄之所
以不能慄也全於酒者死生驚懼猶不能入其胸中以至遻物而不慴則藏
於天而全之者宜其物莫之能傷也然則所謂聖人者莫不全於天矣則皆
可以潛行不窒蹈火不熱登高不慄乎曰固也然有得之形者則魏文侯所見
是也有得之心者則所謂夫子能之而能不爲者是也雖然得之心矣則孰爲
實而窒孰爲火而熱孰爲萬物之上而
慄乎則向之所謂存生者何以加此

復讎者不折鏌干雖有忮心者不怨飄瓦是以天下平均故無攻戰之亂無殺戮之刑者由此道也

常有司殺者殺則人之遇之猶鏌干飄瓦而已矣此天下所以平均雖伐國而無物戰之亂雖殺人而無殺戮之刑也此亦聖人之所以藏於天而物莫之傷之道也

不開人之天而開天之天開天者德生開人者賊生不厭其天不忽於人民幾乎以其眞

無知而知其無知無爲而知其無爲則人之天也無知而不知其無知無爲而不知其無爲則天之天也開天者德生則以其眞無知無爲而已開人者賊生則以其德有心而心有眼故也則向之所謂全於天者亦天之天而非人之天也不厭其天則開之而已不忽於人則畏人之所畏也民而知此幾乎以其眞矣此聖人所以不以人滅天也

仲尼適

楚出於林中見痀僂者承蜩猶掇之也仲尼曰子巧乎有道邪曰我有道也五六月累垸二而不墜則失者錙銖累三而不墜則失者十一累五而不墜猶掇之也吾處身也若橛株拘吾執臂也若槁木之枝雖天地之大萬物之多而唯蜩翼之知吾不反不側不以萬物易蜩之翼何為而不得孔子顧謂弟子曰用志不分乃凝於神其痀僂丈人之謂乎痀承蜩之說則所謂純氣之守者其用志不分亦如是而已

顏淵問仲尼曰吾嘗濟乎觴深之淵津人操舟若神吾問焉曰操舟可學邪曰可善游者數能若乃夫沒人則未嘗見舟而便操之也吾問焉而不吾告敢問何謂也仲尼曰善游者數能忘水也若乃夫沒人之未嘗見舟而便操之彼視淵若陵視舟之覆猶其車却也覆却萬方陳乎前而不得入其舍惡往而不暇以瓦注者巧以鉤注者憚以黃金注者

殙。其巧一也，而有所矜，則重外也。凡外重者內拙。觀操舟金注之說，則形全精復者，非棄世遺生，至於其神無郤，物無自入者，不足與此也。

田開之見周威公，威公曰：吾聞祝腎學生，吾子與祝腎遊，亦何聞焉？田開之曰：開之操拔篲以侍門庭，亦何聞於夫子？威公曰：田子無讓，寡人願聞之。開之曰：聞之夫子曰：善養生者，若牧羊然，視其後者而鞭之。威公曰：何謂也？田開之曰：魯有單豹者，巖居而水飲，不與民共利，行年七十而猶有嬰兒之色，不幸遇餓虎，餓虎殺而食之。有張毅者，高門縣薄，無不走也，行年四十而有內熱之病以死。豹養其內而虎食其外，毅養其外而病攻其內，此二子者，皆不鞭其後者也。仲尼曰：無入而藏，無出而陽，柴立其中央。三者若得，其名必極。夫畏塗者，十殺一人，則父子兄弟相戒也，必盛卒徒而後敢出焉，不亦知乎！人之所取畏者，衽席之上，飲食之閒，而不知為之戒者，過也。單豹則所謂[illegible]不蟬而生上[illegible]

也張毅則所謂物有餘而形不養者也入而藏則單豹是也出而陽則張毅是也出入則皆有心而爲之也柴立則木之無心矣中央則非不藏其後者也柴立其中央則不厭其天矣衽席之上飲食之間而知爲之戒則不忽於人矣祝宗人玄端以臨牢筴說彘曰汝奚惡死吾將三月犧汝十日戒三日齊藉白茅加汝肩尻乎彫俎之上則汝爲之乎爲彘謀曰不如食以糠糟而錯之牢筴之中自爲謀則苟生有軒冕之尊死得於腞楯之上聚僂之中則爲之爲彘謀則去之自爲謀則取之所異彘者何也爲彘謀則去之自爲謀則取之豈愛身不若彘哉以世爲之累而已矣故唯棄世遺生爲可以無累桓公田於澤管仲御見鬼焉公撫管仲之手曰仲父何見對曰臣無所見公反誒詒爲病數日不出齊士有皇子告敖者曰公則自傷鬼惡能傷公夫忿滀之氣散而不反則爲不足上而不下則使人善怒下而不上則使人善忘不上不下中身當心則爲病桓公曰然則有鬼乎曰有沈有履竈有髻戶內之煩壤雷霆處之東北方之下者倍阿鮭蠪

躍之西北方之下者則泆陽處之水有罔象丘有峷山有夔野有彷徨澤有委蛇公曰請問委蛇之狀何如皇子曰委蛇其大如轂其長如轅紫衣而朱冠其為物也惡聞雷車之聲則捧其首而立見之者殆乎霸桓公辴然而笑曰此寡人之所見者也於是正衣冠與之坐不終日而不知病之去也言此者以言憂疑則見雖無能傷而自傷憂疑釋則病雖在已而自去則全於天而物無自入者宜其莫之傷也然則皇子告敖何從知鬼之名與其形若此邪古者民之精爽不攜貳者在男曰覡在女曰覡能猶見神祇之居則知其形與名如此豈罔無傳乎

紀渻子為王養鬭雞十日而問雞已乎曰未也方虛憍而恃氣十日又問曰未也猶應嚮景十日又問曰未也猶疾視而盛氣十日又問曰幾矣雞雖有鳴者已無變矣望之似木雞矣其德全矣異雞無敢應者反走矣今之養亦如木雞不以物之感而有變又則物亦莫之敢敵矣

孔子觀於呂梁縣水三十仞流沫四十里黿鼉魚鼈之所不能游也見一丈夫游之以為有苦而欲死也使

弟子並流而拯之數百步而出被髮行歌而游於塘下孔子從而問焉曰吾以子爲鬼察子則人也請問蹈水有道乎曰亡吾無道吾始乎故長乎性成乎命與齊俱入與汩偕出從水之道而不爲私焉此吾所以蹈之也孔子曰何謂始乎故長乎性成乎命曰吾生於陵而安於陵故也長於水而安於水性也不知吾所以然而然命也由乎性命之理與齊俱入與汩偕出從水之道而不爲私猶可蹈乎云龍鼉黿魚鼈之所不能游則合其德以通乎物之所造宜其無所蹈而不適也亦有其性之所偏能者則此丈夫是也故以生於陵而安於陵爲故故則非出於其性而人之所爲也長於水而安於水爲性則其性之所偏能也苟無其性而習之則雖能之不至乎人之所不能及也梓慶削木爲鐻鐻成見者驚猶鬼神魯侯見而問焉曰子何術以爲焉對曰臣工人何術之有雖然有一焉臣將爲鐻未嘗敢以耗氣也必齊以靜心齊三日而不敢懷慶賞爵祿齊五日不敢懷非譽巧拙齊七日輒然忘吾有四枝形體也當是時也無公朝其巧專而外滑消然

後入山林觀天性形軀至矣然後成見鐻然後加手焉不然則已則以天合天器之所以疑神者其是與器之所以疑神者猶如此則外滑未消而欲遊乎物之造則不可得而至矣

東野稷以御見莊公進退中繩左右旋中規莊公以為文弗過也使之鉤百而反顏闔遇之入見曰稷之馬將敗公密而不應少焉果敗而反公曰子何以知之曰其馬力竭矣而猶求焉故曰敗稷之御至善矣而不能無敗於馬力既竭之後則為道而務乎生之所無以為與知之所无奈何亦無自而成矣

工倕旋而蓋規矩指與物化而不以心稽故其靈臺一而不桎忘足屨之適也忘要帶之適也知忘是非心之適也不內變不外從事會之適也始乎適而未嘗不適者忘適之適也工倕旋而蓋規矩則以言其旋指之旋而蓋乎規矩也蓋則其盡適與規矩合而不假也指與物化而不以心稽言其指物之相得若化之自然不待心之稽考而後合乎圓方也夫唯如此則其靈臺一而不桎若指不與物化而以心稽之則心與指與物為三矣其能一乎不一則其靈臺所以桎而不行也然則壹其性養其氣不至乎化而以心稽之者則其能有至乎忘足屨之適也忘要帶之適也知忘是非心之適也不內變不外從事會之適也歟

其不以心體之謂歟有孫休者踵門而詫子扁慶子曰休居鄉不見謂不脩臨難不見謂不勇然而田原不遇歲事君不遇世賓於鄉里逐於州部則胡罪乎天哉休惡遇此命也扁子曰子獨不聞夫至人之自行邪忘其肝膽遺其耳目芒然彷徨乎塵垢之外逍遥乎無事之業是謂爲而不恃長而不宰今汝飾知以驚愚脩身以明汙昭昭乎若揭日月而行也汝得全而形軀具而九竅無中道夭於聾盲跛蹇而比於人數亦幸矣又何暇乎天之怨哉子往矣孫子出扁子入坐有閒仰天而歎弟子問曰先生何爲歎乎扁子曰向者休來吾告之以至人之德吾恐其驚而遂至於惑也弟子曰不然孫子之所言是邪先生之所言非邪非固不能惑是孫子所言非邪先生所言是邪彼固惑而來矣又奚罪焉扁子曰不然昔者有鳥止於魯郊魯君悅之爲具

太牢以饗之奏九韶以樂之鳥乃始憂悲眩視不敢飲食此之謂以己養養鳥也若夫以鳥養養鳥者宜棲之深林浮之江湖食之以委蛇則平陸而已矣今休款啓寡聞之民也吾告以至人之德譬之若載鼷以車馬樂鴳以鍾鼓也彼又惡能無驚乎哉

此篇之指在乎存生以至形全精復與天爲一欲爲此者當若至人之自行遺形離物乃可以至若孫休其所爲則其反之者也則其聞斯言也宜不能無憂悲眩視而不敢飲食也故終之海鳥之説以明非爲休之徒而言之也

山木第二十

莊子行於山中見大木枝葉盛茂伐木者止其旁而不取也問其故曰無所可用莊子曰此木以不材得終其天年夫子出於山舍於故人之家故人喜命豎子殺鴈而烹之豎子請曰其一能鳴其一不能鳴請奚殺主人曰殺不能鳴者明日弟子問於莊子曰昨日山中之木以不材得終其天年今主人之鴈以不

材死先生將何處莊子笑曰周將處夫材與不材之間材與不材之間似之而非也故未免乎累若夫乘道德而浮遊則不然無譽無訾一龍一蛇與時俱化而無肯專爲一上一下以和爲量浮遊乎萬物之祖物物而不物於物則胡可得而累邪此神農黃帝之法則也若夫萬物之情人倫之傳則不然合則離成則毀廉則挫尊則議有爲則虧賢則謀不肖則欺胡可得而必乎哉悲夫弟子志之其唯道德之鄉乎聖賢之不容其累常在於材而不在於不材故莊子之書凡數數言者尤深戒乎材之爲患而貴於不材凡以聖賢之於身無所不足獨是爲可戒故所以棣之如此耳若夫愚不肖以不能鳴見殺者多矣豈以不材遂必可以免邪則山中之木主人之鴈其失均也以材與不材皆非道德之正而已矣故莊子將擇乎材與不材之間而處之而材與不材之間似道而非道也以道之無體不在乎兩端而亦不在乎中間則材不材之間未免乎累也若夫乘道德而浮遊則如之何無譽也故不可得而貴無毀也故不可得而賤一龍也有時乎而聖一蛇也有時乎而庸消息盈虛與時俱化而莫肯專爲一上也有時乎而升一下也有時乎而潛以和爲量而不與道乘夫豈係於材不材與夫材與不材之間邪凡以浮遊乎萬物之祖而已矣浮遊則汎汎乎其行而無所沈滯之謂也萬物之祖則所謂衆父父衆父

父則道之謂也蓋萬物生乎無有而無有生乎道此其所以爲祖也而德則得之而已是之謂乘道德而浮遊也唯其如此則物物而不物於物矣非夫無己者何能與於此無己則胡可得而累邪若夫萬物之情人倫之傳有合必有離有成必有毀廉則見挫尊則見議有爲則有虧賢則見謀不肖則見欺則材不材與夫材與不材之間而欲免累胡可得而必邪則無累者唯道德之鄉而已矣

市南宜僚見魯侯魯侯有憂色市南子曰君有憂色何也魯侯曰吾學先王之道脩先君之業吾敬鬼尊賢親而行之無須臾離居然不免於患吾是以憂市南子曰君之除患之術淺矣夫豐狐文豹棲於山林伏於巖穴靜也夜行晝居戒也雖飢渴隱約猶且胥跡於江湖之上而求食焉定也然且不免於罔羅機辟之患是何罪之有哉其皮爲之災也今魯國獨非君之皮邪吾願君刳形去皮洒心去欲而遊於無人之野南越有邑焉名爲建德之國其民愚而朴少私而寡欲知作而不知藏與而不求其報不知義之所適不知禮之所將猖狂妄行乃蹈乎大方其生可樂

其死可葬吾願君去國捐俗與道相輔而行君曰彼其道遠
而險又有江山我無舟車奈何市南子曰君無形倨無留居以
爲君車君曰彼其道幽遠而無人吾誰與爲鄰吾無糧我無
食安得而至焉市南子曰少君之費寡君之欲雖無糧而乃
足君其涉於江而浮於海望之而不見其崖愈往而不知其所
窮送君者皆自崖而反君自此遠矣故有人者累見有於
人者憂故堯非有人非見有於人也吾願去君之累除君之
憂而獨與道遊於大莫之國豐狐文豹以皮爲之災而魯國爲之皮者以患之所生由乎不能忘其國故也

蓋形不遺則國得爲之累故刳形所以去皮心不白則欲得爲之滌故洒心所以去欲去人而入於天此其爲遊無人之野也南明而越逾也明而逾之則不屬乎明而其德建而道立矣此其爲南越之邑而名之以建德之國也其民愚而朴少私而寡欲則非屬於文之不足者也知作而不知藏則物至而供其求也與而不求其報則仁而不以仁爲恩也不擇是非故不知義之所適不尚往來故不知禮之所將猖狂妄行乃蹈乎大方則無所適而不爲道也其生可樂其死可葬則始終之所不去也建德之爲國如此而所以不能遊者以國與俗累之而已棄國與俗與道相輔而行則不勞而至矣夫大

道在遊而甚夷而人視之若遠且險者凡以形倨而不遜留居而不進無資而莫之能至也以無形倨無留居而爲之車以少思寡欲而爲之糧則其慮乎不能遊哉君其涉於江而浮於海涉於江則循其源而求之也浮於海則得其歸也望之而不見其崖愈往而不知其所窮則預乎無窮之遊也送君者皆自崖而反則拘其墟而畏其深遠者莫之敢前也君自此遠則獨立無匹而人莫之能從也有人者累見有於人者憂遊乎此則非有人亦非見有於人也堯之爲堯則如是而已矣而願君去君之累除君之憂而獨與道遊乎大莫之國大莫之國如是而已矣然則或謂之無人之野或謂之建德之國或謂之大莫之國何也無人之野則以其與天爲徒而窅然喪其國也建德則以其德成而立也大莫則以其爲道之極至於此而大定也其實一也則向所謂浮游乎萬物之祖而道德之鄉者也

方舟而濟於河有虛船來觸舟雖有惼心之人不怒有一人在其上則呼張歙之一呼而不聞再呼而不聞於是三呼邪則必以惡聲隨之向也不怒而今也怒向也虛而今也實人能虛己以遊世其孰能害之向之秉道德而浮遊者其於世亦若是而已矣

北宮奢爲衛靈公賦斂以爲鍾爲壇乎郭門之外三月而成上下之縣王子慶忌見而問焉曰子何術之設奢曰一之閒無敢設也奢聞之既彫既琢復歸於朴侗乎其無

識儻乎其怠疑萃乎芒乎其送往而迎來來者勿禁往者勿止從其彊梁隨其曲傅因其自窮故朝夕賦斂而毫毛不挫而況有大塗者乎一之間無敢設也有術而設其間則非所以爲一也既彫既琢復歸於朴則去華而務實也儻乎其無識則不知其誰何也儻乎其怠疑則不敢欲速而必成也萃乎芒乎其送往而迎來萃乎則其聚芒則其昧也送往而迎來則來者勿禁往者勿止也從其彊梁隨其曲傅因其自窮則彊梁無所抑曲傅無所過而出於彼之不得已也故朝夕賦斂而毫毛不挫特以其無所設於一之間而已而況天下之理有大塗者乎此庖丁所以恢恢然遊刃於其間而有餘地也蓋道之在政事其小者猶如此孔子圍於陳蔡之間七日不火食太公任往弔之曰子幾死乎曰然子惡死乎曰然任曰予嘗言不死之道東海有鳥焉其名曰意怠其爲鳥也翂翂翐翐而似無能引援而飛迫脅而棲進不敢爲前退不敢爲後食不敢先嘗必取其緒是故其行列不斥而外人卒不得害是以免於患直木先伐甘井先竭子其意者飾知以驚愚脩身以明汙昭昭乎如揭日月而行故不免也昔

吾聞之大成之人曰自伐者無功功成者墮名成者虧孰能去功與名而還與衆人道流而不明居得行而不名處純純常常乃比於狂削迹捐勢不為功名是故無責於人人亦無責焉至人不聞子何喜哉孔子曰善哉辭其交遊去其弟子逃於大澤衣裘褐食杼栗入獸不亂群入鳥不亂行鳥獸不惡而況人乎太公則能不私其功名而以與衆人者也任則能處功名之成而不至於墮且虧者也意怠則不汲汲以必於外物之譽言出飛之言緣飛之言秩翂翂翐翐則雖紛而不亂也此其所以似無能而非無能也引援而飛迫脅而棲則躊躇不得已於動止之間也進不敢為前退不敢為後則不出而陽不入而藏也食不敢先嘗必取其緒則處乎不爭之地也是故行列不斥而外人卒不得害則群於人之道也道之視功名則其至小也成其至小以至乎墮且虧則非所謂大成也知功名之成至於亦此而去之還與衆人此固大成之人之所言也道流而不明居則人莫見其功矣得行而不名處則人莫聞其名矣得則德也純純常常乃比於狂則猖狂而妄行者也削迹捐勢不為功名則還與衆人此所謂有道者能以有餘奉天下者也陳蔡之圍所以處之非不足也於此也亦知之所無奈何也而學仲尼者甚苟不知有所謂行列之不斥鳥獸之可入則其不至於揭日月而行而為功名之所累者幾希矣其能盡乎辭之理乎則太公任之言不得不發也孔子問子桑雩曰吾

再逐於魯伐樹於宋削迹於衛窮於商周圍於陳蔡之間吾犯此數患親交益疏徒友益散何與子桑雩曰子獨不聞假人之亡與林回棄千金之璧負赤子而趨或曰爲其布與赤子之布寡矣爲其累與赤子之累多矣棄千金之璧負赤子而趨何也林回曰彼以利合此以天屬也夫以利合者迫窮禍患害相棄也以天屬者迫窮禍患害相收也夫相收之與相棄亦遠矣且君子之交淡若水小人之交甘若醴君子淡以親小人甘以絕彼無故以合者則無故以離孔子曰敬聞命矣徐行翔佯而歸絕學捐書弟子無挹於前其愛益加進

桑則深根雩則祈之以成其所樹以深根爲體而祈之足以成其所樹者其告人固宜如此也學孔子而不知有所謂天屬之意而唯學與書之爲務則所以交於天下皆人合而已矣

異日桑雩又曰舜之將死眞泠禹曰汝戒之哉形莫若緣情莫若率緣則不離率則不勞

不離不勞則不求文以待形不求文以待形固不待物形之保神也全矣故莫若緣而緣則不離而合矣情之在性也眞矣故莫若率而率則不勞而逸矣若夫形不緣而作聰明情不率而作好惡其能不離不勞乎不離不勞則任其質之自然而出分已足矣則奚用夫求文以待形哉不求文以待形則其不待物宜矣此則絕學捐書之尤至者也莊子衣大布而補之正緳係履而過魏王魏王曰何先生之憊邪莊子曰貧也非憊也士有道德不能行憊也衣弊履穿貧也非憊也此所謂非遭時也王獨不見夫騰猿乎其得柟梓豫章也攬蔓其枝而王長其間雖羿逢蒙不能眄睨也及其得柘棘枳枸之間也危行側視振動悼慄此筋骨非有加急而不柔也處勢不便未足以逞其能也今處昏上亂相之間而欲無憊奚可得邪此比干之見剖心徵也夫明雖放言若此而不見害者虛己以遊世之謂也孔子窮於陳蔡之間七日不火食左據槁木右擊槁枝而歌焱氏之風有其具而無其數有其聲而無宮角木聲與人聲犁然有當於人之心

顏回端拱還目而窺之仲尼恐其廣已而造大也愛已而造哀也曰回無受天損易無受人益難無始而非卒也人與天一也夫今之歌者其誰乎回曰敢問無受天損易仲尼曰飢渴寒暑窮桎不行天地之行也運物之泄也言與之偕逝之謂也爲人臣者不敢去之執臣之道猶若是而況乎所以待天乎何謂無受人益難仲尼曰始用四達爵祿並至而不窮物之所利乃非已也吾命有在外者也君子不爲盜賢人不爲竊吾若取之何哉故曰鳥莫知於鷾鴯目之所不宜處不給視雖落其實棄之而走其畏人也而襲諸人間社稷存焉爾何謂無始而非卒仲尼曰化其萬物而不知其禪之者焉知其所終焉知其所始正而待之而已耳何謂人與天一邪仲尼曰有人天也有天亦天也人之不能有天性也聖人晏然體逝而終矣左據槁木右擊槁枝則所據而擊者无生之物也歌猋氏之風則妙道之體也而

此門成所謂有炎氏爲之頌者是也有其具而无其數有其聲而无宮角則聲之不成文也木聲與人聲犂然犂之於地則聲之不定聞也有當於人之心則其心亦槁木槁枝而已矣顔回端拱還目而窺之則以其遭患而其心若此則不能无以爲廣而大之見己之憐於一死也則不能无愛而哀之也而已自无已而廣之則是造大也愛之則是造哀也无受天損易无受人益難今也則无受天損而已安用廣己以自大也无始而非卒孰正而待之而已人與天一也則晏然體逝而已安用愛己以造哀也今之歌者其誰乎知夫今之歌者則知所以爲始卒知所以爲天人者莫不在此矣孰將有已而可以廣而愛之乎飢渴寒暑窮桎不行天地之行也而非人之所得止也運物之泄也而非人之所能閑也運物則陰陽五行物之運動者也无受天損則與之偕逝之謂也與之偕逝則不敢受以爲損而去之也孰臣之道猶不敢去而況所以待天者此无受天損所以爲易也始用四達爵祿並至而不窮則非窮桎而不行物之所利乃非己也則非可以爲己私分吾命有在外者也則吾求之在我君子不爲盜賢人不爲竊吾若受夫物之所利而非己而吾命存乎外者而以爲益則取之非其有也與盜竊何以異哉鳥莫知於鷾鴯目之所不宜處猶不給視況敢有集乎雖落其實棄之而走況敢有取乎其畏人也如此此所以襲諸人間也則君子賢人之於四達並至之際以爲物之所利而非己而吾命有在外者以是不敢受而取之如鷾鴯之畏人而襲諸人間則天下相與社而稷之而不可去也此无受人益之所以爲難也化其萬物而不知其禪之者禪之者則不化者也不化則烏知其所終始直正而待之而已則死生之際吾何容心於其間哉有人天也有天亦天也爲之與不爲皆天而已人之不能有天性也此有人之所以爲天知其爲天則過而不悔當而不自得也聖人晏然體逝而終矣此吾所以死生相與群而歌不厭也

莊周遊乎彫陵之樊覩一異鵲

自南方來者翼廣七尺目大運寸感周之顙而集於栗林莊周曰此何鳥哉翼殷不逝目大不覩蹇裳躩步執彈而留之覩一蟬方得美蔭而忘其身螳蜋執翳而搏之見得而忘其形異鵲從而利之見利而忘其真莊周怵然曰噫物固相累二類相召也捐彈而反走虞人逐而誶之莊周反入三月不庭藺且從而問之夫子何爲頃間甚不庭乎莊周曰吾守形而忘身觀於濁水而迷於清淵且吾聞諸夫子曰入其俗從其俗今吾遊於彫陵而忘吾身異鵲感吾顙遊於栗林而忘真栗林虞人以吾爲戮吾所以不庭也觀異鵲之利而從耳目之好是守形也不知有虞人之誶足以爲辱是忘身也動與物交則濁水也靜而玄覽則清淵也至人之於其清淵未嘗頃刻而迷也而莊子言此以明虛己以遊世如與魏王言者雖足以無患而畏人之所畏又不可不如此也陽子之宋宿於逆旅逆旅人有妾二人其一人美其一人惡惡者貴而美者賤陽子問其故逆旅小子對曰其美者自美

吾不知其美也其惡者自惡吾不知其惡也陽子曰弟子記之行賢而去自賢之行安往而不愛哉行賢而无自賢之行固浮遊者之所以无往而不愛也

田子方第二十一

田子方侍坐於魏文侯數稱谿工文侯曰谿工子之師邪子方曰非也無擇之里人也稱道數當故無擇稱之文侯曰然則子無師邪子方曰有曰子之師誰邪子方曰東郭順子文侯曰然則夫子何故未嘗稱之子方曰其爲人也真人貌而天虛緣而葆真清而容物物無道正容以悟之使人之意也消無擇何足以稱之子方出文侯儻然終日不言召前立臣而語之曰遠矣全德之君子始吾以聖知之言仁義之行爲至矣吾聞子方之師吾形解而不欲動口鉗而不欲言吾所學者直土梗耳夫魏真爲我累耳夫聞真而人則德也其爲人也真則固人貌而天矣凡人之心未能有消意不緣物者也緣生則其表而真人則虛緣而常葆真也

凡人之清則患於太察而真人則清而容物也物無道正容以悟之則所言者不在於諄諄之間也使人之意也消則所改者不在於事爲之間也聖人之言仁義之行則言與行而已矣子方之師則所謂道德也求諸形而不得故形解而不欲動求諸言而不得故口鉗而不欲言也非學之所及也故絕其所學爲土梗也土非所貴而梗非所大也非刻形去皮洒心去欲者不足以與此則魏豈不爲我累哉

溫伯雪子適齊舍於魯魯人有請見之者溫伯雪子曰不可吾聞中國之君子明乎禮義而陋於知人心吾不欲見也至於齊反舍於魯是人也又請見溫伯雪子曰往也蘄見我今也又蘄見我是必有以振我也出而見客入而歎明日見客又入而歎其僕曰每見之客也必入而歎何耶曰吾固告子矣中國之民明乎禮義而陋乎知人心昔之見我者進退一成規一成矩從容一若龍一若虎其諫我也似子其道我也似父是以歎也仲尼見之而不言子路曰吾子欲見溫伯雪子久矣見之而不言何邪仲尼曰若夫人者目擊而道存矣亦不可以容聲矣於進退焉而一

成規一成矩則威儀詳於折旋之間也於從容焉一若龍一若虎則機變出於是間之際也若龍若虎則似之而非也其諫我也似子其道我也似父則非所以得我於眉睫之間也此所謂明於禮義而陋於知人心者也禮學之弊固嘗如此而魯人其尤甚者也蓋東郭順子正容而物悟溫伯雪子目擊而道存則古之聖人所以相與如是其微邪

顏淵問於仲尼曰夫子步亦步夫子趨亦趨夫子馳亦馳夫子奔逸絕塵而回瞠若乎後矣夫子曰回何謂邪曰夫子步亦步也夫子言亦言也夫子趨亦趨也夫子辯亦辯也夫子馳亦馳也夫子言道回亦言道也及奔逸絕塵而回瞠若乎後者夫子不言而信不比而周無器而民滔乎前而不知所以然而已矣仲尼曰惡可不察與夫哀莫大於心死而人死亦次之日出東方而入於西極萬物莫不比方有目有趾者待是而後成功是出則存是入則亡萬物亦然有待也而死有待也而生吾一受其成形而不化以待盡效物而動日夜無隙而不知其所終薰然其成形知命不能規乎其前丘以是日徂吾

終身與汝交一臂而失之可不哀與汝殆著乎吾所以著也彼已盡矣而汝求之以為有是求馬於唐肆也吾服汝也甚忘汝服吾也亦甚忘雖然汝奚患焉雖亡乎故吾吾有不忘者存

言則從言而已故以譬言步辯則與人辯宜堅於言故以譬言辯言道則取之左右逢其原不容有擇也故以譬言馳步也趨也馳也可追而及也至於不言而信不比而周無器而民蹈乎前而不知其所以然而已矣故以譬言奔逸絕塵而回瞠若乎後也奔逸則不可追絕塵則無迹瞠若乎後則瞻之在前而不可及心未嘗死者不知有死也則心死而後人死次之此言哀莫大於心死也日出東方而入於西極萬物莫不比方而獨有目有趾者待是而後成功是出則存是入則亡而日未始有存亡也萬物亦然必有待也而死有待也而生而所待者未嘗有死生也則吾之所以不言而信不比而周無器而民蹈乎前而不知其所以然以是而已矣使吾一受其成形不化以待盡徒効物而動日夜無隙而不知其所終薰然其成形則與萬物皆有待而死生者也其能體所待以至於不知其然邪而知命不能規乎其前則丘是以日徂則非一受其成形不化以待盡者也以物觀之終身與汝交一臂而失之可不哀歟此則心死而非心未嘗死也心未嘗死者其以交一臂而失之為哀乎此吾之所以著而非吾之所以日徂也而汝求吾所以奔逸絕塵之處而莫之得殆著乎吾所以著而不見乎吾所以不著者也人之心也操則存舍則亡出入無時莫知其鄉歟有所以著而可著乎是彼已盡矣而汝求之為有則與求馬於唐肆何以異哉唐肆馬之所閱而非馬之所居也吾服汝也甚忘則所謂吾者無有也汝服吾也亦甚忘所謂汝者無有也然汝奚患焉以其甚忘為患哉雖忘乎故吾

吾有不忘者貴併知亡吾有不忘者存則所謂奔逸絕塵者可見矣孔子見老聃老聃新沐方將被髮而乾慹然似非人孔子便而待之少焉見曰丘也眩與其信然與向者先生形體掘若槁木似遺物離人而立於獨也老聃曰吾遊於物之初孔子曰何謂邪曰心困焉而不能知口辟焉而不能言嘗為汝議乎其將至陰肅肅至陽赫赫肅肅出乎天赫赫發乎地兩者交通成和而物生焉或為之紀而莫見其形消息滿虛一晦一明日改月化日有所為而莫見有功生有所乎萌死有所乎歸始終相反乎無端而莫知乎其所窮非是也且孰為之宗孔子曰請問遊是老聃曰夫得是至美至樂也得至美而遊乎至樂謂之至人孔子曰願聞其方曰草食之獸不疾易藪水生之蟲不疾易水行小變而不失其大常也喜怒哀樂不入於胸次夫天下也者萬物之

所一也得其所一而同焉則四肢百體將爲塵垢而死生終始將爲晝夜而莫之能滑而況得喪禍福之所介乎棄隸者若棄泥塗知身貴於隸也貴在於我而不失於變且萬化而未始有極也夫孰足以患心已爲道者解乎此

未始有物也則起居語默孰非遊於物之初邪而老聃有非人之宗孔子有濁立之問者欲以明是而已矣心困焉而不能知則非知之所能知也口辟焉而不能言則非言之所能言也爲汝議乎其將而已矣至則不二已而其將則非其已至也至陰肅肅之出乎天至陽赫赫之發乎地兩者交通成和而生物焉遠之爲歲近之爲日外之萬物內之一身莫不有是也或爲之紀而莫見其形則以是而已矣寒暑也日月也消息滿虛之相推一晦一明之相生日改月化而未嘗停日有所爲而莫見其功亦以是而已矣生有所乎萌死有所乎歸始終相反乎無端而莫知其所窮亦以是而已矣故曰非是也孰爲之宗則向所謂物之初者殆是也天下皆知美之爲美非至美也而此爲至美也天下皆知樂之爲樂非至樂也而此爲至樂也以天下之美與樂無以加之也草食之獸不疾易藪水生之蟲不疾易水則其行雖有小變而不失藪水之大常也得是而遊之者喜怒哀樂不入於胷次而天下莫不一而同焉則旁礴萬物以爲一者是也則四肢百體將爲塵垢死生終始相爲晝夜而莫之能滑而況得喪禍福之所介乎且所謂大常也弃隸者若弃塗泥知身貴於隸也貴在於我則雖有小變豈以所戚而失吾所以貴哉蓋雖萬化而未始有極則奚足以患吾心哉凡以爲道者解乎此故也

孔子

曰夫子德配天地而猶假至言以脩心古之君子孰能脫焉老聃曰不然夫水之於汋也無爲而才自然矣至人之於德也不脩而物不能離焉若天之自高地之自厚日月之自明夫何脩焉孔子出以告顏回曰丘之於道也其猶醯雞與微夫子之發吾覆也吾不知天地之大全也由前之說而仲尼之問不再發則後之治道者不能不以言而脩之之爲累也莊子見魯哀公哀公曰魯多儒士少爲先生方者莊子曰魯少儒哀公曰舉魯國而儒服何謂少乎莊子曰周聞之儒者冠圜冠者知天時履句屨者知地形緩佩玦者事至而斷君子有其道者未必爲其服也爲其服者未必知其道也公固以爲不然何不號於國中曰無此道而爲此服者其罪死於是哀公號之五日而魯國無敢儒服者獨有一丈夫儒服而立乎公門公即召而問以國事千轉萬變而不

窮。莊子曰以魯國而儒者一人耳可謂多乎莊子數假孔子問學於老聃之徒以明所謂聖智者非至道之盡也而此言不發則學者無以知尊孔子之實百里奚爵祿不入於心故飯牛而牛肥使秦穆公忘其賤與之政也有虞氏死生不入於心故足以動人宋元君將畫圖衆史皆至受揖而立舐筆和墨在外者半有一史後至者儃儃然不趨受揖不立因之舍公使人視之則解衣般礴臝君曰可矣是真畫者也小則百里奚之得政大則有虞氏之動人而以外物入其心而能至是者未之有也此般礴臝所以爲真善畫者也文王觀於臧見一丈夫釣而其釣莫釣非持其釣有釣者也常釣也文王欲舉而授之政而恐大臣父兄之弗安也欲終而釋之而不忍百姓之無天也於是旦而屬之大夫曰昔者寡人夢見良人黑色而頾乘駁馬而偏朱蹄號曰寓而政於臧丈人庶幾乎民有瘳乎諸大夫蹵然曰先君王也文王曰然則卜之諸大夫曰先君之命王其無它又何卜焉遂迎臧丈人而授之政典法無更偏令無出三年文王觀於國則列士壞植散群長官者不成德斔斛不敢入於四境列士壞植散群則尚同也長官者不成德則同務也斔斛不敢入於四境則諸侯無二心也文王於是焉以爲大師北面而問曰政可以及天下乎臧丈人昧然而不應泛然而辭朝令而夜遁終身無聞顏淵問於仲尼曰文王其猶未邪又何以夢爲乎仲尼曰默汝無言夫文王盡之也而又何論刺焉彼直以循斯須也知臧丈人之足與爲政雖得之於其釣莫釣之間而屬之以夢而非夢期之以卜而不卜者蓋上恐大臣父兄之不安下恐百姓之無天而用之三年觀於國其效又至於此所言則言夢而非夢不爲不信欲卜而不卜不爲不敬直以循斯須而已矣典法無更以六典入法所受於天子者也此其爲一國之道也偏令無出則必可以公之諸侯而後出也此所以可及於天下也壞植則壞其所樹也樹則陽貨所謂吾樹人多矣之樹也斔斛則非先王之嘉量也

列御寇爲伯昏無人射引之盈貫措杯水其

肘上發之適矢復沓方矢復寓當是時猶象人也伯昏無人曰是射之射非不射之射也嘗與汝登高山履危石臨百仞之淵若能射乎於是無人遂登高山履危石臨百仞之淵背逡巡足二分垂在外揖禦寇而進之禦寇伏地汗流至踵伯昏無人曰夫至人者上闚青天下潛黃泉揮斥八極神氣不變今汝怵然有恂目之志爾於中也殆矣夫引之盈貫則其持滿之至也措杯水其肘上則其平直之至也發之適矢復沓方矢復寓則前矢之適發而復沓方矢復寓而鏑在弦也復沓則矢往而沓還也方矢則與前矢並也言其前後相續而不絕也當是時猶象人也則其用志之不分也射之射則如此也不射之射則所謂絕氣之守非知巧果敢之列也登高山履危石臨百仞之淵其危若此而不動其心其發無不中此所以為不射之射也推是以往則上闚青天下潛黃泉揮斥八極神氣不變固其理也揮則發揮斥則斥大則所謂至大至剛而充塞乎天地之間者也肩吾問於叔孫敖曰子三為令尹而不榮華三去之而無憂色吾始也疑子今視子之鼻間栩栩然子之用心獨奈何叔孫

敖曰吾何以過人哉吾以其來不可却也其去不可止也吾以爲得失之非我也而無憂色而已矣我何以過人哉且不知其在彼乎其在我乎其在彼邪亡乎我在我邪亡乎彼方將躊躇方將四顧何暇至乎人貴人賤哉仲尼聞之曰古之真人知者不得説美人不得濫盜人不得刦伏戲黄帝不得友死生亦大矣而無變乎已況爵禄乎若然者其神經乎大山而無介入乎淵泉而不濡處卑細而不憊充滿天地既以與人已愈有真人之息以踵而深深子之鼻間栩栩然則其息以踵而深深之意也吾以其來不可却其去不可止而得失之非我而無憂色而已矣則以命而安之也不知其在彼在我在我則亡乎彼在彼則亡乎我則以道而忘之也方將躊躇方將四顧則自省之不給何暇至乎人貴人賤哉古之真人智者不得説美人不得濫盜人不得刦伏犧黄帝不得友則審乎無假而不與物遷者也死生亦大矣而無變乎已況爵禄乎則三爲令尹而不爲榮也三去之而無憂色非其難也其神經乎大山而無介入乎淵泉而不濡處卑細而不憊則以其無已而已矣充滿天地既以與人已愈有則以道之無窮而已矣楚王與凡君坐少焉楚王左右曰凡亡者三凡君曰凡

之亡也不足以喪吾存夫凡之亡不足以喪吾存則楚之存不足以存存由是觀之則凡未始亡而楚未始存也（天下有常存則不死不生者是也得其所常存而存之則存何其存矣凡楚曷足以係存亡哉）

知北遊第二十二

知北遊於玄水之上登隱弅之丘而適遭無爲謂焉知謂無爲謂曰予欲有問乎若何思何慮則知道何處何服則安道何從何道則得道三問而無爲謂不答也非不答不知答也知不得問反於白水之南登狐闋之上而睹狂屈焉知以之言也問乎狂屈狂屈曰唉予知之將語若中欲言而忘其所欲言知不得問反於帝宮見黃帝而問焉黃帝曰無思無慮始知道無處無服始安道無從無道始得道知問黃帝曰我與若知之彼與彼不知也其孰是邪黃帝曰彼無爲謂真是

也狂屈似之與我汝終不近也夫知者不言言者不知故聖人行不言之教道不可致德不可至仁可為也義可虧也禮相偽也故曰失道而後德失德而後仁失仁而後義失義而後禮禮者道之華而亂之首也故曰為道者日損損之又損之以至於無為無為而無不為也今已為物也欲復歸根不亦難乎其易也其唯大人乎生也死之徒死也生之始孰知其紀人之生氣之聚也聚則為生散則為死若死生為走吾又何患故萬物一也是其所美者為神奇其所惡者為臭腐臭腐復化為神奇神奇復化為臭腐故曰通天下一氣耳聖人故貴一知謂黃帝曰吾問無為謂無為謂不應我非不我應不知應我也吾問狂屈狂屈中欲告我而不我告非不我告中欲告而忘之也今予問乎若若知之奚故不近黃帝曰彼其真是也以其不

知也此其似之也以其忘之也予與若終不近也以其知之也狂屈

聞之以黃帝爲知言知北遊於玄水之上則反本而求於其所同而玄之極者也北則太而玄水之上則其所同而玄之極

也登隱弅之丘則又進乎不皦不昧之處也隱則不皦弅則不昧於是而遭

遭無爲謂焉不然或過或不及則與之差而不相値矣無爲則無事而無謂

則無言也三問而無爲謂不荅非不荅也不知荅也三則有數問則有言不荅

荅則無爲謂之所以爲無爲謂也知不得問反於白水之南則遭之而不契又

無乎明而求之也白水之南則避乎明也登狐闋之丘則又升乎或不盈之

地也狐則或而闋則不盈也或不盈則道之用而已非體之沖也於是而睹

在屈睹則有見而非與之遭也狂則不知所往而屈則不伸也予知之將語

若中欲言而忘其所欲言則非不知也屈而不伸而已矣此其所以爲狂屈

也知不得問反於帝宮帝宮則黃帝之所居而意之所在也是以知無思無慮

則知道無處無服則安道無行無服則得道也夫道不可以知知而無爲謂

則不知故眞是也狂屈中欲言而忘之則非不知也忘之而已是以似之也我

與汝則知之矣是以終不近也道無方則非彼也故不可致致則致彼以來此

如善戰者致人而不致於人之致也德存我則非外也故不可至至則自此以

至彼如今日適越而昔至之至也德則無爲而仁可爲也仁則所厚而義可

虧也禮爲而莫之應則攘臂而仍之則相僞而已此所以爲道之華而亂之

首也老子以禮爲忠信之薄而前識者爲道之華而此以禮爲道之華者蓋

前識則禮之所以爲僞也故爲道者日損損之又損之以至於無爲則仁義

禮學不得不絕而滅之也至於無爲而無不爲則孰有仁義禮學而非道

哉今已爲物則已有知矣而欲歸其根而不知此其所以爲難也大人則光輝而

物之所不能蔽也則歸其根於芸芸之際豈不易哉生也死之徒死也生之始

終相反乎無端則孰知其紀邪人之生也氣之聚也其死也氣之散也知其氣之聚散而爲徒則何患乎故萬物一也特其所美者爲神奇其所惡者爲臭腐二者無他交相化而已矣以是無通天下之爲一氣而聖人之所以貴一也則知之分於道遠矣豈得近邪天地有大美而不言四時有明法而不議萬物有成理而不說聖人者原天地之美而達萬物之理是故至人無爲大聖不作觀於天地之謂也今彼神明至精與彼百化物已死生方圓莫知其根也扁然而萬物自古以固存六合爲巨未離其內秋豪爲小待之成體天下莫不沉浮終身不故陰陽四時運行各得其序惛然若亡而存油然不形而神萬物畜而不知此之謂本根可以觀於天矣天地無爲而無不備於其間則是有大美也有大美而不言則凡言者非大美也四時變通而始終不忒則是有明法也有明法而不議則凡議者非明法也萬物雖多而道無往而不在則是有成理也有成理而不說則凡說者非成理也美腆充乎其中而已法則可效者也理則無所往而不通也言約於議議約於說天地則無不容而至簡易也故以美與言言之四時則變化可見而言之所難盡也故以法與議言之萬物則至衆又議之所難盡也故以理與說言之美言大則非天下之所謂美也法言明則不待察之於冥冥之間也理言成則其自然而已矣大美也明法也成理也皆道之謂也所從言之異耳聖人者原天地之美而達萬物之理知其不爲而

自然也故以至人言之則雖爲而無爲以大聖言之則雖作而不作凡以觀於天地而已觀於天地則四時萬物可知也今也神明至精與彼百化而不一則以物觀之也而物已死生方圓矣何自而知其根哉雖然扁然而萬物而物莫非其由自古以固存而彼未嘗去也六合雖巨未離其內則彼未始有外也秋豪爲小待之成體則彼無乎不在也天下莫不一沉一浮以爲終始以爲死生而彼未嘗故也陰陽四時運行而各得其序非彼而誰之所爲哉其爲物也惛然若亡而存則不可求之於無也油然不形而神則不可求之於有也萬物畜然而以是相蘊而不知其然也則是畜而不知此之謂本根本根則自本自根者也可以觀於天矣天亦如是而已矣

齧缺問道乎被衣被衣曰若正汝形一汝視天和將至攝汝知一汝度神將來舍德將爲汝美道將爲汝居汝瞳焉如新生之犢而無求其故言未卒齧缺睡寐被衣大悅行歌而去之曰形若槁骸心若死灰真其實知不以故自持媒媒晦晦無心而不可與謀彼何人哉正汝形則坐而隳也一汝視則毋妄窺也天和將至則邪氣却而沖氣歸也攝汝知則歸其根而不知也一汝度則不淫而移也神將來舍則守形而不離也德將爲汝美則充而同於初也道將爲汝居則止而集乎虛也汝瞳焉如新生之犢而無求其故則不知其所如也言未卒齧缺睡寐則聞其言而隨也被衣大悅行歌而去之則悅其安之易也形若槁骸心若死灰則寂之至也真其實知則以其無知也不以故自持則其生之遺也媒媒晦晦無心而不可與謀彼何人哉則其所自出吾不知其誰也

舜問乎丞曰道

可得而有乎曰汝身非汝有也汝何得有夫道舜曰吾身非吾有也孰有之哉曰是天地之委形也生非汝有是天地之委和也性命非汝有是天地之委順也孫子非汝有是天地之委蛻也故行不知所往處不知所持食不知所味天地之彊陽氣也又胡可得而有邪道本無物汝身亦虛虛而非有道將誰居故觀天下之物汝得擅者莫若乎汝身而以天地之委形汝不得有而親察汝身之所存者莫若乎汝生而以天地之委和汝不得存其成察汝生之所本莫若乎性命而以天地之委順汝不能違其正察汝身之所親莫若乎孫子而以天地之委蛻汝不得留而止故觀汝之自才知本無知則行安知所往處安知所持食安知所味以是皆天地彊陽氣之所以爲則所謂道者汝安得而有之

孔子問於老聃曰今日晏閒敢問至道老聃曰汝齊戒疏瀹而心澡雪而精神掊擊而知夫道窅然難言哉將爲汝言其崖略夫昭昭生於冥冥有倫生於無形精神生於道形本生於精而萬物以形相生故九竅者胎生八竅者卵生其來無迹其往無崖無門無房四達之皇皇也邀於此者四枝彊思慮恂達耳目聰明

其用心不勞其應物無方天不得不高地不得不廣日月不得
不行萬物不得不昌此其道與且夫博之不必知辯之不必慧
聖人以斷之矣若夫益之而不加益損之而不加損者聖人之
所保也淵淵乎其若海巍巍乎其終則復始也運量萬物而不
匱則君子之道彼其外與萬物皆往資焉而不匱此其道與中
國有人焉非陰非陽處於天地之間直且為人將反於宗自本觀
之生者暗醷物也雖有壽夭相去幾何須臾之說也奚足以為堯
桀之是非果蓏有理人倫雖難所以相齒聖人遭之而不違過之
而不守調而應之德也偶而應之道也帝之所興王之所起也人
生天地之間若白駒之過隙忽然而已注然勃然莫不出焉
油然漻然莫不入焉已化而生又化而死生物哀之人類悲之解
其天弢墮其天袠紛乎宛乎魂魄將往乃身從之乃大歸乎

不形之形，形之不形，是人之所同知也，非將至之所務也。此衆人之所同論也。彼至則不論，論則不至。明見無值，辯不若默。道不可聞，聞不若塞。此之謂大得。

齋戒疏瀹而心，則勿求之以思也；澡雪而精神，則滌除而至於無疵也；掊擊而知，則無有介然之遺也。夫道窅然其難言哉，則非言之所識也。將爲汝言其崖略，則其無崖之不得所窮，汝將自至也。昭昭生於冥冥，而有倫生於無形，故精神生於道，而形本生於精也。蓋精神之於道，猶爲昭昭，而至道之極則冥冥也。物成生理則已有倫，而其精甚真則無形也。而萬物以形相生，故九竅者胎生，八竅者卵生。夫孰知生生之不生也，故其來無迹而不知其所從也，其往無崖而不知其所窮也。無門無房，四達之皇皇，則奭然而不返於大通也。人而邀於此，則休乎萬物之奧，故四肢彊，思慮恂達，耳目聰明也。其用心不勞，而應物無方也。非特人也，天之所以高，地之所以廣，日月之所以明，萬物之所以昌，非是也，亦莫之成也。博之不必知，辯之不必慧，聖人以斷之矣。以斷之，則人不得而取也。益之而不加益，損之而不加損，聖人之所保也。所保，則人不得而去也。淵淵乎其若海，則莫見其涘也；巍巍乎其終則復始，則莫知其紀也。運量萬物而不匱，則君子之道彼其外與，無有運有量，則非道之所以爲內也。萬物皆往資焉而不匱，此其道與，則萬物之所資非資於其外也。道雖無不在，由是觀之，而可以得其所在也。中國有人焉，非陰非陽，唯道之從也。處乎天地之間，其體沖也，直且爲人，見則同也。將反於宗，與天同也。自本觀之，生者喑醷物也，非所美也。彭殤壽夭猶等視也，則堯桀之分奚足以是其所非而非其所是也。觀乎果蓏之有理，則行於萬物固其所也。人倫雖難，所以相齒，大道之序也。聖人遭之而不違，過之而不守，非特不去亦不取也調而應之德也德則和而物之所以曲成也偶而應之道也道則寂然而不考亦不嚮也帝之所與王之所起爲在此也人生天地之閒若白駒之過隙忽然而已則不足恃也注然勃然莫不出焉則不可遏而已也油然漻然莫不入焉則不可留而止也已化而生又化而死則相爲終始也生物哀之人類悲之則不知其未嘗生未嘗死也解其天弢則一施一張莫之拘也墮其天袠則一卷一舒與化俱也紛乎宛乎則千變萬化無不如也魂魄將往乃身從之乃大歸乎則不得乎天地之大廬也不形之形形之不形衆人之所同知非務其將至也至則體之而知則論之而已也故至則不論而論則不至也故明見於道則無值無值則無言無言則辯不若默也道聞於道則無聞無聞則聞不若塞也言者無言聽者無聞此之謂大得也

東郭子問於莊子曰所謂道惡乎在莊子曰無所不在東郭子曰期而後可莊子曰在螻蟻曰何其下邪曰在稊稗曰何其愈下邪曰在瓦甓曰何其愈甚邪曰在屎溺東郭子不應莊子曰夫子之問也固不及質正獲之問於監市履狶也每下愈況汝唯莫必無乎逃物至道若是大言亦然周徧咸三者異名同實其指一也嘗相與遊乎無何有之宮同合而論無所終窮乎嘗相與無爲乎澹而靜乎漠而清乎調而閒乎寥

已吾志無往焉而不知其所至去而來不知其所止吾已往來焉而不知其所終彷徨乎馮閎大知入焉而不知其所窮物物者與物無際而物有際者所謂物際者也不際之際際之不際者也謂盈虛衰殺彼為盈虛非盈虛彼為衰殺非衰殺彼為本末非本末彼為積散非積散也

萬物莫非道也則道無所不在也螻蟻則有知之微者也稊稗則無知而有生矣瓦甓則無生而有形矣屎溺則有形之臭腐者也若是而為道則道之無不在可知也夫道無不在而東郭子使之期而後可而吾曰在螻蟻在稊稗在瓦甓在屎溺乃其質也乃以為愈下而復問之是不及質也履狶者每下愈況則道無不在而期之每下豈不愈非其質邪而乃必無乎逃物非所以為無不在也必無乎逃物言必欲逃物以為無也至道之一不可必無乎逃物而無不在故螻蟻稊稗瓦甓屎溺雖不同而無不具乎至道之體猶言之有周徧咸異名同實其指一也嘗相與遊乎無何有之宮同合而論無所終窮乎言物雖異體也與之遊乎無何有之宮同合而論則其體皆無所終窮與道同也心之為物莫知其鄉得其所謂莫知其鄉之處而游之則所謂無何有之宮也遊乎此然後得其同得其同則焉有螻蟻稊稗瓦甓屎溺而非道邪嘗相與無為乎澹而靜乎漠而清乎調而閒乎言萬物雖並作而芸芸嘗相與無為則澹而靜漠而清調而閒莫不復而歸其根也則安有所謂螻蟻稊稗瓦甓屎溺而非道邪夫唯物雖異體而相與遊乎無何有之宮同合而論則無所終窮而與道同物雖並作而芸芸相與無為則靜而清且閒緩

而歸其根也於是寥然而已吾志勿以逐物則無往焉而不知其所至矣雖使去而來亦不知其所止也吾已往來而又不知其所終也蓋始不至其所至中不知其所止卒不知其所終此則道之未嘗有物而物之無非道也道之爲物其體如此故彷徨乎馮閎而莫得其所歸雖大知入焉而不知其所窮實是觀之則物物者與物無際無際者其大小不得而倪之之謂也而物有際所謂物際者也非所謂物物者也不際之際際之不際者也猶不形之形形之不形者也而謂之盈虛衰殺者彼爲盈虛而非盈虛也盈虛者物也爲盈虛者道也彼爲衰殺非衰殺彼爲本末非本末彼爲積散非積散亦若是而已然則爲螻蟻爲稊稗爲瓦甓爲屎溺者誰與嗚呼非遊夫無何有之宮而無爲者其孰能與於此

妸荷甘與神農同學於老龍吉神農隱几闔戶晝瞑妸荷甘日中奓戶而入曰老龍死矣神農隱几擁杖而起嚗然放杖而笑曰天知予僻陋慢訑故棄予而死已矣夫子無所發予之狂言而死矣夫弇堈吊聞之曰夫體道者天下之君子所繫焉今於道秋豪之端萬分未得處一焉而猶知藏其狂言而死又況夫體道者乎視之無形聽之無聲於人之論者謂之冥冥所以論道而非道也於是泰清問乎無窮曰子知道乎無窮曰吾不知

又問乎無爲無爲曰吾知道曰子之知道亦有數乎曰有曰其數若何無爲曰吾知道之可以貴可以賤可以約可以散此吾所以知道之數也泰清以之言也問乎無始曰若是則無窮之弗知與無爲之知孰是而孰非乎無始曰不知深矣知之淺矣弗知內矣知之外矣於是泰清中而歎曰弗知乃知乎知乃不知乎孰知不知之知

婀荷甘則以至柔委順載道爲悅者也神農則積蘇以治人之病者也老龍吉則窮數極變而不亢於存亡死生之際者也致柔則道之體藥人之病則道之用窮數極變則致一而已此二人所以同學於老龍吉也神農隱几闔戶晝瞑則隤然坐忘不與物交而晦其明也日中奓戶而入則所以示而寤之者如此而已神農隱几擁杖而起嚗然放杖而笑則所以喻而受之者如此而已則其間豈容於聲乎此老龍吉之所以無所發其狂言而死也弇堈弔則藏其高之至者也宜其知此矣夫體道者天下君子之所繫焉則聖有所生王有所成莫不繫於此今於道秋豪之末萬分未得處一焉則其精至於不可分矣所謂致一者是也猶知藏其狂言而死又況夫體道者乎體道則萬化而未始有極致一猶不足言之也觀夫老龍吉之藏其狂言而死凡以道之爲物視之無形聽之無聲於人之論者雖謂之冥冥而道非言之所論所以論道而非道也泰清則通而見物之察者也聞夫論道而非道是以求之於無窮也無窮則體本乎無窮也是以不知也無爲則非本無爲也知

其無足為而無為也是以知之也不知則豈同矣知道之可以貴可以賤
可以約可以散則不免乎數也無始則極乎始之所自者也是以知不知
之為深而知之為淺不知之為内而知之為外也於是泰清中而歎曰弗
知乃知乎知乃不知乎則無窮是也知乃不知乎則無為是也孰知不知之知夫知不
知之知則無始而已矣

無始曰道不可聞聞而非也道不可見見而非也
道不可言言而非也知形形之不形乎道不當名無始曰有
問道而應之者不知道也雖問道者亦未聞道道無問問
無應無問問之是問窮也無應應之是無内也以無内待問窮
若是者外不觀乎宇宙内不知乎太初是以不過乎崑崙不遊
乎太虛

道不可聞聞而非也而聞聞者誰也道不可見見而非也而見見
者誰也道不可言言而非也而言言者誰也知形形之不形乎道不當名
名者有形而後有者也而形形者不形此道之所以不當名也則聞聞者不聞見見
者不見言言者不言可知已無始曰有問而應之者不知道也以問之無應也雖問
道者亦未聞道以道之無問也道之所以無問者以問者不可得也所以無應者以
應者亦不可得也凡以其未始有物而已矣無問而問之是問窮也問窮則不知其
無窮而無以問為也無應應之是知内也無内則不得其所謂未始有物於内是以
無應而應之也以無内待問窮若是者不觀乎宇宙宇宙則瑣與方之所自起也不
知乎太初太初則有無無之處也不觀乎宇宙故不過乎崑崙崑崙則有形之最高
也不知乎太虛太虛則未始有物而天地萬物莫不畜乎其中矣夫知物之莫非道

則聞而未始聞見而未嘗見言而未嘗言言而未嘗言則終日聞而未嘗聞終日對而未嘗對而其言如此者此爲無始之言而已無始者始之所自起也

光曜問乎無有曰夫子有乎其無有乎光曜不得問而孰視其狀貌窅然空然終日視之而不見聽之而不聞搏之而不得也光曜曰至矣其孰能至此乎予能有無矣而未能無無也及爲無有矣何從至此哉

光曜則宇之泰定發乎天光而能照者也無有則無照矣此光曜之所以不知其爲有爲無問之而不得問也孰視其狀窅然空然窅然則其深也空然則其無也終日視之而不見聽之而不聞搏之而不得此其所以爲先有也光曜曰至矣其孰能至此乎予能有無矣而未能無無也唯其有無也所以爲光曜也唯其不能無無也是以不免爲有而未能爲無有也及爲无有矣夫無有則無所至無所至則何從至此哉嗚呼非盡心而至於道者何足以言此

大馬之捶鉤者年八十矣而不失豪芒大馬曰子巧與有道與曰臣有守也臣之年二十而好捶鉤於物無視也非鉤無察也是用之者假不用者也以長得其用而況乎無不用者乎物孰不資焉

無用無不用唯道爲然

冉求問於仲尼曰未有天地可知邪仲尼曰可古猶今也冉求失問而退明日復見曰昔者吾

問未有天地可知乎夫子曰可古猶今也昔日吾昭然今日吾昧然敢問何謂也仲尼曰昔之昭然也神者先受之今之昧然也且又為不神者求邪無古無今無始無終未有子孫而有子孫可乎冉求未對仲尼曰已矣未應矣不以生生死不以死死生死生有待邪皆有所一體有先天地生者物邪物物者非物物出不得先物也猶其有物也猶其有物也無已聖人之愛人也終無已者亦乃取於是者也所謂天地者動從而名之乎知所以名天地者則知所以生天地者矣知所以生天地者則未有天地猶今而已矣昔之昭然神者先受之則不思而得者也今之昧然且又為不神者求邪求之則所以為不神而昧然也無古無今無始無終古今終始相待而後有者也無待則皆無矣知此則知所謂未有天地矣夫將誰知之邪未有天地而可知則未有子孫而有子孫也冉求未對仲尼曰已矣未應矣未對而使之勿應欲以其不以有心求之也不以生生死不以死死生則不以有心求之也蓋心有所謂生而後能生其死心者所謂死而後能死其生也則以有心求之之過也死生有待邪體本無待也而人以為有待也無待則皆有所一體矣知死生之為一體則安有先天地生者物邪先天地生則物物者也物物者非物也則物出不得先物也則所謂有無混成先天地生者猶其有物而已猶其有物無而已矣未始有物也聖人

之變人無無已者亦乃乘之矣是也此乾元之所以統天而君子體之以長人者也顏淵問乎仲尼曰回嘗聞諸夫子曰無有所將無有所迎回敢問其遊仲尼曰古之人外化而內不化今之人內化而外不化與物化者一不化者也安化安不化安與之相靡必與之莫多狶韋氏之囿黃帝之圃有虞氏之宮湯武之室君子之人若儒墨者師故以是非相韰也而況今之人乎聖人處物不傷物不傷物者物亦不能傷也唯無所傷者為能與人相將迎山林與皐壤與使我欣欣然而樂與樂未畢也哀又繼之哀樂之來吾不能禦其去弗能止悲夫世人直為物逆旅耳夫知遇而不知所不遇知能能而不能所不能無知無能者固人之所不免也夫務免乎人之所不免者豈不亦悲哉至言去言至為去為齊知之所知則淺矣已過而勿追則無有所將也未至而勿逆則無有所迎也至人之用心若鏡如此而已然人之所以不能遊是者以不能無思無慮而已此回之所以問其遊也古之人外化而內不化外化則與之偕逝之謂也內不化則雖忘乎

故吾而吾有不忘者存是也今之人內化而外不化內化則其形化其心與之然是也外不化則規乎其前而不日徂是也與物化者一不化則安有所化安有所不化者哉有化有不化則非所以爲不化也則安可以與物相靡其行盡如馳而莫之能止哉必與之莫多而已與之莫多則不將不迎應而不藏而已有所將迎則多矣狶韋氏之囿黃帝之圃有虞氏之宮湯武之室出焉益衰而天下之遊者益少故其居彌狹也君子之人若儒墨者師故以是非相齏也知齏則相傷之甚也所謂君子猶如此而況今之人乎則其能不與之相靡也難矣聖人處物不傷物則是非兩行而休乎天均者也物其能與之相傷乎唯其無所傷歸與人相將迎而獨遊於無所將迎也而出之人常爲外物之所役而哀樂得以入其舍其樂則不知山林與皋壤與使我欣欣而樂與樂未畢也哀又繼之二者相爲往來而未嘗息也其來不知其所從故不能禦其去不知其所至故不能止則其身直爲物之逆旅而物得以往還寄寓於其間而已蓋知遇而不知所不遇也遇則物之所遇所不遇則辭物若也知能能而不能所不能也能則物之所役所不能則役物若也無知無能者固人之所不免也人之所不免則人之所同有而皆可以忘之也而反務免乎人之所不免者則失其性甚矣豈不悲哉至言去言至爲去爲而齊其知之所知以務免乎人之所不免者齊知之亦淺矣

壬辰重改證呂太尉經進莊子全解卷第七

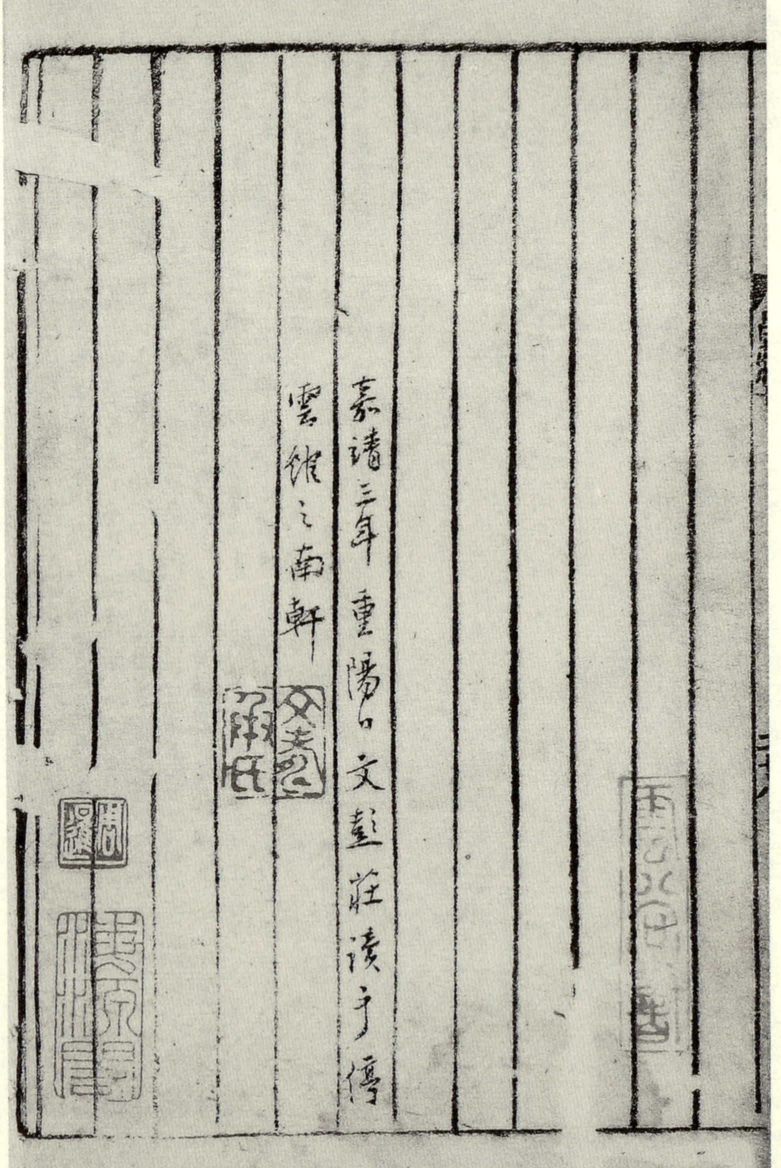

嘉靖三年重陽日文彭莊讀于傳
雲館之南軒

壬辰重改證吕太尉經進莊子全解卷第八

庚桑楚第二十三

老聃之役有庚桑楚者，偏得老聃之道，以北居畏壘之山。其臣之畫然知者去之，其妾之挈然仁者遠之；擁腫之與居，鞅掌之為使。居三年，畏壘大壤。老聃之道棄智絶仁而不尚賢，非以明民，而以愚民者也。故楚之臣妾有畫然知挈然仁者，皆去而遠之，而唯擁腫之與居，鞅掌之為使也。知則分畫，畫然則知之小者也；仁則援挈，挈然則仁之小者也。擁腫則避飾，鞅掌則拘執，則非有知與仁者也。民之難治，以其知多。畏壘之民化楚之道，無所事知而致力於衣食之間，此其所以大壤也。畏壘之民相與言曰：庚桑子之始來，吾洒然異之。今吾日計之而不足，歲計之而有餘。庶幾其聖人乎！子胡不相與尸而祝之，社而稷之乎？仁智人之所尚，而楚獨遠而去之，其所為實新其耳目，是以洒然異之也。楚之道無為而成者也，無為故日計之而不足，而歲也故歲計之而有餘。尸祝社稷，皆為君宗者之所有事也，畏壘之民欲君宗之，故欲相與尸祝社稷之也。庚桑子聞之，南面而不釋然。弟子異之。庚桑子曰：弟子何異於予？夫春氣發而百草生，正得秋而萬寶成夫春與秋豈無得而然哉天道已行矣吾聞至人尸居環堵之室而百姓猖狂不知所如往今以畏壘之細民而竊竊焉欲俎豆予于賢人之間我其杓之人邪吾是以不釋於老聃之言春與秋皆天之所為而萬物莫知天之所為也比至人之所以尸居環堵之室而百姓猖狂而不知所如往也今以畏壘之細民而竊竊然欲俎豆予于賢人之間則所謂不能使人無保汝者也我其可以不辭而為之人之的乎弟子曰不然夫尋常之溝巨魚無所還其體而鯢鰌為之制步仞之丘陵巨獸無所隱其軀而孽狐為之祥且夫尊賢授能先善與利自古堯舜以然而況畏壘之民乎夫子亦聽矣巨魚巨獸以諭言楚鯢鰌孽狐以諭常民言楚辭而不就則畏壘為常民有之也庚桑子曰小子來夫函車之獸介而離山則不免于罔罟之患吞舟之魚碭而失水則蟻能苦之故鳥獸不厭高魚鼈不厭深夫全其形生之人藏其身也不厭深眇而已矣且夫二子者又何足以稱揚哉是其於辯也將妄鑿垣墻而殖蓬蒿也簡髮而櫛數米而炊竊

竊乎又何足以濟世哉舉賢則民相軋任知則民相盜之數物者不足以厚民民之於利甚勤子有殺父臣有殺君正晝爲盜日中穴坏吾語汝大亂之本必生於堯舜之閒其末存乎千世之後千世之後其必有人與人相食者也老聃以太一爲精以物爲粗以有積爲不足澹然獨與神明居楚得聃之道故藏其身不厭深眇而德遺堯舜而不爲也夫於未始有物之閒而分辨堯舜爲以異安斃堙塞而殖蓬蒿哉非所宜以且無用也夫唯輔萬物之自然而不敢爲則簡髮而有之不然猶簡髮而櫛數米而炊曰亦不給矣曷足以濟世哉聖人之所常使民無知無欲使夫智者不敢爲也由堯舜之迹觀之未免舉賢任智而已舉賢則民相軋任智則民相盜則是有知有欲之大而民之所以遷於物也曷足以厚之哉此大亂之本所由而生也南榮趎蹵然正坐曰若趎之年者已長矣將惡乎託業以及此言邪德遺堯舜而不爲則其爲無積也至矣而人之思慮未嘗有閒則惡乎託業而可以反此言哉趎之所以問也言蹵然正坐者聞楚之言知其心之無物乃能如此是以蹵然正坐而求請其心也庚桑子曰全汝形抱汝生無使汝思慮營營若此三年則可以及此言也人之形常保神而其得以生者一而已矣則豈以有物爲患哉及夫耳目屬乎聲色鼻口屬乎臭味而心爲物之所役則形虧而不全生離而不抱思慮營營而不止是以不能無物也唯其全形抱生無使思慮之營營則其常心得矣安有所謂聖智仁義而

得存庸哉

南榮趎曰目之與形吾不知其異也而盲者不能自見耳之與形吾不知其異也而聾者不能自聞心之與形吾不知其異也而狂者不能自得形之與形亦辟矣而物或間之邪欲相求而不能相得今謂趎曰全汝形抱汝生勿使汝思慮營營趎勉聞道達耳矣庚桑子曰辭盡矣曰奔蜂不能化藿蠋越雞不能伏鵠卵魯雞固能矣雞之與雞其德非不同也有能與不能者其才固有巨小也今吾才小不足以化子子胡不南見老子

目不與文章之觀耳不與鍾鼓之聲心不與是非之辨世之所謂盲聾與狂也爲道者則以不自見爲盲不自聞爲聾不自得爲狂言吾之耳目心之與形與楚之形無以異而我不能自見自聞自得也心之睿爲聖則其不自得爲狂狂與聖念與罔念之間而已矣夫我形之與彼形固皆係神而神則無方也安有閡而不辟哉則其所以相求而不能相得者以物間之而已矣則趎雖未聞道而其所知者已異乎常人矣夫唯相求而不能相得是以雖勉聞道達耳而已矣而不能以楚之言而契之於心也

南榮趎贏糧七日七夜至老子之所老子曰子自楚之所來乎南榮趎曰唯老子曰子何與人偕來之衆

也南榮趎懼然顧其後老子曰子不知吾所謂乎南榮趎俯而慚仰而歎曰今者吾忘吾答因失吾問老子曰何謂也南榮趎曰不知乎人謂我朱愚知乎反愁我軀不仁則害人仁則反愁我身不義則傷彼義則反愁我已我安逃此而可此三言者趎之所患也願因楚而問之老子曰向吾見若眉睫之間吾因以得汝矣今汝又言而信之若規規然若喪父母揭竿而求諸海也汝亡人哉惘惘乎汝欲反汝情性而無由入可憐哉 易曰三人行則損一人一人行則得其友言致一也趎欲爲道其心不能致一而挾三言則謂之汝何與人偕來之衆宜矣以道與世抗則其心莫得而隱此老子所以得之於眉睫之間也夫道者物之所自生也唯致一者爲能得之今趎規規然欲以知不知仁不仁義不義趣舍不一之心而索之於無窮之間而不得其際則奚以異喪父母揭竿而求諸海哉若喪父母揭竿而求諸海則以譬言失其所自生而以其心索之於無窮之間而不得其際也夫道萬物之所歸也趎不知其所自生又不知其所歸則奚以異於亡人惘惘乎然哉亡人惘惘乎則以譬言失其所歸迷而不知所之也失其所自生而不知所歸故欲反其情性而無由入此乃至人所以憐之也 南榮趎請入就舍召其所好去其所惡十日

自愁復見老子老子曰汝自洒濯孰哉鬱鬱乎然而其中津津乎猶有惡也夫外韄者不可繁而捉將內揵內韄者不可繆而捉將外揵外內韄者道德不能持而況放道而行者乎

趎知趣舍之隱其心而惡之欲洗濯以復於虛靜是謂召其所好而去其所惡然而未能出是以自愁其洗濯孰哉有所謂鬱鬱然者鬱鬱然蓋其氣之充也唯其未能是以津津乎猶有惡也津津乎則物之所得漏而入也夫其神無郤者豈有所謂津津然者乎韄者物之粘着確固而難去也外之耳目屬乎聲色內之心術役乎事為猶韄而已矣是以謂之外內韄也今忘耳目之韄於聲色而欲物物以持之則繁而捉者也繁言不得其持之之要也則莫若內揵而已矣內揵則內心不出內心不出則外不韄矣則道德經所謂塞其兌挫其銳之謂也心術之韄於事為而欲事事以止之則是繆而捉也繆言不得其止之之正也則莫若外揵而已矣外揵則外物不入外物不入則內不韄矣夫此道德經所謂閉其門解其紛之謂也故寂然不動而萬物莫足以撓以不若是則雖有道德者不能持而況放道而行者乎放道者未能有道而法之者也

南榮趎曰里人有病里人問之病者能言其病然其病病者猶未病也若趎之聞大道譬猶飲藥以加病也趎願聞衛生之經而已矣

所謂之道者知其未始有物郭然而后則萬物無足以鐃其心而無所事乎衛矣趎自知其病未足以勝大道之藥是以願聞衛生之經而已蓋大道體常而盡變則無為而無

不爲衛生則以無爲爲經而已老子曰衛生之經能抱一乎能勿失乎能無卜筮而知吉凶乎能止乎能已乎能舍諸人而求諸己乎能翛然乎能侗然乎能兒子乎兒子終日嗥而嗌不嗄和之至也終日握而手不掜共其德也終日視而目不瞚偏不在外也行不知所之居不知所爲與物委蛇而同其波是衛生之經已一者生之所自而生者也欲衛生則莫若抱一而無離也誠能抱一而勿失則吉祥之所止也否則妄作而凶也吉凶在我無事於卜筮也故曰能抱一乎能勿失乎能無卜筮而知吉凶乎人之所以不能抱一而無失者以其未嘗止其心之思爲而已之也能止而已之者求諸己而已矣人其如我何哉故曰能止乎能已乎能舍諸人而求諸己乎翛然者言其無所係也侗然者言其無所關也猶兒子而已故曰能翛然乎能侗然乎能兒子乎兒子終日號而嗌不嗄和之至也使其號出於哀纏而不和則其能不嗄乎終日握而手不掜共其德也使不共其德而共其偽則其能不掜乎德則生之所自出而偽則人爲之者也終日視而目不瞚偏不在外也偏不在外雖視而不知所視也使其偏而在外其能不瞚乎夫唯含德之厚至於如此故行不知所之居不知所爲而其行且居者與物委蛇宛轉以同其波而已非有意於作止也南榮趎曰然則是至人之德已乎曰非也是乃所謂冰解凍釋者夫

至人者相與交食乎地而交樂乎天不以人物利害相攖不相與爲怪不相與爲謀不相與爲事翛然而往侗然而來是謂衛生之經已曰然則是至乎曰未也吾固告汝曰能兒子乎兒子動不知所爲行不知所之身若槁木之枝而心若死灰若是者禍亦不至福亦不來禍福無有惡有人災也人之心湛然猶水而已矣至其爲知識之所迷則陰陽而不能虛猶水之凍而爲冰也知衛生之經則冰解而凍釋矣若夫至人之於德不脩而物不能離焉故相與交食乎地而交樂乎天而不以人物利害相攖也交食乎地交樂乎天則不相與爲怪則世俗之所不可得而異不以人物利害相攖則不相爲謀不相與爲事而世俗之所不可得而同以其不可得而同也故其往翛然而無所係以其不可得而異也故其來侗然而無所閡又何能抱一能勿失能翛然能侗然之是問乎雖然此至人之所以爲衛生之經而已而非其至也至人之所以爲至者亦止於所不知而已兒子動不知所爲行不知所之身槁木之枝而心若死灰則止於所不知者也禍福生於有身有身生於有心者也身槁木之枝而心若死灰則孰有受之者邪禍福天地鬼神之所爲也猶且無有況人災乎然則衛生之經亦終於兒子而未爲至者何也蓋冰解凍釋雖止於爲水而至人之所以爲水者未嘗由冰解而凍釋此其所以異也宇泰定者發乎天光發乎天光者人見其人人

有脩者乃今有恒有恒者人舍之天助之人之所舍謂之天民天之所助謂之天子

身者神之宇也泰而不否定而不亂則發乎天光天光者不識不知而明白四達者也發乎天光人見其爲人而莫知其爲天也是人猶而天也人有脩者乃今有恒也蓋爲道不至於天而可以久者未之有也故有恒者人舍之天助之人舍之者以其羣於人也天助之者以其獨成其天也若夫睢睢盱盱而誰與居者則非人舍之者也人之所舍謂之天民天民者言其非人之所得而民也天之所助謂之天子天子言其繼天而生也故曰以此處上則帝王天子之德以此處下則玄聖素王之道也

學者學其所不能學也行者行其所不能行也辯者辯其所不能辯也知止乎其所不能知至矣若有不即是者天鈞敗之

天下之物可以智知者與學之所能與學行之所能行辯之所能辯也唯道爲不可以智知則與學之所不能學則與學者與學此而已矣所謂與學不與學是也行之所不能行則行者行此而已矣所謂不道之道是也辯之所不能辯則辯者辯此而已矣所謂不言之辯是也凡此無它以其不可以智知故也唯其不可以智知此知止乎其所不能知之所以爲至也若有不即是者則或與學或行或辯或知天鈞敗之而已矣以其皆不免有爲故也道者無爲而成唯其爲之是以敗而不成也

備物以將形藏不虞以生心敬中以達彼若是而萬慝至者皆天也而非人也不足以滑成不可內於靈臺靈臺者有持而不知

其所持而不可持者也。不見其誠己而發，每發而不當，業入而不舍，每更爲失。萬物與我爲一，則備物將形矣。將者，言無往而萬物不從也。其心之出，有物採之，則藏不虞以生心矣。物採之而出，非生於虞者也。於是而敬生焉，則敬中以達彼矣，非有待於外者也，所謂敬以直內是也。若是而萬惡至，皆天也，非人也，以其無以取之而已矣，非所謂爲而敗之者也。故不足以滑成，不可內於靈臺。靈臺、靈府，皆心也。自其無所不觀而言之謂之靈臺，自其無所不備而言之謂之靈府。靈臺者，不動則有持者也，而持之者莫知其鄉也，則孰知其所持而持之哉？則以不持持之而已矣。誠能知此，則所謂誠己者也。有所不發，發必中節矣。不見其誠己而發，則妄作凶者也，安能當哉？業自外入而無主於中，亦將不舍，每更爲失而已矣。入而不舍，則所謂去之必速之謂也。每更爲失，則俗學以求復其初，適足以爲蔽蒙之民而已。爲不善乎顯明之中者，人得而誅之；爲不善乎幽閒之中者，鬼得而誅之。明乎人，明乎鬼者，然後能獨行。券內者行乎無名，券外者志乎期費。行乎無名者，唯庸有光；志乎期費者，唯賈人也，人見其跂，猶之魁然。券者所以主物而有之者也。故有諸己而行之謂之券內，則誠己而獨行者也；無諸己而爲之謂之券外，則不見其誠己而發而幽顯不能一者也。券內者行乎無名，無名者道也，故信矣而不期，與焉而不費。券外者期而後能信，費而後能與，志於期費者也。行乎無名，唯庸有光，不用則復歸其明而已矣。志乎期費者，唯賈人也，可以市而已矣，非所以行於冥冥者也。跂者不足而蹇莫之者也人見其跛矣猶之魁然斗之魁大而杓小魁然則自大之意也與物窮者物入焉與物且者其身之不能容焉能容人不能容人者無親無親者盡人見其未始有物者與物窮者也與物窮者無我者也無我則物入焉而不閡矣所謂知常容是也否則與物且而已而不能無我者也則其身之不能容所謂汝之片體將氣所不受汝之一節將地所不載安能容人哉夫唯物入者則物無非我也則不能容人者無親無親者盡人可知矣兵莫憯于志鏌鋣爲下寇莫大於陰陽無所逃於天地之間非陰陽賊之心則使之也志之爲兵能傷人之心者也鏌鋣則能傷形而已故兵莫憯於志而鏌鋣爲下也盜之爲寇可逃而去也陰陽之爲寇無所逃於天地之間故寇莫大於陰陽也夫豈陰陽賊之哉使之賊者心也故曰賊莫大乎德有心而心有眼也夫唯聖人弱其志而不必故無兵藏於非陰非陽而無心故萬物不能盜道通其分也其成也毀也所惡乎分者其分也以備所以惡乎備者其有以備故出而不反見其鬼出而得是謂得死滅而有實鬼之一也以有形者象無形者而定矣出無本入無竅有實而無乎處有長而無乎本剽有所出而無竅者有實有實而無乎處者宇也有長而無本剽者宙也有乎生有乎死有乎出有乎

入入出而無見其形是謂天門天門者無有也萬物出乎無有有不能以有爲有必出乎無有而無有一無有聖人藏乎是道之爲物無乎不在無乎不在則無物而不足乎道也無物不足乎道則無成與毀矣則其分也乃其所以爲通而分無異於通也其成也乃其所以爲毀而備無異於分也分之無累於通則無惡於分矣而惡於分者以其有備而分之也備無異於分則無惡於備矣而惡於備者以其分也以備則對備而有分對備而有分則分有異乎通矣其以有備則非無爲而自備也則成有異乎毀也此道之所以散也夫唯分而不知有備備而不知有以備則何適而不通哉夫道未嘗死未嘗生也出而有生也而必反乎所未嘗生則生夫全矣出而不知反則鬼生而見其鬼則不能反其所未嘗生者也出而反則雖生而無得出而不反則有得其謂之得死也宜矣所謂生有爲死也是已若鬼之所以爲鬼以其雖滅而有實不能反乎無物所以爲鬼也若出而不反出而得則奚以異於滅而有實哉故其爲鬼一也唯夫以有形者象無形者而定矣定則不爲死生之所亂也老子曰谷神不死蓋有形之身可使虛而如谷無形之心能使寂而如神此則以有形者象無形而定者也夫物之出者必有本而出於道則未始有本也物之入者必有竅而入於道未始有竅也物之有實也必有處而出無本者則雖有實而無乎處也物之有長者必有本剽而入無竅者則雖有長而無乎本剽也既無本與竅矣而有實與長何也蓋自道觀之則未始有出入也自物觀之則有所出有所入矣有所出而無乎本者則有長而已而不見其始卒則無乎本剽者也有所入而無竅者則有實而已而不得其邊際則無乎處者也則文宜曰有所出而無本者有長有所入而無竅者有實今但曰有所出而無竅者有實蓋脫簡也有實而無乎處者宇也四方上下則有實矣然

我以我之上者爲上而我之上之上者以我之上爲下矣我以我之下爲下而我之下之下者以我之下爲上矣四方亦然則四方上下命之在我而已豈有乎處哉有長而無本剽者宙也古往今來則有長矣然則今以前爲古而後復以今爲古向以今爲後而今復以後爲後則古今前後亦在我而已豈有乎本剽哉知宇之有實而無乎處則宇之所不能制而莫知其鄉矣知宙之有長而無乎本剽則宙之所不能制而出入無時矣宇宙之所不能制則六通四闢而無乎不在是以雖有乎生有乎死有乎出有乎入而出入莫見其形是謂天門也其心以爲不如是者天門不開矣天門者無有也萬物出乎無有萬物以形相生所以出乎無有者蓋有不能以有爲有而形非道不生是以必出乎無有也則所謂天下之物生於有有生於無是也而有所謂無有者則非無有也而所謂無有一皆無有乃所以爲無有也聖人藏於是是之謂藏於天而遊於物之所不得遯而皆存者也

古之人其知有所至矣惡乎至有以爲未始有物者至矣盡矣弗可以加矣其次以爲有物矣將以生爲喪也以死爲反也是以分已其次曰始無有既而有生俄而死以無有爲首以生爲體以死爲尻孰知有無死生之一守者吾與之爲友是三者雖異公族也昭景也著戴也甲氏也著封也非一也有生黬也披然曰移是嘗言移是非所言也雖然不可知者也臘者之

有膍胲可散而不可散也觀室者周於寢廟又適其偃焉為是舉移是請嘗言移是是以生為本以知為師因以乘是非果有名實因以己為質使人以為己節因以死償節若然者以用為知以不用為愚以徹為名以窮為辱移是今之人也是蜩與鷽鳩因於同也三者雖異然皆歸於道雖歸於道然唯以為未始有物至矣盡矣弗可以加矣則二者固有未至未盡而有以加也猶之同為公族而昭景者戴甲氏著封其親疏非一也夫於未始有物之間而曰為未嘗有物猶虞之有驩非其體也而二家之說披然分歸一以為有物矣而以生為喪一以為始於無有俄而有生是以夫未始有物之全體而移於是有生之點也則言移是者嘗言之可也而非所言也雖然道之體無乎不在而謂有生之點為不足乎道則亦不可也故謂之移是亦不可知也譬言如臟之見百物而有具裝焉則膍胲非不可謂之百物而不可散而不可散者以其體之下而已矣譬之觀室者既周於寢廟又適其偃焉偃非不可謂之室而不可藪而不可覿者以其處之賤而已蓋道之體無乎不在則非不可以言移是而非所言者亦若此而已矣而二家之說為是之故而謂之舉移是此所以未至未盡也夫移是之說始於有生是以生為本也有生然後有知是以知為師也有生有知有是有彼則因之以乘是非乘言如數之相乘而滋多也是非彰則果有名實果言名實之所以成也有是有非有名有實則因以己為正而是其所是而非其所非也言因移是其說遂至於如此也至其弊也使人以己之所是以為己節而守之因以死償節而不知所謂己者未始

有物也夫唯不知性命之情而用與不用徹與窮之非我也故以用爲智以不用爲愚以徹爲名以窮爲辱移是之弊至於如此是今之人也是蜩與鸒鳩同於同而不知有天地之大也二家之説雖同於道而其弊有至於此則移是非所言也

蹍市人之足則辭以放驁兄則以嫗大親則已矣故曰至禮有不人至義不物至知不謀至仁無親至信辟金

它人關弓而射我則談笑而道之以其無恩於我我不以恩望之也唯其無恩則蹍其足不得不辭以放驁矣兄弟關弓而射我則涕泣而道之以其有恩於我我則以恩望之也唯其有恩則雖蹍之不辭於不愛以嫗而已而無所事辭也至於大親則勿嫗可也又恩之至也由是言之所謂至者無所待於外也則至禮之有不人至義不物至知不謀至仁無親至信辟金皆無所待於外而已知禮之意而不爲也俗之禮以觀衆人之耳目者不人之禮也行之而宜而非以宜物者不物之義也事至而應無所預謀者不謀之知也以百姓爲芻狗使天下兼忘我者無親之仁也信矣而不期者辟金之信也於道至則五者無一不至矣

徹志之勃解心之謬去德之累達道之塞貴富顯嚴名利六者勃志也容動色理氣意六者謬心也惡欲喜怒哀樂六者累德也去就取與知能六者塞道也此四六者不盪胷中則正正則靜靜則明明則虚虚則無爲而無不爲也

志總於心心總於德德總於道道則無爲而無不爲者也志者心之之也故總於心心者德之知也故總於德

脩者道之在我者也故總於道是以徹志之勃而後解心之謬解心之謬而後去德之累去德之累而後達道之塞也志以弱而強行則以貴富顯嚴名利為志也自非弱也勃而已矣勃之言浡浡則不可一不徹心以虛而無係則以容動色理氣意為心者非虛也謬而已矣謬之言繆繆則不可一不解德以同於初惡欲喜怒哀樂非同於初也固德之累也累則不可不去道以通於一為達則去就取與智能非通乎一也非通乎一固道之塞也塞則不可不達徹勃解謬去累達塞此四六者不盪胷中則正靜虛明而道集矣道則無為而無不為也

道者德之欽也生者德之光也性者生之質也性之動謂之為為之偽謂之失知者接也知者謨也知者之所不知猶睨也動以不得已之謂德動無非我之謂治名相反而實相順也

道之尊德之貴也尊固不若尊故道者德之欽也物得以生之謂德不生無以見德則生者固德之光也流動而生物物生成理謂之形形體保神各有儀則之謂性則性者固生之質也不動則無為性之動則謂之為矣為之於性之動猶之可也為之偽則謂之失矣生而無以智為也謀而後用智也生而無以智為也則智者接也非與生俱生也謀而後用知也則知者謨也不謨則用智也知者之所不知不知則知之所自而知也猶睨者之所不睨乃其所以睨也故動以不得已則性之動而非為之偽也是以謂之德動無非我則萬物與我為一莫足以亂是以謂之治誠能如此則天下之名彼我是非雖若相反而其實未有不相順者也以其無非我故也

羿工乎中微而拙乎使人無己譽聖人工乎天而拙乎人夫工乎天而

俍乎人者唯全人能之唯蟲能蟲唯蟲能天全人惡天惡人之天而況吾天乎人乎不離於宗謂之天人不離於精謂之神人不離於其真謂之至人而聖人則兼此三人而非於變化者也非於變化而人化之則雖工於天而已拙乎人矣全人蓋至人以上至人以上則不離於宗與精與真而人之所不可知者也故工乎天而俍乎人者唯全人能之彼跂行喙息蠢分類聚此唯蟲之所以能蟲也不知其所以然而然此唯蟲之所以能天也故知其所以然而然非能天矣全人之惡天也非惡天之天而惡人之天也人之天也知其不知所以然而然也天之天也則不知其不知所以然而然也知其不知所以然而猶且惡之而況天乎人乎而擬議之有邪一雀適羿羿必得之威也以天下爲之籠則雀無所逃是故湯以庖人籠伊尹秦穆公以五羊之皮籠百里奚是故非以其所好籠之而可得者無有也一雀適羿羿必得之威也則彼不適者非威之所必得也以天下爲之籠則萬物畢羅而無所逃矣而況於雀乎夫唯深之又深而通天下之志者則能以天下爲之籠者也是故湯以庖人籠伊尹秦穆公以五羊之皮籠百里奚夫非以其所好籠之而可得者無有也非夫極深而通天下之志安能得其所好哉夫唯澹然無欲者雖以天下爲之籠而莫足以歸矣介者拸畫外非譽也胥靡登高而不懼遺死生也夫復謵不餽而忘人忘人因以爲天人矣故敬之而不喜侮

之而不怒者唯同乎天和者為然出怒不怒則怒出於不怒矣出為無為則為出於無為矣欲靜則平氣欲神則順心有為也欲當則緣於不得已不得已之類聖人之道介者以外非譽之故猶能拸畫而弗循胥靡以遺死生之故猶能登高而不慄況夫真能忘人則宜其復謂而不愧也復謂者言其玩謂至于再三而不能忘人者之所又能不愧也忘人因以為天人矣言所謂天人者有不止於忘人而忘人為之因而已矣此則同乎天和者宜其敬之而不喜侮之而不怒出怒之出當於不怒知怒之出於不怒則出怒不怒矣為之出出常出於無為知為之出於無為則出為無為矣怒出於不怒為出於無為則未始有物而發之自出之處也欲靜則平氣氣也者虛而待物者也人唯不能平而暴之故不靜誠能平氣則未有不靜者也欲神則順心人心則神也人唯不能順而滑之故不神誠能順心則未有不神者也有為也欲當則緣於不得已不緣於不得已則為之僞而非誠己者也每發不當矣聖人躊躇興事以每成功故豫若冬涉川猶若畏四鄰則不得已之類聖人之道也

徐無鬼第二十四

徐無鬼因女商見魏武侯武侯勞之曰先生病矣苦於山林之勞故乃肯見於寡人徐無鬼曰我則勞於君君有何勞

於我君將盈耆欲長好惡則性命之情病矣君將黜耆欲掔好惡則耳目病矣我將勞君君有何勞於我武侯超然不對少焉徐無鬼曰嘗語君吾相狗也下之質執飽而止是狸德也中之質若視日上之質若亡其一吾相狗又不若吾相馬也吾相馬直者中繩曲者中鉤方者中矩圓者中規是國馬也而未若天下馬也天下馬有成材若卹若失若喪其一若是者超軼絕塵不知其所武侯大悅而笑無鬼忘武侯之勢而識其病而武侯以其不下己也故超然不對無鬼託之相狗馬以諭己所以無求之意狗與馬以况人有小大也狗之爲物也下之質執飽而止是狸德也猶之人也飢則爲用而有求者也中之質若視日猶之人也所趣高遠而未能忘己也上之質若亡其一猶之人也能忘己者也一猶亡之則忘己可知矣雞之德全有如木雞者則狗固有如此者也馬之爲物也曲直中繩鉤方圓中規矩是國馬也以況則國士之遊乎方之內者也天下馬有成材則不習之而自然者也若卹則無與樂也若失則無與四也若喪其一則喪我之至也非特亡而已若是者超逸絕塵不知其所以况則天下之士遊乎方之外而不可知者也其意以爲狗之上質與夫天下之馬猶如此則吾安知君之勢而下之而君安得不相之乎武侯悟其

徵言所以悅也徐無鬼出女商曰先生獨何以說吾君乎吾所以說吾君者横說之則以詩書禮樂從說之則以金板六弢奉事而大有功者不可爲數而吾君未嘗啓齒今先生何以說吾君使吾君悅若此乎徐無鬼曰吾直告之吾相狗馬耳女商曰若是乎曰子不聞夫越之流人乎去國數日見其所知而喜去國旬月見所嘗見於國中者喜及期年也見似人者而喜矣不亦去人滋久思人滋深乎夫逃虛空者藜藋柱乎鼪鼬之逕踉位其空聞人足音跫然而喜矣有況乎昆弟親戚之謦欬其側者乎久矣夫莫以真人之言謦欬吾君之側乎言以道接者也言而不當道雖詩書禮樂金板六弢不足以動言而當道雖相狗馬猶足以悅也人失其性命之情而流於人僞正猶去其鄉黨親戚而流於遠方與逃空虛以羣鼪鼬之間者也所謂真則其性之固有猶其鄉黨親戚之舊者也非至狂惑者其有聞真人之謦欬而不悅者乎徐無鬼見武侯武侯曰先生居山林食芧栗厭葱韭以賓

寡人久矣夫今老邪其欲干酒肉之味邪其寡人亦有社稷之福邪徐無鬼曰無鬼生於貧賤未嘗敢飲食君之酒肉將來勞君也君曰何哉奚勞寡人曰勞君之神與形武侯曰何謂也邪徐無鬼曰天地之養也一登高不可以爲長居下不可以爲短君獨爲萬乘之主以苦一國之民以養耳目鼻口夫神者不自許也夫神者好和而惡姦夫姦病也故勞之唯君所病之何也人心之神與天地之神一也人雖私於己而自許而神者則不自許也此至人之所以明乎人鬼而獨行也萬物負陰而抱陽而沖氣以爲和是以王侯自稱孤寡不穀務以損其貴高而爲和則和固神之所好也若苦一國之民而養其耳目鼻口則所謂姦而神之所惡而病之也姦則不正之謂也向所謂君將盈耆欲長好惡則性命之情病性命之情病則神惡而病之也

武侯曰欲見先生久矣吾欲愛民而爲義偃兵其可乎徐無鬼曰不可愛民害民之始也爲義偃兵造兵之本也君自此爲之則殆不成凡成美惡器也君雖爲仁義幾且僞哉形固造形成固有伐變固外戰君亦必

無盛鶴列於麗譙之間無徒驥於錙壇之宮無藏逆於得無
以巧勝人無以謀勝人無以戰勝人夫殺人之士民兼人之土地以養
吾私與吾神者其戰不知孰善勝之惡乎在君若勿已矣脩
胷中之誠以應天地之情而勿攖夫民死已脫矣君將惡乎
用夫偃兵哉以智治國國之賊不以智治國國之福苟為以智則愛民固害民之始而為義偃兵固造兵之本也自此為之則殆
不成矣以其以智而不以道故也則日中始之言是也天下皆知美之為美斯惡已則成美者固惡器也謂之器則非道也苟為非道則雖有愛民
之仁偃兵之義亦偽而已豈所謂誠已而發哉夫唯無形則無所造苟為有形則固造形矣愛民偃兵作於其心見於其事皆不免於有形者也愛
民之形成固有伐有伐則害民之始也偃兵之形變固不戰外戰則造兵之本也害民造兵亦形也是形之所以造形也蓋愛民之成則天下疑我
之強故至於有伐偃兵之變則天下窺我之虛故至於外戰此必至之理也盛鶴列於麗譙之間則佳而觀之也徒驥於錙壇之宮則玩而覿之也
則非不得已而用之之意也得而不順乎天則是藏逆於其間也以巧勝人以謀勝人則所恃者智巧而不恃道術也以戰勝人則是以兵強天下
而不以德也由是而殺人之士民兼人之土地以養吾私與吾神私則自許而神者則惡而病之也夫養其一體而失其肩背則為狼疾人也今以
養其私之故至於神者惡而病之則是不知志之為兵憯於鏌鋣而有自勝之強也則謂之善戰而勝人其戰不知孰善而勝之惡乎在邪君若不

得已而欲爲之則循胷中之誠以應天地之情而勿攖而已所謂循胷中之誠者使四六不盪於胷中而正靜虛明之謂也天地之情亦不過正靜虛明而已循則攖之矣夫然則可以却走馬以糞矣民死之不脫哉黃帝將見大隗乎具茨之山方明爲御昌寓驂乘張若謂朋前馬昆閽滑稽後車至於襄城之野七聖皆迷無所問塗適遇牧馬童子問塗焉曰若知具茨之山乎曰然若知大隗之所存乎曰然黃帝曰異哉小童非徒知具茨之山又知大隗之所存請問爲天下小童曰夫爲天下者亦若此而已矣又奚事焉予少而自遊於六合之內予適有瞀病有長者教予曰若乘日之車而遊於襄城之野今予病少痊予又且復遊於六合之外夫爲天下亦若此而已予又奚事焉黃帝曰夫爲天下者則誠非吾子之事雖然請問爲天下小童辭黃帝又問小童曰夫爲天下者亦奚以異乎牧馬者哉亦去其害馬者而已矣黃帝

再拜稽首稱天師而退形而上者之謂道而道之名曰大則大而高者宜無如道也隗之爲言高也嵬𡾊萬物而衣被之則具茨之義也是以黃帝將見大隗必於具茨之山也士窮厄蹙渾淹死欲見大隗而七聖之與偕此其所以至於襄城之野皆迷而無所問塗也童子之爲言上也欲見大隗而聖智之不絶宜其至於上達遂而不僭也馬之辰午也南方火心也童子則無知者也以童子牧馬則宜知其茨之山而大隗之所存也予少而自遊於六合之內予適有瞀病人心其神神則無方而遊不出乎六合之內非有瞀病不若是也欲已之則其若以明而上達有長者教予乘日之車而遊於襄城之野則以明而上達者也雖然少痊而已矣以其猶乘日之車也置日之車而弗乘而遊乎六合之外其猶有病邪爲天下者猶養心而已矣而養心者亦豈有他哉去其害者而已矣夫隨其成心而師之誰獨且無師乎既聞之矣知其在我此所以稱天師再拜而退也

知士無思慮之變則不樂辯士無談說之序則不樂察士無淩誶之事則不樂皆囿於物者也招世之士興朝中民之士榮官筋力之士矜難勇敢之士奮患兵革之士樂戰枯槁之士宿名法律之士廣治禮教之士敬容仁義之士貴際農夫無草萊之事則不比商賈無市井之事則不比庶人有旦暮之業則勸百工有器械之巧則壯錢財不積則

貪者憂權勢不尤則夸者悲勢物之徒樂變遭時有所用不能無爲也此皆順比於歲不物於易者也馳其形性潛之萬物終身不反悲夫人莫不有至樂之處得是而游之則其爲圓也大矣而三士者獨樂其性之所偏則圓於物而不能圓物者也自夫招世之士興朝以至勢物之徒樂變雖趣尚不同而遭時有所用不能無爲則一也不能無爲以不知真君之所在也夫時有所用而爲之非性命也時有今昔猶歲有寒暑今以一遭之故遂守而不捨不能無爲則皆順比於歲寒暑一不知有暑暑而不知有寒以所遭爲常而不物於易者也人莫不有真君存焉而乃馳其形性潛於萬物之間終身不能反其本此乃至人之所以悲也夫唯能無爲而物於易者消息盈虛唯變所適豈固順比於歲遭而遂守之哉莊子曰射者非前期而中謂之善射天下皆羿也可乎惠子曰可莊子曰天下非有公是也而各是其所是天下皆堯也可乎惠子曰可莊子曰然則儒墨楊秉四與夫子爲五果孰是邪或者若魯遽者邪其弟子曰我得夫子之道矣吾能冬爨鼎而夏造冰矣魯遽曰是直以陽召陽以陰召陰非吾所謂道也吾示子乎吾道於

是爲之調瑟廢一於堂廢一於室鼓宫宫動鼓角角動音律同矣夫或改調一弦於五音無當也鼓之二十五弦皆動未始異於聲而音之君已且若是者邪天下皆堯羿固不可也而惠子知莊子之言爲已而發故以爲可其意以謂中則爲羿不必前期是則爲堯之不必公是此所謂以反人爲實而欲以勝人爲名者也雖然儒墨楊秉與施爲五不皆是也則皆堯之説不亦矣不然則若魯遽之謂其弟子爲以陽召陽以陰召陰而其調瑟亦一不免以聲律相召而已矣施之自謂賢於四子而實與四子不異也惠子曰今夫儒墨楊秉且方與我以辯相拂以辭相鎮以聲而未始吾非也則奚若矣莊子曰齊人蹢子於宋者其命閽也不以完其求鈃鍾也以束縛其求唐子也而未始出域有遺類矣夫楚人寄而蹢閽者夜半於無人之時而與舟人鬬未始離於岑而足以造於怨也施以爲我固不異於四子而四子與我以辯相拂以辭相鎮以聲而皆未始以我爲非也則奚若言此者欲以成其皆堯之説也莊子以微言感動之父子之道天性也而齊人蹢子於宋者其命閽不以完以譬則施之輕其性命之情而不知反之之甚也其求鈃鍾以束縛其求唐子也未始出域有遺類者矣以譬

則施之於辯名聲之外物則愛之恐其傷至其受於天者則失之而不知深求爲可惜也楚人寄而蹢閽者夜半於無人之時而與舟人鬭未始離於岑而足以造於怨以譬施之亡其眞宅之歸而於是非莫昧之際以與人爭勝不足以有濟徙以與衆不適而已矣非所謂智也莊子送葬過惠子之墓顧謂從者曰郢人堊漫其鼻端若蠅翼使匠石斲之匠石運斤成風聽而斲之盡堊而鼻不傷郢人立不失容宋元君聞之召匠石曰嘗試爲寡人爲之匠石曰臣則嘗能斲之雖然臣之質死久矣自夫子之死也吾無以爲質矣吾無與言之矣唯其如此此莊子之所以每與之反覆而深惜其不至也管仲有病桓公問之曰仲父之病病矣可不諱云至於大病則寡人惡乎屬國而可管仲曰公誰欲與公曰鮑叔牙曰不可其爲人潔廉善士也其於不已若者不比之又一聞人之過終身不忘使之治國上且鉤乎君下且逆乎民其得罪於君也將弗久矣公曰然則孰可對曰勿已則隰朋可其爲人也上忘而下

畔愧不若黃帝而哀己不已若者以德分人謂之聖以財分人謂之賢以賢臨人未有得人者也以賢下人未有不得人者也其於國有不聞也其於家有不見也勿已則隱朋可容乃公公乃王王乃天天乃道容公王天道皆其所體者也公故可以為公而王故可以為王公王之名蓋生於此也若隱朋之德可謂容乃公者吳王浮于江登乎狙之山衆狙見之恂然棄而走逃於深蓁有一狙焉委蛇攫搔見巧乎王王射之敏給搏捷矢王命相者趨射之狙執死王顧謂其友顏不疑曰之狙也伐其巧恃其便以敖予以至此殛也戒之哉嗟乎無以汝色驕人哉顏不疑歸而師董梧以鋤其色去樂辭顯三年而國人稱之吳王以子綦之國而友顏不疑者也謂之友則有責善故告之如此以色驕人者其心之驕人者見於色也鋤其色者去其心而已矣所謂容動色理辭氣六者繆心是也南伯子綦隱几而坐仰天而噓顏成子入見曰夫子物之尤也形固可使若槁骸心固可使若死灰乎曰吾嘗

居山谷之日矣當是時也田禾一覩我而齊國之衆三賀之我必先之彼故知之我必賣之彼故鬻之若我而不有之彼惡得而知之若我而不賣之彼惡得而鬻之嗟乎我悲人之自喪者吾又悲夫悲人者吾又悲夫悲人之悲者其後而日遠矣所以能使形若槁骸而心若死灰者非一日也故其說與齊物不同也夫田禾一覩我而齊國衆三賀之者由我有所先而賣之且以彼得以知而鬻之若我不有而賣之彼惡知而鬻之乎自謂心之未盡於內而有迹於外而爲田禾之所知而鬻之也夫道未始有物者也而有人然之知存於其心則未免爲自喪也喪者失其常心之謂也子綦以人之自喪者爲在於此而悲之欲以復之也然知其自喪而悲之猶爲喪而未復也吾又悲夫悲人之悲則其自喪與夫悲之者皆莫知其所失此其所以日遠而不爲物之所累也則形其有不若槁骸心其有不若死灰者乎仲尼之楚楚王觴之孫叔敖執爵而立市南宜僚受酒而祭曰古之人乎於此言已曰丘也聞不言之言矣未之嘗言於此乎言之市南宜僚弄丸而兩家之難解孫叔敖甘寢秉羽而郢人投兵丘願有喙三尺彼之謂不道之道此之謂不言之辯故德總乎道之所一而言休乎

知之所不知至矣道之所一者德不能同也知之所不能知者辯不能舉也名若儒墨而凶矣故海不辭東流大之至也聖人并包天地澤及天下而不知其誰氏是故生無爵死無謚實不聚名不立此之謂大人狗不以善吠為良人不以善言為賢而況為大乎夫為大不足以為大而況為德乎夫大備矣莫若天地然奚求焉而大備矣知大備者無求無失無弃不以物易己也反己而不窮循古而不摩大人之誠

仲尼孫叔敖宜僚不同時而言此者以明其為寓故也丘也聞不言之言矣未之嘗言也而所謂不言之言非無象也誠如二子者之所為則雖有喙三尺猶為不言也彼二子者之所為是之謂不道之道此仲尼之不言是之謂不言之辯也蓋世之所謂不言未嘗知其如此也德之所不能同辯之所不能舉者固無名也止乎無名則吉祥之所止也不然則名雖若儒墨不免妄作而凶矣道之在天下猶百川之於海百川莫不東也而海受之不辭以其大也聖人并包天地而無所殊澤及天下而無所外則猶海之不辭東流也而不知其誰氏則所謂聖人無名者也是以生無爵死無謚實不聚名不立此聖人之所以為大也蓋雖有爵謚實名而非其所以為大也則猶為無名而已矣狗不以善吠為良人不以善言為賢為賢且不可而況為大者其在於言乎則智之所不知者辯固不能舉而有不言之

擲也聖人終不為大故能成其大則為大不足以為大而況為德乎則道之所一者德固不能同而有不道之道也夫大備莫若天地天地之所以大備固無求而大備者也人亦莫不有所謂大備者誠而已矣誠即之則無求非唯無求而亦無失無棄以其足於己而不以物易之故也是故大人者知夫在我者萬物莫不備也故反之而不窮知其長於上古而不敝也故循之而不摩此之謂大人之誠誠者不勉而中不思而得不為而成者也

子綦有八子陳諸前召九方歅曰為我相吾子孰為祥九方歅曰梱也為祥子綦瞿然喜曰奚若曰梱也將與國君同食以終其身子綦索然出涕曰吾子何為以至於是極也九方歅曰夫與國君同食澤及三族而況父母乎今夫子聞之而泣是禦福也子則祥矣父則不祥子綦曰歅汝何足以識之而梱祥邪盡於酒肉入於鼻口矣而何足以知其所自來吾未嘗為牧而牂生於奧未嘗好田而鶉生於宎若勿怪何邪吾所與吾子遊者遊於天地吾與之邀樂於天吾與之邀食於地吾不與之為事不與之為謀不與之為怪吾與之

乘天地之誠而不以物與之相攖吾與之一委蛇而不與之爲事所宜今也然有世俗之償焉凡有怪徵者必有怪行殆乎非我與吾子之罪幾天與之也吾是以泣也無幾何而使梱之於燕盗得之於道全而鬻之則難不若刖之則易於是乎刖而鬻之於齊適當渠公之街然身食肉而終言此者明九方歅以相知之不若子綦之以道擬之也凡子綦之與其子游於天地者皆至人衛生之經而有怪徵焉知其天與而非有以取之也

齧缺遇許由曰子將奚之曰將逃堯曰奚謂邪曰夫堯畜畜然仁吾恐其爲天下笑後世其人與人相食與夫民不難聚也愛之則親利之則至譽之則勸致其所惡則散愛利出乎仁義捐仁義者寡利仁義者衆夫仁義之行唯且無誠且假夫禽貪者器是以一人之斷制利天下譬之猶一覕也夫堯知賢人之利天下也而不知其賊天下也夫唯外乎賢者知之矣舜禹之事吾知之矣則是假夫禽貪者器也謂之仁義則不免於有

知而已有知則隔於形智而非天下之所同也以非天下之所同而爲之則是以一人之斷制利天下猶一覕而已矣非輔萬物之自然曲成而不遺者也此則庚桑楚所謂大亂之本必生於堯舜之閒而其末存乎千世之後是也於此申言許由逃堯之說者明所謂暖姝濡需卷婁之徒不知有所謂許由之義也

故有暖姝者有濡需者有卷婁者所謂暖姝者學一先生之言則暖暖姝姝而私自悅也自以爲足矣而未知未始有物也是以謂暖姝者也濡需者豕蝨是也擇疏鬣自以爲廣宮大囿奎蹏曲隈乳閒股脚自以爲安室利處不知屠者之一旦鼓臂布草操煙火而已與豕俱焦也此以域進此以域退此其所謂濡需者也卷婁者舜也羊肉不慕蟻蟻慕羊肉羊肉羶也舜有羶行百姓悅之故三徙成都至鄧之墟而十有萬家堯聞舜之賢而舉之童土之地曰冀得其來之澤舜舉乎童土之地年齒長矣聰明衰矣而不得休歸所謂卷婁者也是以神人惡衆至衆至則不比不比則不利也故無所甚親無所甚疏抱德

煬和以順天下此謂真人以暖為是則不知天下有至足也以姝為是則不知天下有至美也故以學先生之言則自以為足而不知未始有物者名之也需則不去需則有待安於畏汾而不知禍者也故以豕蝨名之也卷則收卷婁則婁攬不藏其擅使天下慕而歸己則卷婁者也故以舜名之也由夫學一先生之言而不知未始有物也故為利則有濡需為善則有卷婁也夫舜有天下而不與焉豈卷婁也哉然以舜之迹言之天下於我無加焉適足以勞其形而已矣故以卷婁言之也故眾至而歸之雖如舜乃神人之所惡也故眾至則不與之比不與之比則彼不利而不至矣此真人之所以無所甚親無所甚疏抱德煬和以順天下而已矣然則舜之德為不神且真乎曰天下慕而歸之人之所悅而舜亦悅之則所以順人也舜之視棄天下猶棄敝蹝而其所以為舜者視舜猶塵垢粃糠而已非神與真而何於蟻棄知於魚得計於羊棄意以目視目以耳聽耳以心復心若然者其平也繩其變也循古之真人以天待之不以人入天古之真人得之也生失之也死得之也死失之也生藥也其實堇也桔梗也雞壅也豕零也是時為帝者也何可勝言蟻以知而多事魚以深而全生羊以意而多很故於蟻弃知於魚得計於羊棄意也以目視目則見見者得矣以耳聽耳則聞聞者得矣以心復心則知知者得矣棄智與意而藏其身於深眇之間以得所謂見見聞聞知知者則其平也繩繩之為平屈伸無常無所往而不為平者也其變也循循之為變轉為萬物之自然而不為者也此所以復其真之道也真人則

眞之全者也眞全則無所事於藥取矣古之眞人以天待之則無爲也以離䘏而已不以人入天則雖爲而未嘗爲也古之眞人不知有死生也而有時而曰得之也生失之也死所謂萬物不得無以生曰是也爲轉生者而言之也有時而曰得之也死失之也生所謂以生爲喪以死爲反者是也此爲惡死者而言之也猶之藥也不一而已矣其實堇也桔梗也雞壅也豕零也或甘或苦或美或惡是將爲帝而不常者方其爲帝也則其餘爲臣爲佐爲使而已矣則以生爲得以死爲失則輕生者之藥也以生爲喪以死爲反則惡死者之藥也凡以視彼之病而投之其變胡可勝言也

句踐也以甲楯三千棲於會稽唯種也能知亡之所以存唯種也不知其身之所以愁故曰鴟目有所適鶴脛有所節解之也悲故曰風之過河也有損焉日之過河也有損焉請只風與日相與守河而河以爲未始其攖也恃源而往者也

種知亡之所以有而不知身之所以愁猶鴟目能夜而不能晝有所適而不可移鶴脛能長而不能短有所節而不可解解之也悲以其係於有形而不知其源也若夫風日之於河其過之非不損也然雖相與守之而河以爲未始其攖以其恃源而往則不竭也通於道者之於物也無所適而不可則亦有源而已矣唯種也不通於道是以工乎存國而拙於謀身而有鴟鶴之不足也

故水之守土也審影之守人也審物之守物也審故目之於明也殆耳之於聰也殆心之於殉也殆凡能其於

府也殆殆之成也不給改禍之長也茲萃其反也緣功其果
也待久而人以為已寶不亦悲乎故有亡國戮民無已不知
問是也水之於人也穿穴鑽隙無不至也影之於人其坐起行止無不從也則守之審者也耳之於聽目之於視心之於思未嘗須臾而不在也
則物之守物而審者也孟子以為耳目之官不思而蔽於物物交物則引之矣苟非蔽也則雖耳目心皆物而已矣唯其守之審而未嘗須臾而不在也故目之
於明耳之於聽心之於殉非若水與影之無情也則不能不殆矣故亢能其於府也殆府則五官之謂也殆則馳於外物而安其所不安則其成雖欲改之
豈暇給哉殆成而不給改則禍之長也滋蔓矣夫惟迷之來非一日則其反也緣功其果也待久故上士之所以損之又損者以殆之不可成也而人不
知殆之為禍如此乃以為已寶此至人之所以悲也故國之所以亡民之所以戮而無已者以不知問是遂於所殆而不知反故也故足之於
地也踐雖踐恃其所不蹍而後善博也人之知也少雖少恃
其所不知而後知天之所謂也知大一知大陰知大目知大均
知大方知大信知大定至矣大一通之大陰解之大目視之大
均緣之大方體之大信稽之大定持之盡有天循有照冥
有樞始有彼則其解之也似不解之者其知之也似不知之也

不知而後知之其問之也不可以有崖而不可以無崖頡滑有實古今不代而不可以虧則可不謂有大揚搉乎闔不亦問是已奚惑然爲以不惑解惑復於不惑是尚大不惑

足之於地其踐也少而其所不踐者多然雖踐也恃其所不踐而後善博也則所謂知無用而後可與言用是也人之於知也少而其不知也多雖知而恃其所不知而後知天之所謂也知天之所謂則向之所謂殆安得成而不給改哉知大一知大陰知大目知大均知大方知大信知大定至矣凡知天之所謂而知之者也爲道者主之以大一大而一則無外矣無外則無不通矣故曰大一通之爲役入於窈冥之門矣至彼至陰之原也至彼至陰之原固亦至於至陽之原矣而萬物負陰而抱陽則所以係而不能解尤在於向陽而不知有至陰之原也故曰大陰解之以目視則止於目力之所及不以目視則無不見也故曰大目視之緣其一未有能均也和之以是非而兩行之則緣之以大均者也無南無北奭然四解論於不測無東無西始於玄冥反於大通則體之以大方者也信不足有不信其精甚眞其中有信自古及今其名不去則稽之以大信者也其所待者特未定也故不足以有持大澤焚而不能熱河漢冱而不能寒疾雷破山風振海而不能驚則持之以大定者也其盡也有天則止乎知之所不知也其循也有照則雖不知而無不知也其冥也有樞樞則彼是莫得其偶者也而其始也有彼則所以應彼是者固無窮也凡以其如此故其解之也似不解之者以本無所繫故亦無解而後解之也其知之也似不知之以其本無知故不知而後知之也此至人所以遊乎世俗之間而若愚若昏也則學者之欲問是不可以有崖以

有崖則係乎有也亦不可以無崖以無崖則係乎無也崖者自其邊徼而求之之謂也雖然亦不可以求之有崖無崖之間也傥然忘之則暗合而已矣類而不可係滑而不可持則若無物也然而有實也其往也人謂之古其來也人謂之今若曰化也然而不代也而不可以虧也問者誠能以是問之則可不謂有大問權者[illegible]物則發其繼也權則核其實也得其大者則小者從之矣則學者何不問是而以惑然為哉此至人之所以悲也然而彼不知問是則我不能以是告之也夫唯見其未始有物則不惑者也而猶有物焉是惑也以夫未始有物之不惑而解有物之惑而猶存所謂未始有物者則亦惑而已矣非復於不惑者也夫唯解之而復於不惑者是庶幾大不惑者也

則陽第二十五

則陽遊於楚夷節言之於王王未之見夷節歸彭陽見王果曰夫子何不譚我於王王果曰我不若公閱休彭陽曰公閱休奚為者邪曰冬則擉鼈於江夏則休乎山樊有過而問者曰此予宅也夫夷節已不能而況我乎吾又不若夷節夫夷節之為人也無德而有知不自許以之神其交固顛冥乎富貴之地非相助以德相助消也夫凍者假衣於春暍

者反冬乎冷風夫楚王之為人也形尊而嚴其於罪也無赦如虎非夫佞人正德其孰能橈焉故聖人其窮也使家人忘其貧其達也使王公忘爵祿而化卑其於物也與之為娛矣其於人也樂物之通而保己焉故或不言而飲人以和與人並立而使人化父子之宜彼其乎歸居而一閒其所施其於人心若是其遠也故曰待公閱休言我之言子於王以德則不若公閱休之信以交則不若夷節之暱也蓋公閱休無求如此宜其為王之所信也神者人之心固可以窮而入之也而夷節無德有智而自謂不能入則不自許以之神也而其所與交固已顛冥乎富貴之地而不知反顛言其化而不起冥言其暗而不悟也其於君也非相助以德相助消也消言其德之不長而日消也夫凍者必於冬而假衣於春暍者必擬夏而反冬乎冷風顛聯求之無得得矣楚王之為人也尊嚴而暴非佞人正德莫之能撓而欲我言之非所能也蓋謂佞人為能撓君之正而正德能撓君之邪也佞人則夷節正德則公閱休也故聖人其窮也使家人忘其貧我樂而不人有貧則家人忘其貧矣其達也使王公忘爵祿而化卑道之尊德之貴而爵祿不足以為高則王公忘爵祿而化卑矣其於物也與之為娛矣則未嘗樂散焉以物為事者也其於人也樂物之通而保己焉則非樂通物而失己者也故或不言而飲人以和其德之和足以厭人之心則無所事於言矣與人並立而使人化其見之也使人之意也消則無所事於教

矣父子之宜彼其乎歸居亦非廢乎人倫也而一閒其所施則無嘻嘻之譁
矣其於人心者若是其遠也則所謂心之懇者無有也公閱休之為人如此
歟則可以言之於王而必信而子可以子之志於
公閱休乎則果之所以消彭陽之意者可知已聖人達綢繆周盡一
體矣而不知其然性也復命搖作而以天為師人則從而命之
也憂乎知而所行恒無幾時其有止也若之何生而美者人
與之鑑不告則不知其美於人也若知之若不知之若聞之若
不聞之其可喜也終無已人之好之亦無已性也聖人之愛人也
人與之名不告則不知其愛人也若知之若不知之若聞之若
不聞之其愛人也終無已人之安之亦無已性也舊國舊
都望之暢然雖使丘陵草木之緡入之者十九猶之暢然
況見見聞聞者也以十仞之臺縣衆閒者也冉相氏得其環
中以隨成與物無終無始無幾無時日與物化者一不化者
也闔嘗舍之夫師天而不得師天與物皆殉其以為事也

者之何夫聖人未始有天未始有人未始有始未始有物與世偕行而不替所行之備而不洫其合之也若之何湯得其司御門尹登恒爲之傅之從師而不囿得其隨成爲之司其名之名嬴法得其兩見仲尼之盡慮爲之傅之容成氏曰除日無歲無内無外

人之心鬭㦤於事物而不知有所謂一體者唯聖人爲能達綢繆故内不見有我外不見有物而萬物與我爲一其所體固周盡[illegible]矣然而不知其然者止於性而非外得故也故復命搖作而以天爲師復命[illegible]搖而靜之謂也搖作者萬物並作而芸芸之謂也言靜而復命不害乎搖作也是以終日言而未嘗言終日爲而未嘗爲也凡以天爲師而已矣夫剛知之所不知者也則我何以自知其爲聖哉人則從而命之爲聖也此其所以爲聖也夫惟絕學而無知則無憂有知則有憂矣故衆人憂乎知而所行如馳也無幾時而有止也若之何其可以至於此乎憂乎知言其爲知之所憂也生而美者人與之鑑而告之而後知其美於人也不告則不知也譬然之人也若知之若不知之若聞之若不聞之其可喜也終無已而人之好之亦無已以其出於性而已不以知不知聞不聞而有所加損也聖人之愛人也人與之名而告之而後知其爲愛人也不告則不知也若知之若不知之若聞之若不聞之其愛人也終無已而人之安之也亦無已亦以其出於性而已矣不以知不知聞不聞而有所加損也此所謂安之者也舊國舊都而望之暢然固人之情也雖使丘陵草木之緡其蕪廢久矣而入之者十九猶之暢然亦不忘其本而已況吾之所以見聞者與天地並則其

爲吾舊國舊都又久矣而見之聞之猶之以十仞之臺縣衆間則無所不顧者
也其爲暢然可勝道哉衆間則其丘人之處也彼是莫得其偶謂之道樞樞
始得其環中環轉而不已環中則未始有物者也冉相氏得其環中以隨成
而無所爲也是以與物無終無始無幾無時也無幾者言數之所不能計
也日與物化者一不化者也所謂化化者不化是也則胡爲而不舍之而
其行恒無幾時而有止也夫欲師天而不得師天者則與物皆殉其以爲
事而已如之何其師天也夫聖人者未始有天未始有人未始有物與世
偕行而不替所行之備而不洫所謂復命搖作則是真師天者也則彼不
得師天者如之何其台之也湯之所以爲聖者得其司御門尹登恒爲之傅
之司御則主典謂御者也門尹則正其所由入者也登恒則成其有爲之備
者也人能得其所謂典主謂御而正其所由入者乃今有恒矣典主謂師
者心也其所由入者道也恒則道之久也凡此皆以天爲師也唯師之從
而不囿於物又得其隨成爲之司其名則之名嬴法得其兩見矣隨成則
隨其成心而師之者也得其隨成而司其名則所謂司御門尹登恒其名皆隨
吾之成心而非有以爲之者也名也其情爲道其嬴爲法見其名之所由
生則見其法之所成則之名嬴法得其兩見也雖然有所見而不知天下未
始有思慮也德爲未盡也故仲尼之盡慮爲之傅之然後盡也仲尼非傅湯
也隨成則冉相氏之所得者也以是知司御門尹登恒之爲寓也湯武反之者
也盡其所以爲聖者有自而入矣故言所以爲聖人者以湯而言之也容成
氏曰除日無歲無内無外除日無歲則不知有宙矣無内無外則不知有宇矣
唯盡慮者爲足以與於此魏瑩與田侯牟約田侯牟背之魏瑩怒將使人刺之
犀首聞而恥之曰君爲萬乘之君也而以匹夫從讎衍請受甲

二十萬爲君攻之虜其人民係其牛馬使其君內熱發於背然後拔其國忌也出走然後抶其背折其脊季子聞而恥之曰築十仞之城城者既十仞矣則又壞之此胥靡之所苦也今兵不起七年矣此王之基也衍亂人不可聽也華子聞而醜之曰善言伐齊者亂人也善言勿伐者亦亂人也謂伐之與不伐亂人也者又亂人也君曰然則若何曰君求其道而已矣惠子聞之而見戴晉人戴晉人曰有所謂蝸者君知之乎曰然有國於蝸之左角者曰觸氏有國於蝸之右角曰蠻氏時相與爭地而戰伏尸數萬逐北旬有五日而後反君曰噫其虛言與曰臣請爲君實之君以意在四方上下有窮乎君曰無窮曰知遊心於無窮而反在通達之國若存若亡乎君曰然曰通達之中有魏於魏中有梁於梁中有王王與蠻氏有辯乎君曰無辯客出而君惝然若有亡也客

出惠子見君曰客大人也聖人不足以當之惠子曰夫吹管也

猶有嗃也吹劍首者吷而已矣堯舜人之所譽也道堯舜於戴晉

人之前譬猶一吷也罪莫大於可欲可欲而見之則亂之所由生也善言伐齊則見利之可欲則固亂人也善言以勿伐則見善

之可欲則亦亂人也吾謂之伐與不伐亂人也者猶不免於有見而已是以又亂人也唯夫求其道則所謂三者皆不可得而見不可得而易則亂之所由生者

息矣國於蝸之左角曰觸氏以譬則齊齊先晉伯以召兵是以為左而謂之觸觸言其觸而發之也齊為左則魏為右矣曰蠻氏蠻言其小而無知也彼觸而

吾與之校則亦小而無知矣縣蠻與觸為比則蠻之為小也如蠻如髦則蠻之為無知也自有五日陰陽之盛衰也苟為有物矣無小無大未有不麗陰陽之數也

人唯不知遊心於無窮知遊心於無窮則所謂四方上下與夫通達之國若魏若梁王皆我心之所自起也知其心之所自起則非惟王與蠻氏無辨也若梁

若魏若通達之國若四方上下與蠻氏亦無辨也知此說則天下莫大乎秋豪之末而太山為小矣王知其爭之所自起而其所自起者本無有也是以惝然

若有亡也神人也聖人也大人也非優劣也所從言之異也方其遊心於無窮而不為形器之所制是以謂之大而聖人不足以當之也夫吹管者猶有

嗃者以其有所受也吹劍首者吷而已矣以其無所受也堯舜人之所譽也道堯舜於戴晉人之前譬猶一吷也以其無我則無所受而已矣孔

子之楚舍於蟻丘之漿其鄰有夫妻臣妾登極者子路曰是稯稯

何為者邪仲尼曰是聖人僕也是自埋於民自藏於畔其聲銷其

志無窮其口雖言其心未嘗言方且與世違而心不屑與之俱是陸沉者也是其市南宜僚耶子路請往召之孔子曰已矣彼知丘之著於己也知丘之適楚也以丘爲必使楚王之召己也彼且以丘爲佞人也夫若然者其於佞人也羞聞其言而況親見其身乎而何以爲存子路往視之其室虛矣見孔子之來而登極者示不與之接且將從而之高也是聖人僕也若聖德而僕者也自埋於民則不爲可見之行者也自藏於畔則寓於一曲不爲正中之德者也其聲銷其志無窮則退藏於密而遊乎方之外者也其口雖言其心未嘗言則言無言終日言而未嘗言者也方且與世違而心不屑與之俱則將遺世而去者也以聖德而遊乎人間之世而人莫之知猶陸而沈者也自孔子之迹言之栖栖然以天下爲事則似佞也然而人皆自爲宜僚則猶目之民謂與爲教而聖人之道墜地而不傳也此微生畝嘗以孔子爲佞而孔子曰非敢爲佞疾固也而於宜僚則自謂爲佞人而不非之以明所責者在於此而栖栖者非得已也長梧封人問子牢曰君爲政焉勿鹵莽治民焉勿滅裂昔予爲禾耕而鹵莽之則其實亦鹵莽而報予芸而滅裂之其實亦滅裂而報予予來年變齊深其耕而熟耰之其禾蘩以滋予終年厭飧莊子聞

之曰今人之治其形理其心多有似封人之所謂遁其天離其性滅其情亡其神以衆為故鹵莽其性者欲惡之孽為情萑葦蒹葭始萌以扶吾形尋擢吾性並潰漏發不擇所出漂疽疥癰內熱溲膏是也鹵則為潟鹵莽則草莽耕貴乎深而鹵莽之則非深耕者也滅則撲滅裂發則分裂芸務乎盡而滅裂之則非熟耰者也故凡用心粗略而不精至者以鹵莽滅裂言之也為道者日損損之又損之以至於無為是乃所以治其形理其心者也而遁其天離其性滅其情忘其神以衆為而不知止則鹵莽之甚者也其安易持其未兆易謀內之欲惡之孽為性萑葦外之蒹葭始萌以扶吾形尋擢吾性天理滅矣於是之時而欲治之其可及乎凡人之形至於並潰漏發不擇所出漂疽疥癰內熱溲膏者皆欲惡之孽奪其真之所為也栢矩學於老聃曰請之天下遊老聃曰已矣天下猶是也又請之老聃曰汝將何始曰始於齊至齊見辜人焉推而強之解朝服而幕之號天而哭之曰子乎子乎天下有大菑子獨先離之曰莫為盜莫為殺人榮辱立然後覩所病貨財聚然後覩所爭今立人之所病聚人之所爭窮困人之身使無休時欲無至此得乎古之君人者

以得為在民以失為在己以正為在民以枉為在己故一形有失其形者退而自責今則不然匿為物而愚不識大為難而罪不敢重為任而罰不勝遠其塗而誅不至民知力竭則以偽繼之日出多偽士民安取不偽夫力不足則偽知不足則欺財不足則盜盜竊之行於誰責而可乎

矩蓋嘗有位者也解其朝服而冪之致其哀矜之意明至此者已固嘗有罪焉耳故不隸發訕也在上者不能忘榮辱則榮辱立而民覩所病矣不能不貴貨則貨財聚而民覩所爭矣立人之所病而使之病聚人之所爭而使之爭又窮困人之身使不得休息欲其不為盜不殺人而不抵於死豈可得也湯武以萬方有罪在予一人予一人有罪無以爾萬方則是以得為在民以失為在己以正為在民以枉為在己也伊尹以一夫不獲則曰時予之辜則是一形有失其形退而自責也甚盎受國之垢是謂社稷主受國不祥是謂天下王此古之為天下國家者之所同也今則不然匿為物而愚不識則畏乎先王三令五申而宥不識者矣大為難而罪不敢重為任而罰不勝遠其塗而誅不至則畏乎先王量人之力而使之矜不能者矣民知力竭則不得不以偽繼之也上好信則民莫敢不用情上之人日出多偽而欲士民之不偽不可得也民之飢以其上食稅之多是以飢民之難治以其上智多是以難治民之輕死以其生生之厚是以輕死則其死多出於在上者之所為也則欺偽盜竊生於智力所謂之不足者於誰責而可乎此古之君人者所以以失為在己也

蘧伯玉行年六十而六十化未嘗

不始於是之而卒詘之以非也未知今之所謂是之非五十九非也萬物有乎生而莫見其根有乎出而莫見其門人皆尊其知之所知而莫知恃其知之所不知而後知可不謂大疑乎已乎已乎且無所逃此所謂然與然乎

蘧伯玉之使以爲夫子欲寡其過而未能者也蓋其進不已故行年六十而六十化未嘗不始於是而卒詘之以非與孔子同也然知止乎其所不知至矣苟未至乎所不知則所謂是非者固未定也苟爲未定則安知今之所謂是之非五十九非也萬物有乎生而莫見其根有乎出而莫見其門則知之所不知者乃萬物之所由生而出者也人之爲道皆尊其知之所知至其知之所不知則常恐其虛而莫之知恃也則每至於窒塞而反其爲疑也豈不大矣哉已乎已乎且無所進言若此者終不可與有至而與身之不能容也雖然今之言所謂然與然矣而未知其果然耶欲令學者忘言以契之也

仲尼問於太史大弢伯常騫狶韋曰夫衛靈公飲酒湛樂不聽國家之政田獵畢弋不應諸侯之際其所以爲靈公者何邪大弢曰是因是也伯常騫曰夫靈公有妻三人同濫而浴史鰌奉御而進所搏幣而扶翼其慢若彼之甚也見賢人若此其肅也是其所以爲靈公也狶韋曰夫靈公也死

卜葬於故墓不吉卜葬於沙丘而吉掘之數仞得石槨焉洗而視之有銘焉曰不馮其子靈公奪而埋之夫靈公之為靈也久矣之二人何足以識之大弢伯常騫則以人論之豨韋則以天論之以天論之則雖名謚固非人之所能為也

少知問於太公調曰何謂丘里之言太公調曰丘里者合十姓百名而以為風俗也合異以為同散同以為異今指馬之百體而不得馬而馬係於前者立其百體而謂之馬也是故丘山積卑而為高江河合水而為大大人合并而為公是以自外入者有主而不執由中出者有正而不距四時殊氣天不賜故歲成五官殊職君不私故國治文武大人不賜故德備萬物殊理道不私故無名無名故無為無為而無不為時有終始世有變化禍福淳淳至有所拂者而有所宜自殉殊面有所正者有所差比于大澤百材皆度觀乎大山木石同壇此之謂丘里之言丘里之言謂合十姓百名也

為丘里則合異以為同散丘里以為十姓百名則散同以為異非如一家

之言丘能異而不能合能同而不能散者也百體莫非馬也而指馬之百體

而不得馬而馬係於前者立其百體而謂之馬也猶之大人也不以其大全

觀之其所以為大者亦不可得也是故丘山積卑而為高江河合流而為大

而大人合并以為公則乃其所以為大全也故自物觀之萬物莫不備於我

也萬物莫不備公我則自外入者有主於中而不執不執則有萬而無所不容

矣自我觀之況乎其為萬物逝則由中出者有正於外而不距不距則周行

而無所不徧矣四時殊氣天不賜故歲成賜也者不因其固有而我予之之謂

也使天之於四時也不因其固有而我與之則力有所不給而歲不成矣五

官殊職君不私故國治私也者不付之而我有之之謂也使君之於五官也

不付之衆為而我有之則智有所不周而國不治矣文武殊才大人不賜故

德備乃物殊理道不私故無名其為不私不賜亦若是而已矣而道之所以

不私者蓋以常容容乃公所謂公者萬物各歸其根而不知靜而復命之謂

也唯其如此然後萬物莫不備而容容而後公公則不私苟有介然之知存

乎其間則制於有身矣其能容萬物而不私哉夫唯不私則無我無我則莫

有名之者也故無名無名故無為無為則有不為無為則無不為也時有終

始世有變化泰然無停也禍福淳淳而未始有分至有所拂者而有所宜則所

謂善者有時乎而為惡也萬物之情自殉殊面未嘗一也有所正者有所

差則所謂正者有時乎而為奇也夫唯禍福善惡奇正之不常如此之為道

者所以公之而未始容心趣合於其間也比于大澤百材皆度而無不備觀

乎大山木石同壇而無所分此之謂丘里之言少知曰然則謂之道足乎太公調曰不然今

計物之數不止於萬而期曰萬物者以數之多者號而讀之也

是故天地者形之大者也陰陽者氣之大者也道者爲之公因其大以號而讀之則可也已有之矣乃將得比哉則若以斯辯譬猶狗馬其不及遠矣老氏曰有物混成先天地生寂兮寥兮獨立而不改周行而不殆可以爲天下母吾不知其名字之曰道强名之爲大道無名名之爲道則非道也字之以謂其美我則可也是以不知其名也强名之爲大而已矣則謂之道不可以爲足也蓋物無窮也則萬不足以盡物之數而期曰萬物者以數之多者號而讀之也天地形之大者也陰陽氣之大者也道者爲之公則非形非氣故無名也則名不足以盡道之體而名曰道者因其大以號而讀之則可也則老子所謂不知其名字之曰道强名之爲大也夫唯無名而我以其名號而讀之則已有之矣乃將得與所謂無名者比哉若以謂之道者爲道是猶以狗爲馬也其去之豈不遠乎少知曰四方之內六合之裏萬物之所生惡起太公調曰陰陽相照相蓋相治四時相代相生相殺欲惡去就於是橋起雌雄片合於是庸有安危相易禍福相生緩急相摩聚散以成此名實之可紀精之可志也隨序之相理橋運之相使窮則反終則始此物之所有言之所盡知之所至極物而已覩道之人不隨其所廢不原其

所起此議之所止少知聞謂之道則窮已有而不得與其所謂道比則疑於無物一而四方之內六合之裏萬物之所生惡起而起此則所謂制乎為虛者也陰陽相蓋相照相治日月往來是謂相照下與上騰是謂相蓋時消時長是謂相治四時相代相生相殺寒暑屈伸是謂相代以相繼王是謂相生以王勝勝是謂相殺萬物生乎天地之間則受陰陽之氣而隨四時之運者也是以欲惡去就於是橋起雌雄片合於是庸有安危之為物物聚之以有行者也庸之為言常也用也陰陽四時其剛柔有常其動靜有常者也唯其有常則欲惡去就聚之以有行而起也當其有常則雌雄片合用之而有也夫唯如此故安危相易禍福相生緩急相摩聚散以成此易所謂方以類聚物以羣分而吉凶生者也此則名實之可紀而精微之可志也非不可致詰者也先後相因守之謂隨先後有倫之謂序或隨或序相理而未嘗亂也橋則不動而物聚之以有行也運則不止一而物聚之以有濟也或橋或運相使而未嘗定也窮則反終則始陰陽爾四時爾此物之所有而非道之無物也言之所盡知之所止不過極物而已此則四方之內六合之裏萬物之所生而起而非其所以生而起也所謂有名萬物之母是也若夫極道之人未嘗無物也故不隨其所廢未嘗有物也故不原其所起泊然無名出於六合之外以遊乎天地之未造則議之所止也豈言知之所及哉少知曰季真之莫為接子之或使二家之議孰正於其情孰偏於其理太公調曰雞鳴狗吠是人之所知雖有大知不能以言讀其所自化又不能以意其所將為斯而析之精至於無倫大至於不可圍

或之使莫之爲未免於物而終以爲過或使則實莫爲則虛
有名有實是物之居無名無實在物之虛可言可意言而愈
疏未生不可忌已死不可阻死生非遠也理不可覩或之使莫之
爲疑之所假吾觀之本其往無窮吾求之末其來無止無窮
無止言之無也與物同理或使莫爲言之本也與物終始道不
可有有不可無道之爲名所假而行或使莫爲在物一曲夫胡
爲於大方言而足則終日言而盡道言而不足則終日言而
盡物道物之極言默不足以載非言非默議有所極道未嘗無物而
季真之莫爲則隨其所廢也道未嘗有物而接子之或使則原其所起也
鷄鳴狗吠是人知其爲鷄鳴狗吠至於所以鳴吠者則雖有大知不能以言讀而意知也
其鳴吠則其所化與其所已爲而已其所以鳴吠則其所化與其所將爲也斯而析
之其精至於無倫則無內矣大至於不可圍則無外矣內外不可得則所謂
或之使莫之爲果安在耶則季真接子未免於物而終以爲過以其不墮
於虛則墮於實也或使則實而有名有實者也莫爲則虛而無名無實者
也有名有實是物之居而不知其未嘗有也無名無實在物之虛而不知
其未嘗無也何則以其可言可意故也可言可意則言而愈疏矣未生不

可忌則生之來不可卻也已死不可阻則其去不可止也不可忌不可阻則不可以言意也知其説者之於死生可知而非遠也而其理不可覩者以意求之則不可見故也或之使莫之爲疑之所假而非理之真也吾觀之本其往無窮則迎之不見其首也吾求之末其來無止則隨之不見其終也其來無止其往無窮則意之所不可意意之所不可意則言之所不可及也此物之理而非物之形也或使莫爲則意之可意也意之可意則言之所由而生而不能無言也則不免與物終始而已惡覩所謂無止無窮哉道不可有以其非有也有不可無以其自無而非我無之也有與無吾無所容心於其間則道之爲名所假而行可也安得以名爲道哉則或使莫爲在物一曲而已夫胡爲於大方以合所謂丘里之言哉言而足則終日言而盡道則希言自然者也言而不足則終日言而盡物則多言數窮者也言而足則言出於無言者也言出於無言則希而自然固所以盡道也聽之不聞名曰希而道之法自然故也言而不足則言不能出於無言言不能出於無言則多言而數窮多則反乎希而物非所以爲道也是以盡物而已變然自物觀之則道非物也自道觀之則無物而非道也無物而非道則道之與物其極也言默皆不足以載之也蓋言無言終身言未嘗言則非言也終身不言未嘗不言則非默也議不至於非言非默則非議之所極也

壬辰重改證吕太尉經進莊子全解卷第八

壬辰重改證吕太尉經　進莊子全解第九

外物第二十六

外物不可必故龍逢誅比干戮箕子狂惡來死桀紂亡人主莫不欲其臣之忠而忠未必信故伍員流于江萇弘死于蜀藏其血三年而化爲碧人親莫不欲其子之孝而孝未必愛故孝己憂而曾參悲木與木相摩則然金與火相守則流陰陽錯行則天地大絯於是乎有雷有霆水中有火乃焚大槐有甚憂兩陷而無所逃螴蜳不得成心若縣於天地之間慰暋沈屯利害相摩生火甚多衆人焚和月固不勝火於是乎有僓然而道盡非

性命之情皆外物也外物一不可必而龍逢比干箕子以仁爲可恃而必之者也惡來桀紂以不仁爲可恃而必之者也皆至於不免則一不可必之効也爲善無近名爲惡無近刑緣督以爲經則何必之有哉夫外物之一不可必一不獨不可必於人亦不可必於己人主莫不欲其臣之忠而忠未必信人親莫不欲其子之孝而孝未必愛夫欲其臣子之忠孝則在己者也蓋道一不至於僓然而盡雖在己所欲者猶爲外物而不可必而況在人者乎伍員萇弘曾參孝

已然其在人者是以有至於死亡憂悲也伍員流於江萇弘死於蜀藏其血三年化而爲碧忠精之至至於如此而不能必於所欲忠之人則不可必之尤者也豈不哀哉夫毋固毋必毋意毋我而不罹此患者所謂莫唯道德之鄉乎木與木相摩則然則係於同類而不能無相害者也金與火相守則流則係於異類而不能無相害者也陰陽錯行則天地大絯於是乎有雷有霆水中有火乃焚大槐惡莫大於陰陽無所逃於天地之間至於錯行而大絯則雷而爲聲發而爲光或出於所異或害於所同也有雷有霆則震而爲聲發而爲光也水中有火則出於所異也乃焚大槐則害於所同也世之人有甚憂兩陷而無所逃以至於生火焚和而其月不足以勝火者固如此也若吾所以有大患者爲吾有身夫苟有身則有大患有大患則安能無甚憂哉或係於所同則木與木相摩而不止或係於所異則金與火相守而不去此其所以兩陷而無所逃也雖然螴蜳不得成其所欲爲心若縣於天地之間未始知其出入無時莫知其鄉也慰暋沈屯而不得解譬之則陰陽錯行天地大絯之時也利害相摩生火甚多凡衆人之所以焚和以此而已譬之則有雷有霆水中有火乃焚大槐之時也雖有清明之性猶月也而不足以勝焚和之火也譬之水中之所以生火而水有不能勝也夫唯如此皆出於有身有身生於有心於是乎有僓然而道盡僓然則縱其心而至於無心者也夫道盡於無心而已矣

莊周家貧故往貸粟於監河侯監河侯曰諾我將得邑金將貸子三百金可乎莊周忿然作色曰周昨來有中道而呼者周顧視車轍中有鮒魚焉周問之曰鮒魚來子何爲者邪對曰我東海之波臣也君豈有斗

升之水而活我哉周曰諾我且南遊吳越之王激西江之水而迎子可乎鮒魚忿然作色曰吾失我常與我無所處吾得斗升之水然活耳君乃言此曾不如早索我於枯魚之肆任公子為大鈎巨緇五十犗以為餌蹲乎會稽投竿東海旦旦而釣期年不得魚已而大魚食之牽巨鈎錎沒而下鶩揚而奮鬐白波若山海水震蕩聲侔鬼神憚赫千里任公子得若魚離而腊之自制河以東蒼梧已北莫不厭若魚者已而後世輇才諷說之徒皆驚而相告也夫揭竿累趣灌瀆守鯢鮒其於得大魚難矣飾小說以干縣令其於大達亦遠矣是以未嘗聞任氏之風俗其不可與經於世亦遠矣莊子之貸粟以明養生者所得止於活身而不務有餘任氏之釣魚以明經世者所志在於大底而不期近效

儒以詩禮發冢大儒臚傳曰東方作矣事之何若小儒曰未解裙襦口中有珠詩固有之曰青青之麥生於陵陂生不布

施死何含珠為接其鬢壓其顪儒以金椎控其頤徐別其頰無傷口中珠小人之儒讀先王之言濟其不義何以異此老萊子之弟子出薪遇仲尼反以告曰有人於彼修上而趨下末僂而後耳視若營四海不知其誰氏之子老萊子曰是丘也召而來仲尼至曰丘去汝躬矜與汝容知斯為君子矣仲尼揖而退蹙然改容而問曰業可得進乎老萊子曰夫不忍一世之傷而驁萬世之患抑固窶邪亡其略弗及邪惠以歡為驁終身之醜中民之行進焉耳相引以名相結以隱與其譽堯而非桀不如兩忘而閉其所譽反無非傷也動無非邪也聖人躊躇以興事以每成功奈何哉其載焉終矜爾聖人之迹雖有不同而其所以為聖人者未嘗不同則老萊子之於孔子豈有間然哉蓋世之學孔子者不能得其心而得其迹故寓之老萊子以明其迹之為患至於無窮則詩禮竊冢者是也者人於彼脩上而趨下末僂而後耳視若營四海不知其誰氏之子則以貌為聖人者也夫苟以貌為聖人而不得其心所謂子張子夏氏之賤儒也則躬矜容知之不去其得為君子乎躬矜則躬行而矜之之謂也容知則非盛德容貌若愚者

也夫大亂必生于堯舜之間而其求存乎千世之後以仁則不仁之本義則不義之始也今不忍一世之傷而有爲以救之是鶩萬世之患而不顧夫豈富有之業固寠耶將無其略而有不及耶言皆不在是也夫惠非大智也然以懽樂爲鶩終身之醜猶且有所不爲至有相引以名相結以隱者此中民之行進焉耳而況體道之君子其可以不忍一世之傷而鶩萬世之患乎蓋不能絕弃聖智巧利兩忘善惡而爲之者皆鶩萬世之患者也是故與其譽堯而非桀不如兩忘而閉其所譽也夫道無爲而無不爲也無不爲也而反焉則無非傷也無爲也而動焉則無非得也安有可貴而譽之者哉聖人者感而後應迫而後動不得已而後起者也故有爲而莫不當是其躊躇以興事以每成功也豫若冬涉川猶若畏四鄰則躊躇之謂也聖人未嘗有物也奈何哉其載焉而有之乎以爲非矜終不可得也

宋元君夜半而夢人被髮闚阿門曰予自宰路之淵予爲清江使河伯之所漁者余且得予元君覺使人占之曰此神龜也君曰漁者有余且乎左右曰有君曰令余且會朝明日余且朝君曰漁何得對曰且之網得白龜焉其圓五尺君曰獻若之龜龜至君再欲殺之再欲活之心疑卜之曰殺龜以卜吉乃刳龜七十二鑽而無遺筴仲尼曰神龜能見夢於元君而不能避余且之網知能七十二鑽而無遺筴不能避刳腸之患如是則知有所困神有所不及也

雖有至知万人謀之魚不畏網而畏鵜鶘亦小知而大知明去善而自善矣嬰兒生無石師而能言與能言者處也所謂知者宜無所不知者也所謂神者宜無所不及者也神龜之智不能避刳腸之患其神不能避余且之網則有所困有所不及也此爲道者所以絶聖而弃知也雖有至知而謀之者萬人則寡不能勝衆而其情得矣故魚不畏網而畏鵜鶘以鵜鶘之有知而網之無知也鳥高飛以避矰弋之患鼷鼠深穴乎神丘之下以避熏鑿之害其意亦如此也是故去小知而大知明去善而自善則治國者何以知爲哉嬰兒生無石師而能言與能言者處故也夫苟以知而與天下之民處其能使之無知乎

惠子謂莊子曰子言無用莊子曰知無用而始可與言用矣夫地非不廣且大也人之所用容足耳然則廁足而墊之致黄泉人尚有用乎惠子曰無用莊子曰然則無用之爲用也亦明矣人之情以有知有能者爲有用而以無知無能者爲無用而不知無用者乃有用之所自而出也莊子之言者道也惠子不知道是以以莊子之言爲無用也自道之大觀之則世之所謂智能有用者其小易容足之於地乎

莊子曰人有能遊且得不遊乎人而不能遊且得遊乎夫流遁之志決絶之行噫其非至知厚德之任與覆墜而不反火馳而不顧雖相與爲君臣時也易世而無

以相賤故曰至人不留行焉夫尊古而卑今學者之流也且以狶韋氏之流觀今之世夫孰能不波唯至人乃能遊於世而不僻順人而不失已彼教不學承意不彼列子稱壺丘子曰遊其至乎至遊者不知所適至觀者不知所視物物皆遊矣物物皆觀矣是我之所謂遊我之所謂觀也莊子之所謂遊亦若是而已矣得道者物無非道也物無非道則物物皆遊物物皆觀矣唯得道者為能遊人而得道雖欲不遊不可得也人而不得道雖欲遊之不可得也此下士之所以聞而大笑也夫流遁之志因俗而為卑決絕之行離世而為高自道觀之殆皆非至知厚德之任也甚蔽於一偏以至於覆墜而不反火馳而不顧則雖相為君臣時有異尚而已易世而無以相賤以不當於道則一也彼有至知厚德之任者卑不為流遁之志而高不為決絕之行唯道之從而已唯道之從乃其所以真貴也故曰至人不留行焉言其善行而无轍跡之留也夫尊古而卑今學者之流也未可以語道也若尊古而卑今則以狶韋氏之流至扑厚矣而觀今之世之澆薄其心孰能平而不波乎夫唯至人不為有古今之為尊卑也乃能遊於世而不僻不僻者不為僻異之行也外雖順人而內不失已因於彼而教之而非學也違其意而承之而不彼也所教者彼所有也非教之以其所無也是以彼教而不學也彼出於是是亦因彼一不能通天下之士志則彼是生焉謹其意而承之故不彼也此至人之所以遊也

目徹為明耳徹為聰鼻徹為顫口徹為甘心徹為知知徹為德凡道不欲壅壅則哽哽而不止則跈跈則衆害

生物之有知者恃息其不殷非天之罪天之穿之日夜無降人則顧塞其竇胞有重閬心有天遊室無空虛則婦姑勃谿心無天遊則六鑿相攘大林丘山之善於人也亦神者不勝德溢乎名名溢乎暴謀稽乎誸知出乎爭柴生乎守官事果乎衆宜春雨日時草木怒生銚鎒於是乎始脩草木之到植者過半而不知其然靜然可以補病眥搣可以休老寧可以止遽雖然若是勞者之務也非佚者之所未嘗過而問焉聖人之所以駴天下神人未嘗過而問焉賢人所以駴世聖人未嘗過而問焉君子所以駴國賢人未嘗過而問焉小人所以合時君子未嘗過而問焉所謂徹者不為物之所壅之謂也目不為色之所壅為明耳不為聲之所壅為聰鼻之於臭口之於味心之於思知之於知不為其所壅則為顫為甘為知為德也唯道集虛氣也者虛而待物者也故不欲壅壅則哽哽言其不通也哽而不止則跈跈言積不通之至則至於相蹍踐也蓋聲色臭味之便其外思為之哽其內其未得之也患得之既得之也患失之得失之患交戰於胸中幾何而不至於跈也此陰陽之患所

以作而衆害所以生也物之有知者息存則生息去則死此其所以脩息也
息則氣也氣之所以耗而不脫者非天之罪也息之出入隨子午以消長
循陰陽以左右與元氣交通無日不然者也則是天之穿而通之日夜乎
均而未始有降也人顧以聲色臭味思爲嗜慾以塞其竇而不使之通此
其所以日夜降耗而不脫也黃帝書曰古之真人爲邪不能惑其志嗜慾
不能亂其心恬淡虛無真氣從之被衣曰若正汝形一汝視天和將至若
然則安有塞其竇而不脫者乎夫唯真氣從之而天和至則胞有重閬而
心有天遊矣胞有重閬則周固生白而邪穢之所不能侵也心有天遊則
逍遥無爲而事物之所不能攖也室必有空虛以異乎尊卑室而無空虛則
婦姑瀆而勃谿矣心必有天遊以出乎塵垢心而無天遊則六鑿詬而相攘
矣六鑿者則所謂耳目鼻口心智之謂也謂之鑿者以所受者猶其納而
已矣相攘則哽而不止則跈之謂也人誠知有所謂天遊者雖遊乎人間
之世萬物莫足撓其心也以其神者足以勝之也則奚以大林丘山之善
爲哉而大林丘山之善於人者亦神者不勝而已矣是以賴之而善也上德不
德不德則孰能名之而有能名焉則德之所以爲溢也有能名焉猶之可
也而暴之則名之所爲溢也暴言其不藏也夫唯德不溢乎名而名不溢乎
暴則無事於智謀德則不守而溢乎名暴以至於捐軋而爭則謀不得不
稽乎誸而智不得不出乎爭柴不得不生乎守此耳目口鼻心五官之事
所以成實乎衆宜而不能以相通而遊心乎德之和也柴者聲色臭味之
柴其外而思慮之柴其內也其安易持其未兆易謀其脆易破其微易散
此爲道者之所以治其心也於是之時而後治之譬之春雨而日時草木
怒生銚鎒於是乎始脩而草木之到植者過半而不知則所謂欲惡之孽
爲性萑葦蒹葭始萌以扶吾形者是也此所以貴乎爲之其未有治之其
未亂也靜然可以補病眥搣可以休老寧可以止遽蓋古之道術有在於是

也雖然勳而後有繇繇而後有歔戲而後有滅擾而後有寧爲勞者言之則乃所以息其勞而已矣至於佚者則未嘗勳也安用繇未嘗繇且戲也安用擾滅未嘗擾也安用寧此其所以未嘗過勞者之所而問焉也唯有德而後可以佚佚者蓋神聖之所恭也非特然也聖人之所以駭天下神人未嘗過而問焉蓋孔氏與老氏同生於衰周莊子與孟子俱遊於梁惠其書之言未嘗相及以此而已矣賢人所以駭世聖人未嘗過而問焉君子所以駭國賢人未嘗過而問焉小人所以合時君子未嘗過而問焉亦若是而已矣所謂道不同不相爲謀豈其然乎蓋神人聖人之所以不同者則其迹而已其心未嘗不同也聖人賢人君子之所以不同者則其才之大小不同也君子小人之所以不同者則其爲利義不同也

演門有親死者以善毀爵爲官師其黨人毀而死者半堯與許由天下許由逃之湯與務光務光怒之紀他聞之帥弟子而踆於窾水諸侯弔之三年申徒狄因以踣河荃者所以在魚得魚而忘荃蹄者所以在兔得兔而忘蹄言者所以在意得意而忘言吾安得夫忘言之人而與之言哉官師之勸其黨至於毀死許由之逃其流至於踣河則言行之弊其未嘗至於如此也莊子恐後世得其言而不得其所以言者故引此二者卒之以荃蹄之喻欲令學者忘言以求其意庶幾不滯於其言而爲弊也

寓言第二十七

寓言十九重言十七巵言日出和以天倪寓言十九藉外論之親父不爲其子媒親父譽之不若非其父者也非吾罪也人之罪也與己同則應不與己同則反同於己爲是之異於己爲非之重言十七所以已言也是爲耆艾年先矣而無經緯本末以期年耆者是非先也人而無以先人無人道也人而無人道是之謂陳人巵言日出和以天倪因以曼衍所以窮年不言則齊齊與言不齊言與齊不齊也故曰無言言無言終身言未嘗不言終身不言未嘗不言有自也而可有自也而不可有自也而然有自也而不然惡乎然然於然惡乎不然不然於不然惡乎可可於可惡乎不可不可於不可物固有所然物固有所可無物不然無物不可非巵言日出和以天倪孰得其久萬物皆種也以不同形相禪始卒若環莫得其倫是謂天均天均者

天倪也寓言十九則非寓而直言之者十一而已重言十七則非重而非重則巵言而已矣故周之自叙曰以巵言為曼衍以重言為真以寓言為廣蓋周之立言不過此三者而已何謂寓言十九以藉外論之也夫道至近在吾心而已苟直以吾心論列之彼則疑而不肯信猶親父之不為其子媒以親父譽之不若非其父者也是以必藉外論之而不直言之也凡周之書寓之它人或事物以見其意者皆是也夫人不直言而必寓之者非吾不欲直言於人而人實不可與直言故也是則非吾之罪而人之罪也何謂重言十七與己同則應不與己同則反蓋同於己為是之異於己為非之是之所以應非之所以反此人之常情也今吾之所以言於人者固欲其應不欲其反也而吾言固不能與之同而彼以為非之也若之何使之應而不反也故因其心之所重者皆父之人而言之則言之雖非己而出於己之所重者猶己而已矣故曰重言十七所以己言也是為耆艾凡周之書稱引古昔者皆是也夫人之情以耆艾為重以其所聞先於我而年先矣而無經緯本末獨以待年期非所謂先也人而無以先人無人也夫人之所以先人者非以年也以有經緯本末足以先人則人從之也道也人而無人道是之謂陳人則曷足以為重哉此人情之弊而莊子有之所以不得已也何謂巵言日出和以天倪言之出未始有言也未始有言而言之則其日出也猶巵而已矣巵之為物也酌於樽罍而時出之其中虛而無積者也天倪者無為之至而聖人之所休也知巵言之日出則和之以是非而休乎天均矣獨類而長之則出處語默無所往而不為天倪也則死生為晝夜而已矣此其因以曼衍而所以窮年也曼衍則獨類而長之之謂也夫唯無我而不言則齊矣有言則有我有我則物物不同夫安能齊哉是故齊之與言言之與齊未始齊也則不言雖齊猶與

言不齊則未足以爲大齊也唯言無言而後爲大齊則卮言是也言無言終身言未嘗言終身不言未嘗不言何則言與不言皆我之所分辯苟爲辯我則孰爲言孰爲不言哉此所以爲大齊也故所謂可與不可然與不然皆有自也何謂有自惡乎然然於然惡乎不然不然於不然惡乎可可於可惡乎不可不可於不可所謂於可於不可於然於不然其所於者乃其所自也物莫不有所自者則物固有所然固有所可而無物不然無物不可可知矣夫惟道爲能久非道則早已而已矣則言而非卮言日出和以天倪非道而已矣孰能得其久邪此老子以爲言爲自然而有飄風不終朝暴雨不終日之喻也萬物皆種也以不同形相禪而已其出未始不同也知其所以同出之處則其始卒若環未始有窮而莫得其倫是之謂天均天均者聖人之所休而是非於此而和者也此萬物之所以齊而無爲之至故曰天均者天倪也

莊子謂惠子曰孔子行年六十而六十化始時所是卒而非之未知今之所謂是之非五十九非也惠子曰孔子勤志服知也莊子曰孔子謝之矣而其未之嘗言孔子云夫受才乎大本復靈以生鳴而當律言而當法利義陳乎前而好惡是非直服人之口而已矣使人乃以心服而不敢蘁立定天下之定已乎已乎吾且不得及彼乎傳稱孔子曰吾十有五而志於學三十而立四十而不惑五十而知天命六十而耳順七十而從心所欲不踰矩損心之所念更無是非

聖人之所言，更無利害，則所謂縱心也。道未至於縱心，則不免於化而已矣。此莊子所以稱其六十而六十化也。夫唯不化則已，苟有化也，而始時所是，卒而非之，則六十之所謂是，安知其非五十九非也。惠子不知孔子之所以如此者，與人同而已。至其與天同者，則自始及今，未始有化也，而責以孔子爲勤行而服知故也。莊子以孔子固以謝之，獨未之嘗言。謝之者，言其絕學棄智，初非勤志服知者也。孔子云：夫受才乎大本，復靈以生。太初有無，無有無名，一之所起，有一而未有形，物得以生之謂德，則所謂受才乎大本，復靈以生也。蓋其未生也，非獨無知，而又無形；非特無形，而又無氣也，安有所謂靈哉？及生也，有氣有形，有知形體保神，而後復其靈也。人莫不知此靈，貴者能勿喪耳。夫唯如此，故鳴而當律，而無事於聲音之調；言則當法，而無事於義理之辯。及夫利義陳乎前，我則從而好惡是非之，雖然此直服人之口而已矣。以其所謂好惡是非者，其所待特未定也，非無爲而使之自化者也。若夫使人乃以心服而不敢蘁立，然後定天下之定，是乃使之自化者也，非以好惡是非服人之口而已矣。已乎已乎，吾且不得及彼乎。夫孔子固能使人心服不敢蘁立而定天下之定者也，而曰吾且不得及彼者，是其謝之矣，未之嘗言也。

曾子再仕而心再化，曰：吾及親仕，三釜而心樂；後仕，三千鍾不洎，吾心悲。弟子問于仲尼曰：若參者，可謂無所縣其罪乎？曰：既已縣矣。夫無所縣者，可以有哀乎？彼視三釜三千鍾，如觀雀蚊虻相過乎前也。適來，夫子時也；適去，夫子順也。安時處順，哀樂不能入也，古者謂是帝之縣解，則無所縣者固不可以有哀也。夫死生亦大矣，而其哀樂不能入，則視三釜三于鐘鼓觀雀蚊虻相過乎前大小多少不足執也明矣顏成子游謂東郭子綦曰自吾聞子之言一年而野二年而從三年而通四年而物五年而來六年而鬼入七年而天成八年而不知死不知生九年而大妙道未始有物也既已爲物矣而欲復於無物則其致虛極守靜篤非一朝之積也一年而野則所謂忘仁義賓禮樂之謂也二年而從言其心之莫逆也三年而通言其心智之寂也四年而物則所謂物物皆遊物物皆觀之謂也五年而來則所謂唯道集虛之謂也六年而鬼入則所謂鬼神將來舍之謂也八年而不知死不知生智止於不知至矣九年而大妙神也者妙萬物而爲言者也言至於此而後體神也生有爲死也勸公以其死也有自也而生陽也無自也而果然乎惡乎其所適惡乎其所不適天有歷數地有人據吾惡乎求之莫知其所終若之何其無命也莫知其所始若之何其有命也有以相應也若之何其無鬼邪無以相應也若之何其有鬼邪生而體乎無爲則不知其有生也不知其有生則不知其有死也生而有爲而後有死也故爲道者勸之以公而無私則不知有死矣九以所謂死者有自故也蓋生而有爲則死之所自也聖人外其身而身存非以其無私邪故能成其私若老子之言則所謂勸公者也夫原始要終故知死生之說始卒若環則生陽而已安

有所自則以有爲爲自者亦以物之情而言之耳其果然乎夫體道窮神者罔一不知有死生也則惡乎其所適惡乎其所不適邪蓋萬化未始有極所適與所不適吾無所容心也苟以求之則天有歷數地有人據未始同也吾惡乎求之乎歷數則脩短禍福之數定乎前者也人據則人事之實可據而驗者也以爲無命邪則其所終若不可得而知也若有所制也若之何其無命也以爲有命邪則求其所自始者不可得也若之何其有命也以爲無鬼也則有以相應也以爲有鬼也則無以相應也是以智止於所不知而皆無所容心則得之矣

衆罔兩問於景曰若向也俯而今也仰向也括而今也被髮向也坐而今也起向也行而今也止何也景曰叟叟也奚稍問也予有而不知其所以予蜩甲也蛇蛻也似之而非也火與日吾屯也陰與夜吾代也彼吾所以有待邪而況乎以有待者乎彼來則我與之來彼往則我與之往彼強陽則我與之強陽強陽者又何以有問乎

衆罔兩者生於影者也影之生於陰晨轉非一故曰衆叟叟也目其衆之辭也原其始則其生也久矣是以謂之叟也夫影之俯仰括髮坐起行止隨形而已矣豈知其所以然哉形之有影猶蜩之甲蛇之蛻也而非蜩甲蛇蛻也影之爲物得火與日則屯而顯得陰與夜則代而隱則火與日陰與夜乃景之所待而爲影也然影之所待豈知有所待邪夫影之待而爲影者必有火日陰夜者也而不可謂之有待而況乎以有待者乎師能左右之曰以以者能左右之者也以有

待者則影之所自出者也而形是也以罔兩之無待知影之無待以影之無待知影之所自出者亦無待則不為形之所累矣彼來則我與之來彼往則我與之往彼強陽則我與之強陽則往也來也強陽也則皆非我而已矣而謂之強陽則無情也無情則何以有問乎通於此說則萬物莫不各復歸其根而古之得道者以空虛不毀萬物為實者此也

陽子居南之沛老聃西遊於秦邀於郊至於梁而遇老子老子中道仰天而歎曰始以汝為可教今不可也陽子居不答至舍進盥漱巾櫛脫屨戶外膝行而前曰向者弟子欲請夫子夫子行不閒是以不敢今閒矣請問其過老子曰而睢睢盱盱而誰與居大白若辱盛德若不足陽子居蹵然變容曰敬聞命矣其往也舍者迎將其家公執席妻執巾櫛舍者避席煬者避竈其反也舍者與之爭席矣睢盱自異則舍者將迎之召也老子所以戒子居形謀成光則戶外屨滿之乃也伯昏所以去御寇其趣一也

讓王第二十八

堯以天下讓許由許由不受又讓於子州支父子州支父曰以我

爲天子猶之可也雖然我適有幽憂之病方且治之未暇治天下也夫天下至重也而不以害其生又況他物乎唯無以天下爲者可以託天下也舜讓天下於子州支伯子州支伯曰予適有幽憂之病方且治之未暇治天下也故天下大器也而不以易生此有道者之所以異乎俗者也舜以天下讓善卷善卷曰余立於宇宙之中冬日衣皮毛夏日衣葛絺春耕種形足以勞動秋收斂身足以休食日出而作日入而息逍遥於天地之間而心意自得吾何以天下爲哉悲夫子之不知余也遂不受於是去而入深山莫知其處舜以天下讓其友石戶之農石戶之農曰捲捲乎后之爲人葆力之士也以舜之德爲未至也於是夫負妻戴攜子以入於海終身不反也方三代之季父子兄弟爭天下國家更相殘害而所謂士者則危身輕生以干澤此讓王所以作也許由支父支伯善卷之農皆不以天下易生者也而楊朱以爲允皆無彈舜之遺則不輕於由也韓所謂重者得不以其歷試而後授之以天

下乎彼不知堯之所以得舜者不在於歷試而歷試者與人同而已矣所謂暴之於人是也使由無辯堯之意則安知其試之不如舜乎大王亶父居邠狄人攻之事之以皮帛而不受事之以犬馬而不受事之以珠玉而不受狄人之所求者土地也大王亶父曰與人之兄居而殺其弟與人之父居而殺其子吾不忍也子皆勉居矣為吾臣與為狄人臣奚以異且吾聞之不以所用養害所養因杖策而去之民相連而從之遂成國於岐山之下大王亶父可謂能尊生矣能尊生者雖貴富不以養傷身雖貧賤不以利累形今世之人居高官尊爵者皆重失之見利輕亡其身豈不惑哉越人三世殺其君王子搜患之逃乎丹穴而越國無君求王子搜不得從之丹穴王子搜不肯出越人薰之以艾乘以王輿王子搜援綏登車仰天而呼曰君乎君乎獨不可以舍我乎王子搜非惡為君也惡為君之患也若王子搜者可

謂不以國傷生矣此固越人之所欲得爲君也韓魏相與爭侵地子華子見昭僖侯昭僖侯有憂色子華子曰今使天下書銘於君之前書之言曰左手攫之則右手廢右手攫之則左手廢然而攫之者必有天下君能攫之乎昭僖侯曰寡人不攫也子華子曰甚善自是觀之兩臂重於天下也身亦重於兩臂韓之輕於天下亦遠矣今之所爭者其輕於韓又遠君固愁身傷生以憂戚不得也僖侯曰善哉教寡人者衆矣未嘗得聞此言也子華子可謂知輕重矣（大王王子搜皆不以國傷生而昭僖侯亦能用子華子之言以輕其所爭則於不以天下易生者又其次也）魯君聞顏闔得道之人也使人以幣先焉顏闔守陋閭苴布之衣而自飯牛魯君之使者至顏闔自對之使者曰此顏闔之家與顏闔對曰此闔之家也使者致幣顏闔對曰恐聽者謬而遺使者罪不若審之使者還反審之復來求之則不得已故若

顏闔者真惡富貴也故曰道之真以治身其緒餘以為國家其土苴以治天下由此觀之帝王之物聖人之餘事也非所以完身養生也今世俗之君子多危身棄生以殉物豈不悲哉凡聖人之動作也必察其所以之與其所以為今且有人於此以隨侯之珠彈千仞之雀世必笑之是何也則其所用者重而所要者輕也夫生者豈特隨侯之重哉子列子窮容貌有飢色客有言之於鄭子陽者曰列御寇蓋有道之士也居君之國而窮君無乃為不好士乎鄭子陽即令官遺之粟子列子見使者再拜而辭使者去子列子入其妻望之而拊心曰妾聞為有道者之妻子皆得佚樂今有飢色君過而遺先生食先生不受豈不命邪子列子笑謂之曰君非自知我也以人之言而遺我粟至其罪我也又且以人之言此吾所以不受也其卒民果作難而殺

子陽楚昭王失國屠羊說走而從於昭王昭王反國將賞從者及屠羊說屠羊說曰大王失國說失屠羊大王反國說亦反屠羊臣之爵祿已復矣又何賞之有王曰強之屠羊說曰大王失國非臣之罪故不敢伏其誅大王反國非臣之功故不敢當其賞王曰見之屠羊說曰楚國之法必有重賞大功而後得見今臣之知不足以存國而勇不足以死寇吳軍入郢說畏難而避寇非故隨大王也今大王欲廢法毀約而見說此非臣之所以聞於天下也王謂司馬子綦曰屠羊說居處卑賤而陳義甚高子其為我延之以三旌之位屠羊說曰夫三旌之位吾知其貴於屠羊之肆也萬鍾之祿吾知其富於屠羊之利也然豈可以貪爵祿而使吾君有妄施之名乎說不敢當願復反吾屠羊之肆遂不受也原憲居魯環堵之室茨以生草蓬戶不完桑以為樞而

甕牖二室褐以爲塞上漏下濕匡坐而弦子貢乘大馬中紺而表素軒車不容巷往見原憲原憲華冠縰履杖藜而應門子貢曰嘻先生何病原憲應之曰憲聞之無財謂之貧學而不能行謂之病今憲貧也非病也子貢逡巡而有愧色原憲笑曰夫希世而行比周而友學以爲人教以爲己仁義之慝輿馬之飾憲不忍爲也曾子居衛緼袍無表顏色腫噲手足胼胝三日不舉火十年不製衣正冠而纓絶捉衿而肘見納屨而踵決曳縰而歌商頌聲滿天地若出金石天子不得臣諸侯不得友故養志者忘形養形者忘利致道者忘心矣孔子謂顏回曰回來家貧居卑胡不仕乎顏回對曰不願仕回有郭外之田五十畝足以給飦粥郭內之田十畝足以爲絲麻鼓琴足以自娛所學夫子之道者足以自樂也回不願仕孔子愀然變容曰善哉回之意

丘聞之知足者不以利自累也審自得者失之而不懼行脩於內者無位而不怍丘誦之久矣今於回而後見之是丘之得也中山公子牟謂瞻子曰身在江海之上心居乎魏闕之下奈何瞻子曰重生重生則利輕中山公子牟曰雖知之未能自勝也瞻子曰不能自勝則從神無惡乎不能自勝而強不從者此之謂重傷重傷之人無壽類矣魏牟萬乘之公子也其隱巖穴也難為於布衣之士雖未至乎道可謂有其意矣孔子窮於陳蔡之間七日不火食藜羹不糝顏色甚憊而弦歌於室顏回擇菜子路子貢相與言曰夫子再逐於魯削迹於衛伐樹於宋窮於商周圍於陳蔡殺夫子者無罪藉夫子者無禁弦歌鼓琴未嘗絕音君子之無恥也若此乎顏回無以應入告孔子孔子推琴喟然而歎曰由與賜細人也召而來吾語之子路子貢入子路曰如此者可謂

窮矣孔子曰是何言也君子通於道之謂通窮於道之謂窮今丘抱仁義之道以遭亂世之患其何窮之爲故内省而不窮於道臨難而不失其德天寒既至霜雪既降吾是以知松栢之茂也陳蔡之隘於丘其幸乎孔子削然反琴而弦歌子路扢然執干而舞子貢曰吾不知天之高也地之下也古之得道者窮亦樂通亦樂所樂非窮通也道德於此則窮通爲寒暑風雨之序矣故許由娛於潁陽而共伯得乎丘首顏闔列御寇屠羊說原憲曾參顏回以至孔子皆不妄受人之爵祿施予以至今負賤東籬雖瀕於死而不改其所樂者也其次公子牟雖未至乎道可謂有其意矣世俗之情沈於人僞者聞許由善卷之風狂而不信故歷敘聖賢之人莫不皆樂道以忘其亡[illegible]明樂道以忘其生爲難繇且爲之則不以天下國家傷其生爲易其信可知矣舜以天下讓其友北人無擇北人無擇曰異哉后之爲人也居於畎畝之中而遊堯之門不若是而已又欲以其辱行漫我吾羞見之因自投淸冷之淵湯將伐桀因卞隨而謀卞隨曰非吾事也湯曰孰可曰吾不

知也湯又因務光而謀務光曰非吾事也湯曰孰可曰吾不知也湯曰伊尹何如曰強力忍垢吾不知其他也湯遂與伊尹謀伐桀剋之以讓卞隨卞隨辭曰后之伐桀也謀乎我必以我為賊也勝桀而讓我必以我為貪也吾生乎亂世而無道之人再來漫我以其辱行吾不忍數聞也乃自投稠水而死湯又讓務光曰知者謀之武者遂之仁者居之古之道也吾子胡不立乎務光辭曰廢上非義也殺民非仁也人犯其難我享其利非廉也吾聞之曰非其義者不受其祿無道之世不踐其土況尊我乎吾不忍久見也乃負石而自沈於廬水昔周之興有士二人處於孤竹曰伯夷叔齊二人相謂曰吾聞西方有人似有道者試往觀焉至於岐陽武王聞之使叔旦往見與盟曰加富二等就官一列血牲而理之二人相視而笑曰嘻異哉此非吾所謂道也昔者神農之有天下也時祀盡

敬而不祈喜其於人也忠信盡治而無求焉樂與政為政樂與治

為治不以人之壞自成也不以人之卑自高也不以遭時自利也

今周見殷之亂而遽為政上謀而下行貨阻兵而保威割牲而盟

以為信揚行以說衆殺伐以要利是推亂以易暴也吾聞古之士

遭治世不避其任遇亂世不為苟存今天下闇周德衰其並乎

周以塗吾身也不如避之以絜吾行二子北至於首陽之山遂餓

而死焉若伯夷叔齊者其於富貴也苟可得已則必不賴高節

戾行獨樂其志不事於世此二士之節也此人無擇卞隨務光伯夷叔齊非特不受人之天下與其爵祿又以聞其言處其世為汙至溺餓而死此其於樂道以忘其生者益為辭而世俗之情尤所不信者也夫數子固皆聖賢人也謂之聖賢人則其於死生固達矣而死有重於大山有輕於鴻毛而舜禹之讓其流為之噲湯武之爭其未有嗜慾則聞無擇隨光夷齊之風者其於天下後世豈小補哉則凡非所愛之而辭非乃云湯恐天下以己為貪乃讓務光恐光受之乃使說光謂湯欲傳惡聲於子光因投於河而司馬遷亦不信有所謂隨光者非乃以智殺其身者則所以量湯光者宜其如此而數百年之虞夏之事遂欲皆見於數篇之與讓而後為信此遷之俗學也蓋許由支父支伯不以天下

易生使天下尊生而輕利者也無擇隨光夷齊之徒則弃生以殉天下使天下知忘生而重義者也其爲仁則一而已矣而莊子方論至道以兩遺名利之累則隨光夷齊皆在所弃方論讓王以悟危身徇物之俗則在所貴詳問之書而知此則言忘而意得矣

盗跖第二十九

孔子與柳下季爲友柳下季之弟名曰盗跖盗跖從卒九千人横行天下侵暴諸侯穴室樞戶驅人牛馬取人婦女貪得忘親不顧父母兄弟不祭先祖所過之邑大國守城小國入保萬民苦之孔子謂柳下季曰夫爲人父者必能詔其子爲人兄者必能教其弟若父不能詔其子兄不能教其弟則無貴父子兄弟之親矣今先生世之才士也弟爲盗跖爲天下害而弗能教也丘竊爲先生羞之丘請爲先生往說之柳下季曰先生言爲人父者必能詔其子爲人兄者必能教其弟若子不聽父之詔弟不受兄之教雖今先生之辯將奈之何哉且跖之爲人也心如涌泉意如飄風強

足以距敵辯足以飾非順其心則喜逆其心則怒易辱人以言先生必無往孔子不聽顏回爲馭子貢爲右往見盜跖盜跖乃方休卒徒太山之陽膾人肝而餔之孔子下車而前見謁者曰魯人孔丘聞將軍高義敬再拜謁者謁者入通盜跖聞之大怒目如明星髮上指冠曰此夫魯國之巧僞人孔丘非邪爲我告之爾作言造語妄稱文武冠枝木之冠帶死牛之脅多辭謬說不耕而食不織而衣摇脣鼓舌擅生是非以迷天下之主使天下學士不反其本妄作孝悌而儌倖於封侯富貴者也子之罪大極重疾走歸不然我將以子肝益晝餔之膳孔子復通曰丘得幸於季願望履幕下謁者復通盜跖曰使來前孔子趨而進避席反走再拜盜跖盜跖大怒兩展其足案劒瞋目聲如乳虎曰丘來前若所言順吾意則生逆吾心則死孔子曰丘聞之凡天下有三德生而長大美好無雙

少長貴賤見而皆悅之此上德也知維天地能辯諸物此中德也勇悍果敢聚衆率兵此下德也凡人有此一德者足以南面稱孤矣今將軍兼此三者身長八尺二寸面目有光脣如激丹齒如齊貝音中黃鍾而名曰盜跖丘竊為將軍恥不取焉將軍有意聽臣臣請南使吳越北使齊魯東使宋衛西使晉楚使為將軍造大城數百里立十數萬戶之邑尊將軍為諸侯與天下更始罷兵休卒收養昆弟共祭先祖此聖人才士之行而天下之願也盜跖大怒曰丘來前夫可規以利而可諫以言者皆愚陋恒民之謂耳今長大美好人見而悅之者此吾父母之遺德也丘雖不吾譽吾獨不自知邪且吾聞之好面譽人者亦好背而毀之今丘告我以大城衆民是欲規我以利而恒民畜我也安可長久也城之大者莫大乎天下矣堯舜有天下子孫無置錐之地湯武立為天

子而後世絶滅非以其利大故邪且吾聞之古者禽獸多而人民少於是民皆巢居以避之晝拾橡栗暮栖木上故命之曰有巢氏之民古者民不知衣服夏多積薪冬則煬之故命之曰知生之民神農之世卧則居居起則于于民知其母不知其父與麋鹿共處耕而食織而衣無有相害之心此至德之隆也然而黄帝不能致德與蚩尤戰於涿鹿之野流血百里堯舜作立羣臣湯放其主武王殺紂自是之後以强陵弱以衆暴寡湯武以來皆亂人之徒也今子脩文武之道掌天下之辯以教後世縫衣淺帶矯言偽行以迷惑天下之主而欲求富貴焉盜莫大於子天下何故不謂子為盜丘而乃謂我為盜跖子以甘辭説子路而使從之使子路去其危冠解其長劍而受教於子天下皆曰孔丘能止暴禁非其卒之也子路欲殺衛君而事不成身菹於衛東門

之上是子教之不至也子自謂才士聖人邪則再逐於魯削跡於衛窮於齊圍於陳蔡不容身於天下子教子路菹此患上無以爲身下無以爲人子之道豈足貴邪世之所高莫若黄帝黄帝尚不能全德而戰涿鹿之野流血百里堯不慈舜不孝禹偏枯湯放其主武王伐紂文王拘羑里此六子者世之所高也孰論之皆以利惑其眞而強反其情性其行乃甚可羞也世之所謂賢士伯夷叔齊伯夷叔齊辭孤竹之君而餓死於首陽之山骨肉不葬鮑焦飾行非世抱木而死申徒狄諫而不聽負石自投於河爲魚鼈所食介子推至忠也自割其股以食文公文公後背之子推怒而去抱木而燔死尾生與女子期於梁下女子不來水至不去抱梁柱而死此四子者無異於磔犬流豕操瓢而乞者皆離名輕死不念本養壽命者也世之所謂忠臣者莫若王子比

干伍子胥子胥沈江比干剖心此二子者世謂忠臣也然卒為
天下笑自上觀之至于子胥比干皆不足貴也丘之所以說我
者若告我以鬼事則我不能知也若告我以人事者不過此矣
皆吾所聞知也今吾告子以人之情目欲視色耳欲聽聲口欲
察味志氣欲盈人上壽百歲中壽八十下壽六十除病瘦死喪
憂患其中開口而笑者一月之中不過四五日而已矣天與地無
窮人死者有時操有時之具而託於無窮之間忽然無異騏驥
之馳過隙也不能悅其志意養其壽命者皆非通道者也丘
之所言皆吾之所棄也亟去走歸無復言之子之道狂狂汲汲
詐巧虛偽事也非可以全真也奚足論哉孔子再拜趨走出門
上車執轡三失目芒然無見色若死灰據軾低頭不能出氣歸
到魯東門外適遇柳下季柳下季曰今者闕然數日不見車

馬有行色得微往見跖邪孔子仰天而歎曰然柳下季曰跖得無逆汝意若前乎孔子曰然丘所謂無病而自灸也疾走料虎頭編虎須幾不免虎口哉孔子天下之至善也盜跖天下之至惡也天下之至善以惡為非而不為而至惡亦不以善為是而為之也則善與惡相與為對而已矣善惡者貞勝者也天下之動貞夫一者也推其對而不一則不足以相勝也觀盜跖之所以抑孔子者則天下之不仁而為利者其說皆如此也則惡可與言哉則凡治其心者苟不能絕棄聖智仁義亦未免為巧利之對而已豈足以為道哉是以至人知善之與惡相去何若故不譽堯而非桀兩忘而化其道而已矣夫善惡兩忘而未始有物者此人心之盡而道之體也今不直言而必見之孔跖何也此所謂寓言也夫直言人之心以為未始有物而善惡不足以相勝則人之所難諭也寓之二人以見其情之實或有得之者矣而寓言若皆出於並世之人則嫌於有實故假百年之孔跖以同時而論明其如此者雖並世皆寓而已子張問於滿苟得曰盍不為行無行則不信不信則不任不任則不利故觀之名計之利而義真是也若棄名利反之於心則夫士之為行不可一日不為乎滿苟得曰無恥者富多信者顯夫名利之大者幾在無恥而信故觀之名計之利而信真是也若棄名利反之於心則

夫士之爲行抱其天乎子張曰昔者桀紂貴爲天子富有天下今謂臧聚曰汝行如桀紂則有怍色有不服之心者小人所賤也仲尼墨翟窮爲匹夫今謂宰相曰子行如仲尼墨翟則變容易色稱不足者士誠貴也故勢爲天子未必貴也窮爲匹夫未必賤也貴賤之分在行之美惡滿苟得曰小盜者拘大盜者爲諸侯諸侯之門義士存焉昔者桓公小白殺兄入嫂而管仲爲臣田成子常殺君竊國而孔子受幣論則賤之行則下之則是言行之情悖戰於胸中也不亦拂乎故書曰孰惡孰美成者爲首不成者爲尾子張曰子不爲行即將疏戚無倫貴賤無義長幼無序五紀六位將何以爲別乎滿苟得曰堯殺長子舜流母弟疏戚有倫乎湯放桀武王殺紂貴賤有義乎王季爲適周公殺兄長幼有序乎儒者僞辭墨者兼愛五紀六位

將有別乎且子正爲名我正爲利名利之實不順於理不監於道吾日與子訟於無約曰小人殉財君子殉名其所以變其情易其性則異矣乃至於棄其所爲而殉其所不爲則一也善與惡對故孔子不能化盜跖名與利對故子張不能服苟得而苟得之所以訟於無約也子張爲聖人之容而不免以干祿爲學則知有名者也滿苟得則知有利而已無約則體道而信者也故曰無爲小人反殉而天無爲君子從天之理若枉若直相而天極面觀四方與時消息若是若非執而圓機獨成而意與道徘徊無轉而行無成而義將失而所爲無赴而富無殉而成將棄而天比干剖心子胥抉眼忠之禍也直躬證父尾生溺死信之患也鮑子立乾申子不自理廉之害也孔子不見母匡子不見父義之失也此上世之所傳下世之所語以爲士者正其言必其行故服其殃離其患也爲惡與利者世之所謂小人也爲善與名者世之所謂君子也故由人道言之則有君子有小人由天道言之人之君子天之小人天之小人人之君子徇天而從其理則君子小人不可得而分矣若枉若直相而天極極中

也枉直視乎天之中則無枉直矣所謂彼是莫得其偶謂之道樞樞始得其環中是也雖中也而未嘗執以為中也面觀四方與時消息則不執以為中矣此道之所以六通四闢而無乎不在也若是若非執而圓機則無所不應也所謂是亦一無窮非亦一無窮是也與夫司是非而其發若機栝者異矣獨成而意與道徘徊則所謂躊躇以興事以每成功者也蓋枉直相乎天極而是非戴乎圓機則與物無對而其動常在於不得已是以獨成其意而與道徘徊也凡若此者所以之天而已矣無轉而行無成而義將失而所為無赴而富無殉而成將棄而天此則已之天矣而不以人廢天之謂也忠信廉義皆世之所謂名與善也然皆有所不免則名與善非所以為不死也而人之情但疑利惡之為累而不知名與善亦非道也是以無約之論重及之也

無足問於知和曰人卒未有不興名就利者彼富則人歸之歸則下之下則貴之夫見下貴者所以長生安體樂意之道也今子獨無意焉知不足邪意知而力不能行邪故推正不忘邪知和曰今夫此人以為與己同時而生同鄉而處者以為夫絕俗過世之士焉是專無主正所以覽古今之時是非之分也與俗化世去至重棄至尊以為其所為也此其所以論長生安體樂意之道不亦遠乎慘怛之疾恬愉之安不監於體怵惕之恐欣懽之喜不

監於心知爲爲而不知所以爲是以貴爲天子富有天下而不免於患也

無足以富而見下貴於所以爲長生安體樂意之道知和以爲富者與己同時而生同鄉而處而世輕下而貴之是以絕俗過世之士遇之也則其中無主正足以覽古今之時是非之分可知也而無足遂以爲是而爲之則是與俗俱化於世棄去其所謂至重至尊者以爲世俗之所爲也至重至尊則所謂良貴者身也夫棄去其良貴則失其性命之情失其性命之情而謂之長生安體樂意亦躁矣夫論長生安體樂意之道則慘怛之疾恬愉之安必監於體怵惕之恐欣懽之喜必監於心而後可論今則不然知爲爲而不知所以爲則向所謂以隨侯之珠彈千仞之雀是以賤至貴至富而不免於患而況足於財者乎

無足曰夫富貴之於人無所不利窮美究勢至人之所不得逮賢人之所不能及俠人之勇力而以爲威強秉人之知謀以爲明察因人之德以爲賢良非享國而嚴若君父且夫聲色滋味權勢之於人心不待學而樂之體不待象而安之夫欲惡避就固不待師此人之性也天下雖非我孰能辭之知和曰知者之爲故動以百姓不違其度是以足而不爭無以爲故不求不足故求之爭四處而不自以爲貪有餘故辭之棄天下而不自以爲廉

廉貪之實，非以迫外也，反監之度。勢爲天子而不以貴驕人，富有天下而不以財戲人。計其患，慮其反，以爲害於性，故辭而不受也，非以要名譽也。堯舜爲帝而雍，非仁天下也，不以美害生也；善卷許由得帝而不受，非虛辭讓也，不以事害己。此皆就其利，辭其害，而天下稱賢焉，則可以有之，彼非以興名譽也。（無足以富爲是，而謂人之性皆然也，故曰天下雖非我，孰能辭之。知和以爲不知足而不足者，不能讓其體畔，故爭四處而不自以爲貪；知足而足者，無以天下爲，故弃天下而不自以爲廉。廉貪之實，非以迫外也，反監之度而已。度則其器之大小有不同也，而謂人之性皆然，則非也。）無足曰：必持其名，苦體絕甘，約養以持生，則亦久病長阨而不死者也。知和曰：平爲福，有餘爲害者，物莫不然，而財其甚者也。今富人，耳營鐘鼓管籥之聲，口嗛於芻豢醪醴之味，以感其意，遺忘其業，可謂亂矣；侅溺於馮氣，若負重行而上也，可謂苦矣；貪財而取慰，貪權而取竭，靜居則溺，體澤則馮，可謂疾矣；爲欲富就利，故滿若堵耳而不知避且馮而不舍可謂辱矣財積而無用服膺而不舍滿心戚醮求益而不止可謂憂矣內則疑刼請之賊外則畏寇盜之害內周樓疏外不敢獨行可謂畏矣此六者天下之至害也皆遺忘而不知察及其患至求盡性竭財單以反一日之無故而不可得也故觀之名則不見求之利則不得繚意絕體而爭此不亦惑乎馮與憑同侅溺於馮氣若負重行而上者謂馮侍其貪其氣驕滿如此也體繹則馮謂形體淪澤則侍而不知儋生也繚意言富之為害如此其甚而卒之曰觀之名則不見求之利則不得繚意絕體而爭之不亦惑乎此則向所謂知為為而不知所以為也孔子不能化盜跖子張不能服苟得而苟得取直於無約無足見足於知和則善惡名利不足以相勝唯道德足以勝之也㒺莫大於不知足則無足是也信不足有不信而道之為信則不約而信者也則無約者體道而信者也道以復命為常德以知和為常則知和者德之至者也

壬辰重改證呂太尉經進莊子全解第九

壬辰重改證吕太尉經進莊子全解第十

說劍第三十　　黄慎水

昔趙文王喜劍劍士夾門而客三千餘人日夜相擊於前死傷者歲百餘人好之不厭如是三年國衰諸侯謀之太子悝患之募左右曰孰能說王之意止劍士者賜之千金左右曰莊子當能莊子之制行願曳尾於塗中而不爲大廟犧以悟危身徇物之俗則說劍之實所未知也而所以言此者以明道之所用無所往而不可此亦人間世之一也太子乃使人以千金奉莊子莊子弗受與使者俱往見太子曰太子何以教周賜周千金太子曰聞夫子明聖謹奉千金以幣從者夫子弗受悝尚何敢言莊子曰聞太子所欲用周者欲絕王之喜好也使臣上說大王而逆王意下不當太子則身刑而死周尚安所事金乎使臣上說大王下當太子趙國何求而不得也止其君之喜好而安其國之危則其澤之所及亦豈小哉此有道者有時而爲之也然許其事而辭其幣以明君子之不

可以貨取也辭受之義固當如此太子曰然吾王所見唯劍士也莊子曰諾周善
為劍太子曰然吾王所見劍士皆蓬頭突鬢垂冠曼胡之纓
短後之衣瞋目而語難王乃悅之今夫子必儒服而見王事必
大逆莊子曰請治劍服治劍服三日乃見太子太子乃與見王
王脫白刃待之莊子入殿門不趨見王不拜服其服用其禮所以同其事同其事然後言可入
王曰子欲何以教寡人使太子先曰臣聞大王喜劍故以劍見王
王曰子之劍何能禁制曰臣之劍十步一人千里不留行王大悅
之曰天下無敵矣莊子曰夫為劍者示之以虛開之以利後之以
發先之以至願得試之天下無敵者唯天子之劍為然天子之劍以天下為之天下神器不可為也示之以虛開之以利後之以發先之以至此所以用神器之道也無之以為用故示之以虛有之以為利故開之以利感而後應迫而後動故後之以發不疾而速不行而至故先之以至此以其不可為而為之者也莊子之所以為劍者如此而已王曰夫子休就舍待命令設戲
請夫子王乃校劍士七日死傷者六十餘人得五六人使奉劍於

殿下乃召莊子王曰今日試使士敦劍莊子曰望之久矣王曰夫子所御杖長短何如曰臣之所奉皆可然臣有三劍唯王所用請先言而後試王曰願聞三劍曰有天子劍有諸侯劍有庶人劍王曰天子之劍何如曰天子之劍以燕谿石城爲鋒齊岱爲鍔晉魏爲脊周宋爲鐔韓魏爲鋏包以四夷裹以四時繞以渤海帶以常山制以五行論以刑德開以陰陽持以春夏行以秋冬此劍直之無前舉之無上案之無下運之無旁上決浮雲下絕地紀此劍一用匡諸侯天下服矣此天子之劍也文王茫然自失天子之劍以天下爲之鋒知其本末輕重之所在與其所以論制之法持行之時則能用之而天下服矣鋒者劍之所以爲銳者也燕谿石城天下之至銳也故爲鋒鍔者劍之所以爲利者也齊岱天下之至利也故爲鍔脊者劍之所以爲幹也晉魏至堅且厚故爲脊鐔者劍之所以爲本也周宋所都也故爲鐔鋏者附鐔者也韓魏近周宋首也故爲鋏四夷者天下守焉而不越乎其外者也故包以四夷四時者天下在焉而莫能出乎其內者也故裹以四時繞以渤海繞所以圍之也四方之外莫非海也帶以恒山帶所以繫之也恒山太行天下之所擊也一水二火三木四金五土大法之所自出也故制以五行德生之刑殺

之或生或殺其用不常故論以刑德天下藏於非陰非陽藏則閉之或靜而陰或動而陽乃其所以闔也故開以陰陽春夏生之秋冬成之天下之擧必在於成之之際其末成也則持之而已故持以春夏行以秋冬此劍神器也唯神道爲可以御神器直之無前擧之無上案之無下運之無旁乃其所以爲神也神則無時無方者也無時無方則無前旁上下之可得也言前則有後言旁則有中可知也無不照也故上決浮雲而不爲其所蔽無不通也故下絶地紀而不爲其所限此劍一用匡諸侯天下服矣此唐虞三代已試之効也文王聞莊子之言則知其所好者非眞劍也是以芒然自失也　曰諸侯之劍何如曰諸侯之劍以知勇士爲鋒以清廉士爲鍔以賢良士爲脊以忠聖士爲鐔以豪桀士爲鋏此劍直之亦無前擧之亦無上案之亦無下運之亦無旁上法圓天以順三光下法方地以順四時中知民意以安四鄉此劍一用如雷霆之震也四封之內無不賓服而聽從君命者矣此諸侯之劍也　天子以天下爲劍者也諸侯以一國爲劍者也所謂天下一國者非有其地也有其民也非有其民也有其民之望也士者乃其民之望也言其地則其民在其中也言得其士則得其民與地可知矣而天子則言地諸侯則言士何也天子之地有天下則其成盛也故以其地言之諸侯之地有一國則非其盛也故以其士言之也蓋無智勇士則無與先者故以爲鋒無清廉士則無與斷者故以爲鍔賢良士吾所倚以爲幹者也故以爲脊忠聖士吾所植以爲本者也

故以爲鐔而豪傑上則吾所持而行之者也故以爲鋏爲國者闇亦覩吾之所持以爲鋒鍔春鐔鋏者合與否則器之利不利國之殆不殆可見也故天下一國大小雖殊其所以用之者在精神之運用一而已故亦無前旁上下之可得也唯天子與天地合其德則五行四時在我所用和同天人之際而使之無間者也諸侯則法天地以知民意而已故曰上法圓天以順三光下法方地以順四時中知民意以安四鄉也王曰庶人之劒何如曰庶人之劒蓬頭突鬢垂冠曼胡之纓短後之衣瞋目而語難相擊於前上斬頸領下決肝肺此庶人之劒無異於鬭雞一旦命已絶矣無所用於國事今大王有天子之位而好庶人之劒臣竊爲大王薄之王乃牽而上殿宰人上食王三環之孟子所謂撫劒疾視曰彼惡敢當我哉此匹夫之勇亦猶是也莊子曰大王安坐定氣劒事已畢奏矣於是文王不出宮三月劒士皆服斃其處也莊子未嘗用庶人之劒而云劒士皆服斃其處者明所以勝剛強者如此而已

漁父第三十一

孔子遊乎緇帷之林休坐乎杏壇之上弟子讀書孔子

弦歌鼓琴奏曲未半有漁父者下船而來鬚眉交白被髮揄袂行原以上距陸而止左手據膝右手持頤以聽曲終而招子貢子路二人俱對客指孔子曰彼何為者也子路對曰魯之君子也客問其族子路對曰族孔氏客曰孔氏者何治也子路未應子貢對曰孔氏者性服忠信身行仁義飾禮樂選人倫上以忠於世主下以化於齊民將以利天下此孔氏之所治也孔子體性抱神以遊乎世俗之間者也則安有漁父之譏哉而所以言此者蓋世儒之學孔子者不過其迹而已故寓之漁父以明孔子之所貴者非世儒之所知也孔子貢之告漁父者乃世儒之知孔子者也夫天下雖大亦物而已孔子之所以為孔子者孰肯以物為事也又問曰有土之君與子貢曰非也侯王之佐與子貢曰非也客乃笑而還行言曰仁則仁矣恐不免其身苦心勞形以危其真嗚呼遠哉其分於道也道之真以為身其緒餘土苴以治國家天下誠如子貢所言非其任而為其事則其分於道也豈不遠乎子貢還報孔子孔子推琴而起

曰其聖人與乃下求之至於澤畔方將杖拏而引其船顧見孔子還鄉而立孔子反走再拜而進客曰子將何求孔子曰曩者先生有緒言而去丘不肖未知所謂竊待於下風幸聞咳唾之音以卒相丘也客曰嘻甚矣子之好學也孔子再拜而起曰丘少而脩學以至於今六十九歲矣無所得聞至教敢不虛心失道而後德失德而後仁聖人則體道德者也仁不足以言之今客以仁為不足而分於道是以知其為聖也客曰同類相從同聲相應固天之理也吾請釋吾之所有而經子之所以子之所以者人事也天子諸侯大夫庶人此四者自正治之美也四者離位而亂莫大焉官治其職人憂其事乃無所陵故田荒室露衣食不足徵賦不屬妻妾不和長少無序庶人之憂也能不勝任官事不治行不清白群下荒怠功美不有爵祿不持大夫之憂也廷無忠臣國家昏亂工技不巧貢職不美

春秋後倫不順天子諸侯之憂也陰陽不和寒暑不時以傷庶物諸侯暴亂擅相攘伐以殘民人禮樂不節財用窮匱人倫不飭百姓淫亂天子有司之憂也今子旣上無君侯有司之勢而下無大臣職事之官而擅飾禮樂選人倫以化齊民不泰多事乎且人有八疵事有四患不可不察也非其事而事之謂之摠莫之顧而進之謂之佞希意道言謂之諂不擇是非而言謂之諛好言人之惡謂之讒析交離親謂之賊稱譽詐僞以敗惡人謂之慝不擇善否兩容頰適偷拔其所欲謂之險此八疵者外以亂人內以傷身君子不友明君不臣所謂四患者好經大事變更易常以挂功名謂之叨專知擅事侵人自用謂之貪見過不更聞諫愈甚謂之很人同於己則可不同於己雖善不善謂之矜此四患也能去八疵無行四患而始可教已孔子以玄聖素

王之道所過者化所存者神非有意於化齊民利天下者也何致患之有哉昔世儒所以知孔子者無君侯有司之勢大臣職事之官而為其事是有意為之也有意為之則八難四患豈所免邪觀後世之得孔子之迹者而考其所為則莊周之言雖千載之下猶竊見之也嗚呼是豈可不謂神人乎

孔子愀然而歎再拜而起曰丘再逐於魯削迹於衛伐樹於宋圍於陳蔡丘不知所失而離此四謗者何也客悽然變容曰甚矣子之難悟也人有畏影惡迹而去之走者舉足愈數而迹愈多走愈疾而影不離身自以為尚遲疾走不休絕力而死不知處陰以休影處靜以息迹愚亦甚矣子審仁義之間察同異之際觀動靜之變適受與之度理好惡之情和喜怒之節而幾於不免矣謹脩而身慎守其真還以物與人則無所累矣今不脩之身而求之人不亦外乎

審仁義之間察同異之際觀動靜之變適受與之度理好惡之情和喜怒之節此儒得孔子之察者不過此六者而已矣此六者孔子之所以離患世而非其所以為孔子者也蓋六者雖異不過以物為事而已矣夫苟以物為事而欲離四謗何以異於舉足愈數而迹愈多走愈疾而影不離其身哉夫惟慎守其真還以物與人則無所累此孔子所以再逐於魯削迹於衛伐樹於宋圍於陳蔡而終不失其聖也

孔子

愀然曰請問何謂眞客曰眞者精誠之至也不精不誠不能動人故強哭者雖悲不哀強怒者雖嚴不威強親者雖笑不和眞悲無聲而哀眞怒未發而威眞親未笑而和眞在內者神動於外是所以貴眞也其用於人理也事親則慈孝事君則忠貞飲酒則歡樂處喪則悲哀忠貞以功爲主飲酒以樂爲主處喪以哀爲主事親以適爲主功成之美無一其迹矣事親以適不論所以矣飲酒以樂不選其具矣處喪以哀無問其禮矣禮者世俗之所爲也眞者所以受於天也自然不可易也故聖人法天貴眞不拘於俗愚者反此不能法天而恤於人不知貴眞祿祿而受變於俗故不足惜哉子之蚤湛於人僞而晚聞大道也孔子又再拜而起曰今者丘得遇也若天幸然先生不羞而比之服役而身教之敢問舍所在請因受業而卒學大道客曰吾聞之可與往者與之至於妙

道不可與往者不知其道慎勿與之身乃無咎子勉之吾去子矣吾去子矣乃刺船而去延緣葦間顏淵還車子路授綏孔子不顧待水波定不聞拏音而後敢乘子路旁車而問曰由得為役久矣未嘗見夫子遇人如此其威也萬乘之主千乘之君見夫子未嘗不分庭伉禮夫子猶有倨敖之容今漁父杖拏逆立而夫子曲要磬折言拜而應得無太甚乎門人皆怪夫子矣漁父何以得此乎孔子伏軾而歎曰甚矣由之難化也湛於禮義有間矣而樸鄙之心至今未去進吾語汝夫遇長不敬失禮也見賢不尊不仁也彼非至人不能下人下人不精不得其真故長傷身惜哉不仁之於人也禍莫大焉而由獨擅之且道者萬物之所由也庶物失之者死得之者生為事逆之則敗順之則成故道之所在聖人尊之今漁父之於道可謂有矣吾敢不敬乎漁父之言乃孔子之所留

而敬之如此者以明孔子之所貴乃在於其真而世儒之所以知孔子者直其土苴而已

列御寇第三十二

列御寇之齊中道而反遇伯昏瞀人伯昏瞀人曰奚方而反曰吾驚焉曰惡乎驚曰吾嘗食於十漿而五漿先饋伯昏瞀人曰若是則汝何為驚已曰夫內誠不解形諜成光以外鎮人心使人輕乎貴老而齎其所患夫漿人特為食羹之貨多餘之贏其為利也薄其為權也輕而猶若是而況於萬乘之主乎身勞於國而知盡於事彼將任我以事而效我以功吾是以驚聖人被褐懷玉而全其形生之人藏其身也不厭深眇而已內誠不解形諜成光以外鎮人心使人輕乎貴老而齎其所患非所以被褐懷玉而藏其身之道也致道者忘心內誠不解則非忘心之至也形諜成光言其誠之發於形而成光可諜而知也食於十漿而其半先饋則是有以外鎮人心而使之輕乎貴老而重己也至人尸居環堵之室而百姓倡狂不知所如往今有以使人輕乎貴老而重己則齎其所患而自貽也齎與齏同 伯昏瞀人曰善哉觀乎汝處已人將保汝矣無幾何而往則戶外之屨滿矣伯昏瞀人北

面而立敦杖蹙之乎頤立有間不言而出賓者以告列子列子提
屨跣足而走暨乎門曰先生既來曾不發藥乎曰已矣吾固
告汝曰人將保汝果保汝矣非汝能使人保汝而汝不能使人無
保汝也而焉用之感豫出異也必且有感搖而本性又無謂也與
汝遊者又莫汝告也彼所小言盡人毒也莫覺莫悟何相孰也
巧者勞而知者憂無能者無所求飽食而敖遊汎若不繫之舟
虛而敖遊者也感而後應體性抱神以遊世俗之間則乃所以能使人無保汝之道也感豫則非感而後應者也出異則非遊之于世
俗之間者也已乃所以不能使人無保汝者也蹁然出異則藏用不密出於己矣而感豫則搖而本性養心存神者之所大患也故以莫告而小言者盡人之毒
而莫覺莫悟者亡不可謂之相孰也孰言其相與蒸蒸至於成也為學者日益日益故食無求飽居無求安為道者日損日損則去其智巧以復於無累
飽食而敖遊汎若不繫之舟虛而敖遊者也列御寇之於伯昏瞀人則為道者自也鄭人緩也呻吟裘氏之地
祇三年而緩為儒河潤九里澤及三族使其弟墨儒墨相與
辯其父助翟十年而緩自殺其父夢之曰使而子為墨者予也

闔胡嘗視其良既爲秋柏之實矣夫造物者之報人也不報其人而報其人之天彼故使彼夫人以已爲有以異於人以賤其親齊人之井飲者相捽也故曰今之世皆緩也自是有德者以不知也而況有道者乎古者謂之遁天之刑聖人安其所安不安其所不安衆人安其所不安不安其所安

緩自爲儒而使其弟墨以至相與辨其父助翟而緩自殺皆其人而已矣至緩之所以爲儒與其弟子所以爲墨則其人之天也其人則父子兄弟不一其身儒墨不同其業至其人之天則爲父子兄弟儒墨者一而已而其父之所惡者乃緩之天也緩之天則其弟之天而緩不自緩矣故曰使而子爲墨者予也言彼之爲墨其天實使之也闔胡視其良既爲秋柏之實桑良者所受於性而非學之所能者也是亦天而已矣其者指其人之辭也緩謂其弟爲而子而自謂己之天爲其良則緩不自緩而忘其父子兄弟之辭也學儒而使儒學墨而墨與緩之爲柏實乃其所以報也造物之報人不報其人而報其人之天則緩與其弟之所以爲儒墨與其死而爲柏實者皆其天使之也非人之所能爲也而人不知所以使已與人者未嘗異也乃以已爲有以異於人而至於賤其親如緩之所爲者豈不悲哉此與齊人之以井爲已有而至於相捽者何以異也則凡今之世不知其天而賤彼貴我者皆緩而已矣由緩觀之則所以失其性如彼者無他以有知而已矣自是有德者以不知者所以全其天也而況有道乎蓋有知則遁天遁天倍情則不免於傷也是以古者謂之遁天之刑也聖人安其所安不安其所不安衆人安其所不安不安其

所安所安者天人也所不安者人也莊子曰知道易勿言難知而不言所以之天也知而言之所以之人也古之人天而不人此無爲謂所以真是任然以之知與黃帝終不近也朱泙漫學屠龍於支離益單千金之家三年技成而無所用其巧龍之爲物其變化有似乎聖智屠龍則絶聖棄智之喻也單千金之家則空其所有也三年技成無所用其巧則真能絶棄者無所復患哉絶棄之矣此則之於天之至者也朱南方色之明也泙若水之平而漫則水之大也支分而離散也爲益者自損故以分散爲益也道至於絶棄聖智唯明而平且大者爲足以語此而以分散爲益者爲足以知之也聖人以必不必故無兵衆人以不必必之故多兵順於兵故行有求兵恃之則亡兵莫憯於志而鏌鋣爲下聖人之于立之斯去道之斯行則其爲可必也然而未嘗有必也歸之天而已矣是以必不必也以必不必則不爲不得志之所傷故無兵衆人反此故多兵唯其如此則順於兵而行有求其甚則有恃之而亡者夫唯弱其志而無必者何恃而亡之有哉小夫之知不離苞苴竿牘敝精神乎蹇淺而欲兼濟導物太一形虛若是者迷惑于宇宙形累不知太初彼至人者歸精神乎無始而甘瞑乎無何有之鄉水流乎無形發泄乎大清悲哉乎汝爲知在毫毛而不知大寧小夫之知不離於問遺之間則是弊其精神乎蹇淺者也而欲兼濟道物太一形虛則非其任也此

所以迷惑乎宇宙形累不知太初則不能太一形虛矣夫唯至人歸精神乎無始而甘瞑乎無何有之鄉至其動也水流乎無形而發泄乎大清乃所以燕濟道物太一形虛者也夫心之爲物莫知其鄉其軀亦大矣而其智不窮於芒芒莫莫之間此其在毫毛而不知大寧爲可悲者也宋人有曹商者爲宋王使秦其往也得車數乘秦王悅之益車百乘反於宋見莊子曰夫處窮閭阨巷困窘織屨槁項黃馘者商之所短也一悟萬乘之主而從車百乘者商之所長也莊子曰秦王有病召醫破癰潰痤者得車一乘舐痔者得車五乘所治愈下得車愈多子豈治其痔邪何得車之多也子行矣凡賤其身以干澤者皆舐痔之類也魯哀公問乎顏闔曰吾以仲尼爲貞幹國其有瘳乎曰殆哉圾乎仲尼方且飾羽而畫從事華辭以支爲旨忍性以視民而不知不信受乎心宰乎神夫何足以上民彼宜汝與予頤與誤而可矣今使民離實學僞非所以視民也爲後世慮不若休之難治也易以貞爲事之幹而天下之動貞夫一者也蓋唯忘心者爲可以致一致一所以爲貞幹若爲天下國家者不

出於此而徒以聖人為貞幹則是不能絕學棄智而其弊必至於如所言
也故託之哀公顏闔之辭焉蓋貞固足以幹事若所謂貞者不出於致一
則安能固而為事之幹哉亦不免乎危而已矣而其所以危者正由於不
能掊擊聖人而放於無心故也故曰殆哉圾乎仲尼道法自然猶鵠之不
日浴而白而有聖智之累焉則是飾羽而畫也羽之自然非待於飾而畫
之者也失天質之大全而節以人為之小巧則其從事華辭而以支為旨
也支與肢同旨與指同以肢為指則以大為小名實淆亂而非其自然之
體也有諸己之謂信信不足有不信事不出於自然則皆強而已矣安能
信哉則是忍性以視民而不知不信也若然者不能忘心而受乎心不能
體神而宰乎神受乎心宰乎神者此乃民之所以為民也夫何足以上民
哉蓋道之所以不可與人者以其中無主而不止也則彼仲尼者能宜汝與
拘予自頤養與蓋唯絕學而心養良者乃所以致一者也苟不能絕學而
心養良而以聖人為貞幹則誤而可矣非所以為正也夫為國者出於非實
而偽則是使民離實學偽而非所以視民也為後世慮不若休之難治也
休之則不若心養良而已矣施於人而不忘非天布也聖行而雨施何不忘之有哉商賈不
齒雖以事齒之神者弗齒商賈不與士齒蓋古之禮也以事齒之禮之變也神者不齒人之性也言人
之生貴義而賤利禮實出於人之性至於好利而忘義者失其本心故也為外刑者金與木也為內
刑者動與過也宵人之離外刑者金木訊之離內刑者陰陽
食之夫免乎外內之刑者唯真人能之金與木刑人之體者也動與過刑人之心者也寂然

不動者心之正也而動無非邪也有爲而欲當則緣於不得已爲而不緣於不得已者過而已矣皆害乎人之心是以謂之刑也揚子以爲晝人之禍少夜人之禍多宵人則夜人之謂也宵人之離外刑者金木訊之離內刑者陰陽食之夫其道未至乎光大外雖免金木之訊而內不免陰陽之食者則猶爲宵人焉耳夫唯真人寂然不動而有爲也緣於不得已則內外之刑安能累哉

孔子曰凡人心險於山川難於知天天猶有春秋冬夏旦暮之期人者厚貌深情故有貌愿而益有長若不肖有順懁而達有堅而縵有緩而釬故其就義若渴者其去義若熱故君子遠使之而觀其忠近使之而觀其敬煩使之而觀其能卒然問焉而觀其知急與之期而觀其信委之以財而觀其仁告之以危而觀其節醉之以酒而觀其則雜之以處而觀其色九徵至不肖人得矣

愿者少立故與益反長與不肖反順懁與達反堅與縵緩與釬皆相反者也唯其如此故察之不可以一塗知人則哲惟帝其難之而畏巧言遠佞人此古人之所同也

正考父一命而傴再命而僂三命而俯循牆而走孰敢不軌如而夫者一命而呂鉅再命而於東上儛三命而名諸父

孰協唐許。言器度大小相反有如此者。賊莫大乎德有心而心有眼，及其有眼也而內視，內視而敗矣。凶德有五，中德為首。何謂中德？中德也者，有以自好也而吡其所不為者也。不識不知，順帝之則者也。毀則為賊。德有心而心有眼，知識具而敗其則矣。則所謂賊者孰大於是邪？內視則所謂識也。五官之動，迷而不反，莫非內也。而中德為之首，則所謂德有心者也。有心則有我，有我則自是而非彼，故有以自好而吡其所不為也。窮有八極，達有三必，形有六府。美髯長大壯麗勇敢八者俱過人也，因以是窮；緣循偃佒困畏不若人三者俱通達；知慧外通，勇動多怨，仁義多責。窮於道之謂窮，達於道之謂達，物之所聚之謂府。美髯長大壯麗勇敢八者俱過人也。過人則自矜，自矜故因以是窮。緣循偃佒困畏不若人，不若人則自強，自強故俱通達。孟子所謂人之有德慧術知者，常存乎疢疾，獨孤臣孽子，其操心也危，其慮患也深，故達，亦謂此也。知慧外通，外通則物至；勇動多怨；仁義多責。物至而怨責多，則物之所聚也，故謂之府。言此者以明世俗之所謂美者非美，而一不足恃；而惡者非惡，而一不足病。智慧勇動仁義雖美，盡不離乎形，要在強行有志以遺其形而已矣。達生之情者傀，達於知者肖，達大命者隨，達小命者遭。達生之情者，於生之情而達之者也。於生之情而達之，則所謂天而生也，而無以知為者也。無以知為，則傀然而已矣。傀然者，無以知為者也。達於知者，於知而達之者也。於知而達之者，知吾之所知出於無知而未能無知者也則肖而已矣肖則然之而非也命者造物者之所爲而吾則與造物者爲人者也此達大命者也故隨而已矣隨則從之而不去也知窮窮之在天而不在我此達小命者也故遭之而已矣遭則遇之而不辭也人有見宋王者錫車十乘以其十乘驕穉莊子莊子曰河上有家貧恃緯蕭而食者其子沒於淵得千金之珠其父謂其子曰取石來鍛之夫千金之珠必在九重之淵而驪龍頷下子能得珠者必遭其睡也使驪龍而寤子尚奚微之有哉今宋國之深非直九重之淵也宋王之猛非直驪龍也子能得車者必遭其睡也使宋王而寤子爲虀粉夫世之冒險深嘗以徼寵名幸而不寤者皆探珠之類也此乃至人之所危之而哀之而彼乃以驕穉人不亦悲乎驕穉者言其驕而不知禍也或聘於莊子莊子應其使曰子見夫犧牛乎衣以文繡食以芻菽及其牽而入於太廟雖欲爲孤犢其可得乎莊子之於一死一生一而嘗以死爲南面之樂則太廟犧非其所畏也而俗方危身傷生以蹈利故其制行如此莊子將死弟子欲厚葬之莊子曰吾以天地爲棺槨以日月爲連璧星辰爲珠璣萬物爲齎送吾葬具豈

不備邪何以加此弟子曰吾恐烏鳶之食夫子也莊子曰在上為烏鳶食在下為螻蟻食奪彼與此何其偏也以不平平其平也不平以不徵徵其徵也不徵明者唯為之使神者徵之夫明之不勝神也久矣而愚者恃其所見入於人其功外也不亦悲乎得天地萬物之所一而同焉以為體則其生也備物以將形其死也以之為齎送莊子貴其非虛言也然伏恐烏鳶之食於上而不知螻蟻之食於下則與奪之偏也夫唯無心則無所與奪於以平之則平之至也於以徵之則徵之至也苟為有心則不能無取捨之偏不能無取捨之偏則非得其常心者也心而不得其常心則至一不平也而欲以平之則其平也不平矣至不徵也而欲以徵之則其徵也不徵矣猶之水也莫動則平而大匠取則焉惟其平也故以平則平猶其徵也故以徵則徵也凡今之知所以與奪者明而已矣至其不知者乃所以為神也明者唯為之使而已而神者則徵之此明之所以不勝神也而愚者直不知其所謂神而獨恃其所見以入於人則用其功外而已安能反其性命之情哉此乃真人所以悲之也蓋恃其所見入於人則非反已而自見者也

天下第三十三

天下之治方術者多矣皆以其有為不可加矣古之所謂道術

者果惡乎在曰無乎不在天下百家之學各自以其所治方術爲有爲爲不可加而其方術各不同則古之所謂道術果何在耶曰無乎不在言古之道術於天下方術無不在也顧天下之方術不得其全盡耳曰神何由降明何由出聖有所生王有所成皆原於一夫古之道術無乎不在則然矣然天下之方術既不得其全盡則所謂神者何由降而所謂明者何由出耶蓋神之降則聖之所生也明之出則王之所成也聖有所生王有所成皆原於一則一者乃神之所由降明之所由出也不離於宗謂之天人不離於精謂之神人不離於真謂之至人以天爲宗以德爲本以道爲門兆於變化謂之聖人以仁爲恩以義爲理以禮爲行以樂爲和薰然慈仁謂之君子以法爲分以名爲表以操爲驗以稽爲決其數一二三四是也百官以此相齒以事爲常以衣食爲主蕃息畜藏老弱孤寡爲意皆有以養民之理也古之人其備乎配神明醇天地育萬物和天下澤及百姓明於本數係於末度六通四闢小大精粗其運無乎不在夫神降明出聖生王成皆原於一則古之所謂天人神人至人聖人君子其名不同何也以其所從言之異耳古之語大道者先明天而道德

次之則天者所宗也故不離於宗謂之天人純素之道唯神是守守而勿失與神爲一一之精通合于天倫則精所以入神也故不離於精謂之神人唯眞知爲能登假於道不眞則不至也故不離於眞謂之至人聖人者以天爲宗則天人也以德爲本則神人也以道爲門則至人也兼此三者而兆於變化是爲聖人而已此神之降而爲聖也至其以仁爲恩以義爲理以禮爲行以樂爲和薰然慈仁謂之君子此則明之出而爲王也由聖人而上與天同者也由聖人而下與人同者也夫唯與人同故以法爲分而不可犯以名爲表而不可亂以操爲驗而不可欺以稽爲決而不可惑凡以其有數存焉耳則一二三四是也分之以法表之以名驗之以操決之以稽其數多者在高而用大其數少者居下而治小百官之所以相齒者以此而已夫唯與天同則歸根復命以無事爲常而與人同則以事爲常也以衣食爲主蕃息畜藏老弱孤寡爲意皆有以養民之理也是皆事而已矣古之人其皆備乎言上則聖之所生下則王之所成無一不備者也唯其無不備故能配神明醇天地蓋聖之所生則配神而醇天王之所成則配明而醇地唯其配神明醇天地故此以育萬物和天下而澤及百姓也天下之法皆出於聖生而王成唯其生之故明於本數而不疑唯其成之故係於末度而不失而其通則不爲六合之所局其闢則不爲四序之所制以至小大精粗其運無乎不在則古之所謂道術者其體固如此也

其明而在數度者舊法世傳之史尚多有之其在於詩書禮樂者鄒魯之士搢紳先生多能明之詩以道志書以道事禮以道行樂以道和易以道陰陽春秋以道名分其數散於天下而設於中

國者百家之學時或稱而道之天下大亂賢聖不明道德不一天下多得一察焉以自好譬如耳目鼻口皆有所明不能相通猶百家衆技也皆有所長時有所用雖然不該不徧一曲之士也判天地之美析萬物之理察古人之全寡能備於天地之美稱神明之容是故內聖外王之道闇而不明鬱而不發天下之人各爲其所欲焉以自爲方悲夫百家往而不反必不合矣後世之學者不幸不見天地之純古人之大體道術將爲天下裂古之道術所謂神而數所不能計度所不能度者固不可以書言傳而其明而在數度者有司世其法國史記其迹其在詩書禮樂者則鄒魯之士縉紳先生多能明之則所謂詩以道志書以道事禮以道行樂以道和易以道陰陽春秋以道名分是皆古之道術明而在數度者也而易與春秋辭微旨遠又非縉紳先生之所能明者也先王以其數施於上有政散於天下而設於中國故百家之學時得稱而道之則天下之治方術者固不出於古之道術之外也天下有道賢聖明而道德一故學者得見其全不爲殊方異術之所蔽及其亂也反此故天下多得一察焉以自好得一察焉而已而不察其餘則非見其全者也譬如耳目鼻口皆有所明不能相通猶百家衆技皆有所長時有所用而不可廢者也雖然不該不徧一曲之士而已蓋天地有大美而判之萬物有成理而析

之是乃所以爲一曲也自古人之全而察之彼百家者實能備天地之美稱神明之容如向所謂古之人其備乎者也是故內聖外王之道闇而不明鬱而不發則所謂賢聖不明者也天下之人各爲其所欲爲以自爲方則所謂道德不一而天下皆得一察焉以自好者也悲夫百家往而不反必不合矣後世之學者不幸不見天地之全古人之大體道術將爲天下裂凡以此而已矣言天地之全則非判天地之美者也言古人之大體則非如耳目鼻口之不能相通也莊周乃得古人之全者而立言斷行以救一時之弊則不免有偏故爲此言以自列於百家之間以明其出於不得已也

不後於後世不靡於萬物不暉於數度以繩墨自矯而備世之急古之道術有在於是者墨翟禽滑釐聞其風而悅之爲之大過已之大循作爲非樂命之曰節用生不歌死無服墨子汎愛兼利而非鬬其道不怒又好學而博不異不與先王同毀古之禮樂黃帝有咸池堯有大章舜有大韶禹有大夏湯有大濩文王有辟雍之樂武王周公作武古之喪禮貴賤有儀上下有等天子棺槨七重諸侯五重大夫三重士再重今墨子獨生不歌死不服桐棺三寸而無槨以爲法式以此教人恐不愛人以此自行固不愛已未敗墨

子道雖然歌而非歌哭而非哭樂而非樂是果類乎其生也勤其死
也薄其道大觳使人憂使人悲其行難為也恐其不可以為聖人之
道反天下之心天下不堪墨子雖獨能任奈天下何離於天下其去
王也遠矣先王之治至於殷周文物之大備則不後於後世不靡於萬物不暉於度數非其常然也以繩墨自矯乃所以備世之急而
已此古之道術有在於是也古之道所以體常而盡變而墨翟禽滑釐特見其備世之急以為常所謂得一察焉以自好者也而又為之太過以為己
之大循而非可與人同之者也作為非樂命之曰節用生不歌死不服墨
子汎愛兼利而非鬭其道不怒又好學而博不異凡此皆所謂為之太過而
已之大循也至其甚者則不與先王同毀古之禮樂非特太過而已黃帝
堯舜禹湯文武周公莫不作樂也而古之喪禮貴賤有儀上下有等至於
棺槨之重數各不同今墨子獨生不歌死不服桐棺三寸而無槨以為法
式此則不與先王同而毀古之禮樂也先王之為喪葬之禮蓋推其有滋
之心而甚之人今墨子為之如此其薄非徒不愛人固不愛已也蓋墨子之
為此本以汎愛兼利特不察人之不堪而失至於此而故不愛人則曰恐於
已實堪其苦以為之也故以不愛已則曰固也夫以約失之者鮮矣則未
敗墨子道也雖然哀哭之臨不樂皆人情之所不能免也先王為之節文而
已矣墨子使之歌而非歌哭而非哭樂而非樂是果與人之情類乎其生
也勤其死也薄其道大觳使人憂使人悲則古之道術雖有在於是而墨
子為之太過雖有出於聖人之道恐其不可以為聖人之道也反天下之心
天下不堪墨子雖獨任奈天下何所謂王者以天下心服而憂樂與之同而

已矣則離於天下其去王也豈不遠矣乎墨子稱道曰昔者禹之湮洪水決江河而通四夷九州也名川三百支川三千小者無數禹親自操槖耜而九雜天下之川腓無胈脛無毛沐甚雨櫛疾風置萬國禹大聖也而形勞天下也如此使後世之墨者多以裘褐為衣以跂蹻為服日夜不休以自苦為極曰不能如此非禹之道也不足謂墨禹遭洪水之患故其勞有至於如此則所謂倫世之急而古之道術有在於是者也而墨子欲以為常然則非也相里勤之弟子五侯之徒南方之墨者苦獲已齒鄧陵子之屬俱誦墨經而倍譎不同相謂別墨以堅白同異之辯相訾以觭偶不仵之辭相應以巨子為聖人皆願為之尸冀得為其後世至今不決墨翟禽滑釐之意則是其行則非也將使後世之墨者必自苦以腓無胈脛無毛相進而已矣亂之上也治之下也雖然墨子真天下之好也將求之不得也雖枯槁不舍也才士也夫

夫致勤儉以備世之急此二子之意則是也而爲之太過以至天下不堪是其行則非也將使後世之墨者必自苦以腓無胈脛無毛相進而已矣在亂則所貴在治則所賤故曰亂之上治之下也雖然勤儉者人情之難爲者而墨子優爲之雖枯槁不舍非性好之者不能也則是真天下之好也將求之而不得也然不可以爲聖人之道則才士而已矣

不累於俗不飾於物不苟於人不忮於衆願天下之安寧以活民命人我之養畢足而止以此白心古之道術有在於是者宋鈃尹文聞其風而悅之

不累於俗不爲俗之所累也不飾於物謂不願人之文繡也不苟於人其遇猶已誠之而不忮於衆在醜而不爭也願天下之安寧以活民命人我之養畢足而止不願餘也其心有不然則以爲垢而洗之是以世白心也古之道術有在於是者二子聞其風而悅之

作爲華山之冠以自表接萬物以別宥爲始語心之容命之曰心之行以聏合驩以調海內請欲置之以爲主見侮不辱救民之鬭禁攻寢兵救世之戰以此周行天下上說下教雖天下不取強聒而不舍者也故曰上下見厭而強見也

萬物之紛爭常生於交侵而苟急別之使不交侵宥之使不苟急乃所以息其紛爭而願其安寧之道也心之爲物無所不容則宜無所爭也二子語其容而行之命之曰心之行以聏合驩以調海內是乃所謂心之行也請欲置之以爲主言若此者已顧推而宗

之也見侮不辱以救民之鬬禁攻寢兵以救世之戰以此周行天下上說下教雖天下不取強聒而不舍此其爲驩調之道也雖然其爲人太多其自爲太少曰請欲固置五升之飯足矣先生恐不得飽弟子雖飢不忘天下日夜不休曰我必得活哉圖傲乎救世之士哉古之道術雖有在於是而其爲人也太多而爲已也太少此二子之所以不合於道也先生恐不得飽弟子雖飢不忘天下是其爲人太多而爲已太少也日夜不休曰我必得活哉圖傲乎救世之士哉言人之情必不至於圖傲乎救世之士而不我顧則我必得活而不以飢死爲憂也曰君子不爲苛察不以身假物以爲無益於天下者明之不如已也以禁攻寢兵爲外以情欲寡淺爲內其小大精粗其行適至是而止其行適至是而止言過此則非二子之所知蓋其不聞道也公而不黨易而無私決然無主趣物而不兩不顧於慮不謀於知於物無擇與之俱往古之道術有在於是者彭蒙田駢慎到聞其風而悅之公而不黨易而無私則其中空虛而決然無主決然無主則與物爲一故趣物而不兩夫唯如此故不顧於慮不謀於智於物無擇與之俱往矣古之道術者其寂然不動之時三子聞其風而悅之匪其感而遂通天下之故則三子者之所不知也齊萬物以爲首

曰天能覆之而不能載之地能載之而不能覆之大道能包之而不能辯之知萬物皆有所可有所不可故曰選則不徧教則不至道則無遺者矣是故慎到棄知去己而緣不得已泠汰於物以爲道理天大也大道大而皆有所能有所不能則知萬物皆有所可皆有所不可皆有所可也而選之則不徧皆有所不可也而教之則不至唯無可無不可而齊之以道則無遺者矣是故慎到棄知去己而緣不得已泠汰於物以爲道理以爲於是則可以無遺者也泠者所以清其濁也汰者所以去其濃也彼以爲物濁且濃而慁於我故泠汰之也古之論道者固以棄知去己爲不得已泠汰於物矣然安足以入道而非以是爲道也二子以道理爲止於此蓋不知智與己未始有物而萬物並作乃其所以復而其云云乃其所以歸根不足以鏡吾心也曰知不知將薄知而後鄰傷之者也謑髁無任而笑天下之尚賢也縱脫無行而非天下之大聖椎拍輐斷與物宛轉舍是與非苟可以免不師知慮不知前後魏然而已矣推而後行曳而後往若飄風之還若羽之旋若磨石之隧全而無非動靜無過未嘗有罪是何故夫無知之物無建己之患無用知之累動靜不離於理是以終身無譽故曰

至於若無知之物而已無用賢聖夫塊不失道豪傑相與笑之曰

慎到之道非生人之行而至死人之理適得怪焉慎到之所以棄智去己泠汰於物以爲道理者以爲知不知而已將薄知而後鄰傷之者也言唯無知乃所以全也夫知乃不知也不知乃知也慎到徙知夫知之不知而不知夫不知之乃知也謑髁無任而笑天下之尚賢縱脫無行而非天下之大聖則所以棄知去己也謑髁不定而無任則無所事於尚賢也縱脫不過而無行則無所事於大聖也椎拍輐斷與物宛轉舍是與非苟可以免則泠汰於物之謂也椎拍者練而治之也輐斷者破而絕之也與物宛轉則所謂與之俱往者也唯其如此故能不師知慮不知前後魏然而已矣推而後行曳而後往若飄風之還則莫知所以使之者若羽之旋若磨石之隧則其動非我也是皆無知之物而已夫無知之物無建己之患無用知之累動靜不離於理是以終身無譽豈其無慮是以動靜無過而未嘗有罪慎到以是爲道理故其言曰至於若無知之物而已無用賢聖夫唯塊然而不失道蓋知絕聖棄智之說然不知其絕棄聖智者乃所以爲聖智也則奚以異於死人之理哉此豪桀之士所以笑之而得怪於天下也彼觀萬物之復於無作而歸其根於芒芒者豈所以見怪哉

田駢亦然學於彭蒙得不教焉彭蒙之師曰

古之道人至於莫之是莫之非而已矣其風窢然惡可而言常反人不聚觀而不免於魭斷其所謂道非道而所言之韙不免於非彭蒙田駢慎到不知道雖然概乎皆嘗有聞者也田駢亦然學於彭蒙得不教焉以其

較則不至於岡也而於彭蒙之師其言古之道人至於莫之是莫之非而已矣其
風窢然惡可而言此亦幾乎未始有是非而知者不言之説也至於所爲常與
人反，而欲以不聚人觀則不免於魭斷而已矣夫道未始有物也故以空虛不
毀萬物爲實者以常反人而推拍輐斷爲哉則其所謂道非道而所言之韙
不免於非以其滯於無知之域而已矣是三子者自世固謂之知道而非知道
者也雖然概乎皆嘗有聞者也若墨翟禽滑釐宋鈃尹文非寧不知道
而亦未嘗有聞也蓋道本出於性命之情而其真以爲身今墨翟禽滑釐
立言制行畢離於天下至於人己俱不愛則喪本失真其爲累甚者故論道
術爲天下裂而先及之其次宋鈃尹文則爲人太多爲己太少故以次之而
彭蒙田駢慎到雖不知道而不可謂不近之者也故又次之而後及於關尹
老聃之真人焉蓋從粗至精從末至本其序如此 以本爲精以物爲粗以有積爲不足澹
然獨與神明居古之道術有在於是者關尹老聃聞其風而悅
之道生之德畜之物形之勢成之言本則知物之爲末言物則知道德之爲
本也以本爲精則以末爲粗以物爲粗則以無物爲精道未始有物者
也未始有物故以有積爲不足則致虛之極必至於無積而後止則澹然
獨與神明居而已矣道之爲物惟恍惟惚惚所以神而恍所以明也古之
道術本未嘗精粗無乎不在而關尹老聃以本爲精趣時而已矣 建之以常無有主之以太一以濡弱
謙下爲表以空虛不毀萬物爲實關尹曰在己無居形物自
著其動若水其靜若鏡其應若響芴乎若亡寂乎若清同

焉者和得焉者失未嘗先人而常隨人老聃曰知其雄守其雌爲天下谿知其白守其辱爲天下谷人皆取先己獨取後曰受天下之垢人皆取實己獨取虛無藏也故有餘歸然而有餘其行身也徐而不費無爲也而笑巧人皆求福己獨曲全曰苟免於咎以深爲根以約爲紀曰堅則毀矣銳則挫矣常寬容於物不削於人可謂至極關尹老聃乎古之博大真人哉道未始有物而時有焉則體有未始者也建之以常無有則萬物所不能拔矣一與言爲二二與一爲三有所謂一則非太一也太一則所謂一者亦不可得矣主之以太一則萬物歸焉而不[illegible]主矣道之體無形而不爭者也故以濡弱謙下爲表觀其表則其中之所體可知矣萬物芸芸各復歸其根則其體自空虛也故以空虛不毀萬物爲實則異乎椎拍輐斷而以爲道者也關尹曰在己無居形物自著其動若水其靜若鏡其應若響芴乎若亡寂乎若清同焉者和得焉者失未嘗先人而嘗隨人水鏡之動靜響之應聲皆在己無居而形物自著之効也老聃曰知其雄守其雌爲天下谿知其榮守其辱爲天下谷雖雌而不冒辱谿而歸根谿輸而不積谷應而不藏而江海之原所自出也所謂建之以常無有主之以太一之證也人皆取先己獨處後曰受天下之垢所謂以濡弱謙下爲表者也人皆取實己獨取虛無藏也故有餘歸然而有餘唯其虛而無藏故不毀萬物而萬物爲之用而有餘矣雖爲之用

而未嘗有之也則其自然也歸然而已矣則所謂以空虛不毀萬物爲實者也夫唯如此故其行身也徐而不費無爲也而笑巧未嘗先人而常隨人所以徐而不費也不費則異乎墨翟慎到勞形損己以爲之道者也因物之自然而不違之則雖無爲也而笑巧矣夫今之所以能笑巧者其誰乎無爲而笑巧與其笑乎皆欲到之若無知之物而已矣人皆求福己獨曲全曰苟免於咎蓋免於咎則福之至者也以深爲根以約爲紀曰堅則毀矣銳則挫矣萬物之生也柔弱其死也枯槁以柔爲根則無事於堅矣柔則進而銳之者也以約爲紀則無事於銳矣至虛也至大也故常寬容於物而不削於人蓋以本爲精以物爲粗澹然獨與神明居則其所體者道之真而無以加矣不離於真謂之至人則至矣乃所以爲真人也故曰關尹老聃乎古之博大真人哉

寂漠無形變化無常死與生與天地並與神明往與芒乎何之忽乎何適萬物畢羅莫足以歸古之道術有在於是者莊周聞其風而悅之以謬悠之說荒唐之言無端崖之辭時恣縱而不儻不以觭見之也以天下爲沈濁不可與莊語以卮言爲曼衍以重言爲真以寓言爲廣獨與天地精神往來而不敖倪於萬物不譴是非以與世俗處其書雖瓌瑋而連犿無傷也其辭雖參差而諔詭可觀彼其充實不可以已上與造物者遊而下與外死生無終始者爲友其

於本也弘大而闢深閎而肆其於宗也可謂稠適而上遂矣雖然其應於化而解於物也其理不竭其來不蛻芒乎昧乎未之盡者

寂漠無形而不可見變化無常而不可測以為死與則未嘗有生也以為生與則未嘗有死也以為天地並與則未始有古今也以為神明往與則未始有彼是也非死非生非古非今非彼非是則芒乎何之忽乎何適哉無思也無為也寂然不動而已矣萬物畢羅而無不在也而莫足以歸者其唯神之所為乎此莊周之所悅而聞之者也以謬悠無實之說荒唐不經之言無端崖不可窮之辭以時放焉而不儻蓋其有對而不以觭見之也夫唯有對則辭無實不經不可窮而無害於信言也方天下之清也聖賢明而道德一人可與莊語則莊語則法言而已矣以天下為沈濁而不可與莊語則唯道之從以趣時而已矣卮言道也道之應曰用而無窮盡重言與寓言所以趣時時不知吾言之信故稱古昔以為重重言則有其實者也故以重言為真以重言不足以諭而後有寓言故以寓言為廣莊周之所體道者獨與天地精神往來而不敖倪於萬物者也故其言亦然不敖者不絕而跡之也不倪者不際而觀之也不譴是非以與世俗處言其無是非之責所以群於世俗之道也瓌瑋之物則衆之所異世不欲碌碌如玉則瓌瑋非所尚也然其書雖瓌瑋而連犿無傷也連則莫見其辭隙犿則其定體不可得而求也則非俗之可得而貴也其辭雖參差而諔詭可觀諔詭言之跡而詭則言之異又非世俗之可得而賤也非特其辭然也唯其有諸中而充實則不可以已也故上與造物者遊而下與外死生無終始者為友而莫之禦也以本為精以德為本則所謂大本者德也其於本也弘大而闢深閎而肆不離於精則神人之事也以天為宗其於宗也可謂稠適而上遂矣不離於宗則天人之事也以關尹老聃為博大真人真人則至人之謂也而自謂

於本宗如此矣其神人天人之事乎雖然其出神天而化於物也其理不竭不
竭者既以為人已愈有既以與人已愈多也其入神天而解於物也其來不蛻不
蛻者以人之形而解之非待蛻而後解之者也所謂人皃而天者也芒乎昧乎未之盡者此神之所以不可知者也惠施多方其書五
車其道舛駁其言也不中自墨子而下雖老聃莊周於古人之全或本或末獨處其一而已故皆曰古之道術有在於是者也
至夫惠施之所治以為本邪則不免弱於德而強於物而已矣以為末邪而其所言甚有妙理存乎其間者也是以謂之多方而不曰古之道術有在於是也其書五車其
道舛駁言其書之多而其道舛而不合駁而不純而其言也過而不中此其所以為多方也歷物之意曰至大無外謂之
大一至小無內謂之小一無厚不可積也其大千里天與地卑山與
澤平日方中方睨物方生方死同而與小同異此之謂小同異萬
物畢同畢異此之謂大同異南方無窮而有窮今日適越而昔
來連環可解也我知天下之中央燕之北越之南是也氾愛萬物
天地一體也惠施以此為大觀於天下而曉辯者聖人之於物不行而知不見而名故能智周
萬物而不遺以知其本而已矣今施乃歷其意而求之則其言雖高猶為無用也謂之至大而有外焉則有大於此者矣而非至大也則至大者無外矣無外
則此大者一而已矣而無與對者故謂之大一至大無外謂之大一則至小無內謂之小一可知矣有物於此不知其大也有曉之曰其大千里則諭之矣其

論之也非目力之所能視足力之所能步也以意在之則千里之大皦然在前矣然則其大千里者固無厚而不可積也天常環轉乎地之外而地居其中故自地之上觀之則天高而地卑此人之所常見也自地之下觀之則地高而天卑以相折除則天與地皆卑矣知天與地卑則山與澤平可知矣天一晝夜其轉三百六十五度有奇而日隨之則日之爲物須臾未嘗停也是其方中也乃所以方睨也知日之方中方睨則物之方生方死可知矣六藏皆陰也是之謂大同雖皆陰也而心與肺獨爲藏之陽而肺又爲陽中之陰是之謂大同而與小同異自是觀之百骸九竅以至萬物莫不然也故曰大同與小同異此之謂小同異自其同者視之則天地萬物之體也是其所以畢同也自其異者視之肝膽楚越也是其所以畢異也故曰萬物畢同畢異此之謂大同異以意在南方之南則無有窮也而無窮者乃其所以窮也故曰南方無窮而有窮知南方之然則東西北方與上下皆可知也以今視昔則有今以來視今則今亦昔矣而所謂今者固未嘗止也則今日適越非昔來乎連環之所以不可解者闗以有環而已矣而環之相貫未嘗有環未嘗有環則無闗而可解矣人之情固以燕之南越之北爲天下之中央矣而燕之北越之南無窮也自燕之北而南視燕自越之北而北視越庸非天下之中央乎惠施知其如此故汎愛萬物而以天下爲一體其所以爲大觀於天下而曉辯者以此而已矣夫物之有大小內外厚薄崇卑平陂中具生死同異南北古今皆心之所爲也無心則無此矣知皆吾心之所爲則恢詭譎怪道通爲一矣周之齊物亦言舉莛與楹厲與西施及方生方死之說不爾容成氏曰除日無歲無內無外而施之所言亦嘗有稱道於周者而以卮之言爲不中何也蓋周知其如此而以卮言出之則其言出於不得已所謂不以觭見之者也而施之智雖足以及此不免歷物之意以得之而以曉辯者以反人爲實而欲以勝人爲名則其言雖同而周之所不取也

天下之辯者相與樂之卵有毛雞

三足郢有天下犬可以爲羊馬有卵丁子有尾火不熱山出口輪不蹍地目不見指不至至不絕龜長於蛇矩不方規不可以爲圓鑿不圍枘飛鳥之景未嘗動也鏃矢之疾而有不行不止之時狗非犬黃馬驪牛三白狗黑孤駒未嘗有母一尺之捶日取其半萬世不竭辯者以此與惠施相應終身無窮桓團公孫龍辯者之徒飾人之心易人之意能勝人之口不能服人之心辯者之囿也惠施日以其知與人之辯特與天下之辯者爲怪此其柢也施之所以曉辯者歷物之意而求其所自出而其所自出者未嘗有常形未嘗有常形則未嘗有常名也故高可以爲卑而陂可以爲平以至中與同異今昔中央四旁在我而已故其說常足以反人之所見知施之所以曉辯者如向之所言則天下辯者之所以應施者可知矣公子牟亦以公孫龍之言爲至言而列子稱之而周獨以爲飾人之心易人之意能勝人之口不能服人之心而非之何也蓋其言之至則列子之所稱而欲以飾人之心易人之意而惠施又日以其知與人之辯特與天下之辯者爲怪則周之所非也然惠施之口談自以爲最賢曰天地其壯乎施存雄而無術南方有倚人焉曰黃繚問天地所以不墜不陷風雨雷霆

之故惠施不辭而應不慮而對徧為萬物說說而不休多而無已猶以為寡益之以怪以反人為實而欲以勝人為名是以與衆不適也弱於德強於物其塗隩矣由天地之道觀惠施之能其猶一蚉一虻之勞者也其於物也何庸夫充一尚可曰愈貴道幾矣惠施不能以此自寧散於萬物而不厭卒以善辯為名惜乎惠施之才駘蕩而不得逐萬物而不反是窮響以聲形與影競走也悲夫老子以為天地之間其猶橐籥虛而不屈動而愈出故以多言為數窮而希言為自然則言之不得已也如此而施之口談乃自以為最賢不知天地之虛則有我之甚而不能守雌者也宜其以天地為壯而謂之存雄而無術者也天地有大美而不言四時有明法而不議萬物有成理而不說故聖人以無為言之此所以為德也今施恃其辯之故不辭而應不慮而對徧為萬物說說而不休多而無已猶以為寡益之以怪以反人為實而欲以勝人為名至於與衆不適則不知有所謂不言者也夫不知有所謂不言者而乎為其言之所役而不能自勝則弱於德者也而徒以勝人為名則強於物者也弱於德強於物其塗隩矣則非六通四闢之道也夫天地之道所以為大者以其無為而已矣是以如彼其大也今施之能雖寫多方不免於有我而已有我而由天地之道以觀之則雖自謂辯且博猶一蚉一虻之勞而已矣則其於物何庸哉夫一與多皆

道一爲本多爲末則充一虧不足以爲本末之備然比於忘本而逐末者尚可曰愈貴而於道則幾矣而施不知反本以自寧以至散於萬物而不厭卒以善辯爲名是放蕩而無所得逐萬物而不反者也夫無聲則響絶無陰則影滅猶之無我而天下莫能與之爭矣今施之於爲至高矣然不知出此而徒事言辭之末以與萬物競矣以異於窮響以聲而形與影競走窮其失性也甚矣此乃莊子之所惜而深悲之者也

壬辰重改證吕太尉經進莊子全解卷第十

甲申中秋[illegible]誦

壬辰季冬[illegible]觀完

聊城楊氏海源閣珍藏

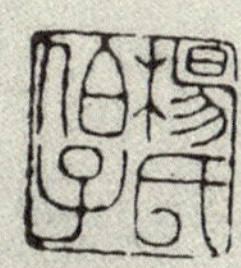

中華古籍保護計劃

ZHONG HUA GU JI BAO HU JI HUA CHENG GUO

·成果·

（宋）呂惠卿 撰

金刻本莊子全解

第一册

國家圖書館出版社

圖書在版編目(CIP)數據

金刻本莊子全解:全二册 / (宋)呂惠卿撰.—北京:國家圖書館出版社,2017.10(2024.9 重印)

(國學基本典籍叢刊)

ISBN 978-7-5013-5946-2

Ⅰ.①金… Ⅱ.①呂… Ⅲ.①道家②《莊子》—研究 Ⅳ.①B223.55

中國版本圖書館 CIP 數據核字(2016)第 221773 號

書　　名　金刻本莊子全解(全二册)
著　　者　(宋)呂惠卿　撰
責任編輯　南江濤
重印編輯　黄　鑫
封面設計　徐新狀

出版發行　國家圖書館出版社(北京市西城區文津街 7 號　100034)
(原書目文獻出版社　北京圖書館出版社)
010-66114536　63802249　nlcpress@nlc.cn(郵購)
網　　址　http://www.nlcpress.com
印　　裝　河北三河弘翰印務有限公司
版次印次　2017 年 10 月第 1 版　2024 年 9 月第 3 次印刷

開　　本　880×1230　1/32
印　　張　14
書　　號　ISBN 978-7-5013-5946-2
定　　價　40.00 圓

《國學基本典籍叢刊》編委會

#《國學基本典籍叢刊》前言

國家圖書館出版社（原名書目文獻出版社 北京圖書館出版社）成立三十多年來，出版了大量的中國傳統文化典籍。由於這些典籍的出版往往采用叢書的方式或綫裝形式，供公共圖書館和大學圖書館典藏使用，普通讀者因價格較高、部頭較大，不易購買使用。爲弘揚優秀傳統文化，滿足廣大普通讀者的需求，現將經、史、子、集各部的常用典籍，選擇善本，分輯陸續出版單行本。每書之前均加簡要説明，必要者加編目録和索引，總名《國學基本典籍叢刊》。歡迎讀者提出寶貴意見和建議，以使這項工作逐步完善。

國家圖書館出版社

二〇一六年四月

序言

呂惠卿（一〇三二—一一一一），字吉甫，泉州晉江（今屬福建）人。宋仁宗嘉祐二年進士，調真州推官。秩滿入都，見王安石，論經義，意多合，遂定交。神宗熙寧初，王安石當政，設制置三司條例司，以爲檢詳文字，事無大小必與謀，凡所建請章奏皆其筆。擢太子中允、崇政殿説書、集賢校理、判司農寺。後爲天章閣侍講，同修起居注，進知制誥，判國子監，與王安石、王雱同修《三經新義》（即《詩義》《書義》《周官義》），見解多相一致。熙寧七年，王安石罷相，薦爲參知政事，遂叛王氏。八年，王安石復相，出知陳州、延州。元豐五年知單州，六年知太原。哲宗即位，貶爲光禄卿，分司南京。再責建寧軍節度副使，建州安置。紹聖中復資政殿學士，知大名府，加觀文殿學士。著作有文集、奏議、《縣法》《論語義》《道德真經傳》《莊子義》《新史吏部氏》《建安茶用記》《三略素書解》《孝經傳》等，但大多皆已散佚。

今存呂惠卿所著《道德真經傳》四卷，據其在《道德真經傳進表》中所題年月來判斷，此著當作於背叛王氏後的熙寧之末。《道藏闕經目録》卷下載呂惠卿《南華真經義解》三十三卷，《宋史·

藝文志四》作『呂惠卿《莊子解》十卷』，趙希弁《郡齋讀書志·後志》作『呂吉甫注《莊子》十卷』，楊紹和《海源閣藏書目》又題『呂太尉《經進莊子全解》十卷』，而陳振孫《直齋書録解題》卷九則云：『《莊子義》十卷，參政清源呂惠卿吉父撰。元豐七年，先表進内篇，其餘蓋續成之。』由此説明，呂惠卿當是在著成《道德真經傳》之後纔爲《莊子》陸續撰寫義解的，並先將爲内篇所作的義解進呈給了朝廷。由於他爲《莊子》作義解是陸續進行的，這就有可能形成了各種不同的本子，致使後世志書所載的書名、卷數也各不相同。

長期以來，人們一般衹能從宋末褚伯秀《南華真經義海纂微》、明焦竑《莊子翼》中來讀經過壓縮的呂惠卿《莊子義》文字，這就嚴重影響到對呂氏莊子學思想的全面理解。民國時，陳任中先生從褚伯秀《南華真經義海纂微》中輯出有關呂氏《莊子義》的壓縮文字，並校以俄國博物院所贈黑水城《呂觀文進莊子義》殘本膠片（共五十一葉），輯成《宋呂觀文進莊子義》十卷，成爲數十年來最通行的呂氏《莊子義》讀本。而俄探險家柯兹洛夫一九〇八至一九〇九年間在我國内蒙古黑水城遺址發掘所得北宋刊《呂觀文進莊子義》殘本，僅一百一十葉，起自《齊物論》篇『解者，是旦暮遇之也』，終於《天運》篇『今蘄周於魯，是猶推』，中間還偶有殘損，仍遠遠不能讓人們看到呂氏《莊子義》的全貌，更何況陳任中先生用來校補的僅是黑水城《呂觀文進莊子義》殘本的一半葉數。

對於呂惠卿《莊子義》完本，不少學者曾苦苦尋覓。如傅增湘先生在《國立北平圖書館館刊》

第五卷第二號上撰文説：『呂氏所注，尚有《老子》四卷，爲元豐元年知定州時所進，列入《道藏》「必」字號，故世多傳之。《莊子義》獨不見收，元明以來，又無傳刻。遍檢各家書目，惟季氏《延令書目》有宋刻本，題《呂太尉經進莊子全解》十卷，明文彭、吴元恭識尾。此本今藏楊氏海源閣。考其目録所記行格，爲半葉十二行，每行大字二十四至二十七，小字二十八九不等。其結銜及書名，與此本迥異。楊紹和《跋》謂是南宋初刻本，則視此已遜一籌矣。抄本可考者有明邢氏來禽館本，見楊紹和《楹書隅録》。又昆山徐健庵藏本，見王蓮涇《孝慈堂書目》（凡三百二十五番），亦不知流傳何所。』（《跋宋本呂惠卿〈莊子義〉殘卷》）陳任中先生在《宋呂觀文進莊子義》序中亦説：『傳聞瑞安孫氏、嘉興沈氏、滿洲盛昱氏、萍鄉文氏尚各有轉抄之本，並訪求纍年，未獲一見。』時至今日，傅、陳二先生所提到的這些刻本、抄本，除楊氏海源閣所藏題《呂太尉經進莊子全解》十卷而外，其餘未獲一見，可能皆已不存於世。

山東聊城楊氏海源閣所藏《呂太尉經進莊子全解》十卷，全稱爲《壬辰重改證呂太尉經進莊子全解》，楊紹和《楹書隅録》著録作宋本，有明代文彭、吴元恭二人題款。古籍版本專家趙萬里先生據其版式及紙墨刀法，則斷爲金代刻書中心平水縣（在今山西省臨汾縣境一帶）書坊於金世宗完顔雍大定十二年壬辰（一一七二）重翻北宋刻本，半葉十二行，行二十三至二十七字不等。一九三四年春，此刻本歸古籍收藏家周叔弢先生收藏。一九五二年八月，周先生將其無償捐獻給中國國家圖書館（當時稱北京圖書館）。此書爲今世所傳的最古最完好的呂惠卿《莊子義》孤本，十分珍貴，爲治莊子學及研究呂惠卿學術思想者久所嚮往，但因深藏秘閣，一般學者始終未能一睹其真容。

據此重翻北宋刻本卷首所收呂惠卿《進莊子義表》一文，可知呂氏著此書的目的是爲了闡述莊子的『内聖外王之道，深根固蒂之理』，以備神宗『乙夜之觀』。呂惠卿認爲，道家所强調的『無爲而治』的政治論，具有理論的高度和實際的可操作性，可以作爲儒家治世之道的補充。他還試圖通過對孔子形象進行道家化的改造，以作爲儒道融合的橋梁，從而達到『内聖外王』的目的。

基於上述目的，呂惠卿便在其儒道合一思想的支配下展開了對《莊子》的闡釋。當他遇到《莊子》中那些詆毁孔子的言論時，往往會對其進行辯解或加以轉化。如《外物》篇假借『老萊子』之口，批評『孔丘』『躬矜』『容知』的假斯文，認爲他算不上是一位真正的『君子』。對此，呂惠卿則闡釋道：『聖人之跡雖有不同，而其所以爲聖人者未嘗不同，則老萊子之於孔子，豈有閒（間）然哉！蓋世之學孔子者，不能得其心而得其跡，故寓之老萊子，以明其跡之爲患至於無躬（窮），則詩禮竊冢者是也。』又《天運》篇假借『師金』之口，批評『孔子』帶着一群弟子死守先王之道，實在無異於醜婦效顰，所以祇能落得一個『伐樹於宋，削跡於衛，窮於商周』的可悲下場。對此，呂惠卿則闡釋説：『夫有教立道而無心者仲尼也，則雖取先王應世之跡，而弦誦講習，晝夜不息，固豈有所繫哉！彼視宋之伐樹、衛之削跡、商周之窮、陳蔡之阨，猶觀雀蚊虻相過乎前也。道之不行，已知之矣。則奚舟陸之必行，周魯之必用，而不知無方之傳，以至俯仰得罪於人，而不知禮義法度應時而變，與夫矉之所以美哉！蓋學孔子而不知孔子之所以爲孔子者，則其弊常若此，此莊子所以數言之也。』説明在呂惠卿看來，孔子與老子本來並無『間然』，他們的思想是完全可以和合融通的。但由於儒家後學不知孔子之所以爲孔子，亦『不知禮義法度應時而變，與夫矉之所以美』，結果衹能死守先王糟粕而不能有所變通。莊子因看到儒家後學嚴重偏離了孔子本人的真實思想，所以纔『數言之』。呂惠卿的這些説法，實質上與蘇軾在《莊子祠堂記》中所謂『莊子，蓋助孔子者』的説法頗爲一致。

呂惠卿作爲一個在現實政治實踐中既有成功經驗、又有失敗教訓的人物，他深知衹有把道家的無爲政治與儒家的有爲政治結合起來，纔有可能真正具有指導現實的意義。因此，他又積極地把儒家的治世思想引入了莊子的政治論。如《莊子·天地》深入闡發了道家『無爲而治』的思想，認爲玄古之君雖在君位卻無心於治世，衹是效法天道『無爲』而已，因此百姓都能自治自化，天下也就太平無事。對此，呂惠卿則闡釋説：『此篇方論天德之無爲，恐不知者以爲無爲如漢陰丈人然者，則不可與經世矣。故論真渾沌氏之術，乃遊乎世俗之間而不爲累也。』其實，『或者』的詮釋當是符合於《天地》篇原意的，而篇中設出『漢陰丈人假修渾沌氏之術』的寓言故事，則顯然是爲了闡發道家『無爲復樸』的思想。但呂惠卿卻明確指出，如果這樣來理解《天地》篇，則『不可與經世矣』，所以必須積極地引進儒家的治世思想，纔能使莊子的政治論能夠真正起到指導現實政治的作用。

從上面的論述可以看出，呂惠卿所走的是一條以儒解莊、調和儒道的闡釋之道，這也是對王安石、蘇軾莊子學思想的因循和拓展。由於走這條路子的人所注重的是如何把莊子思想進一步拉向現實社會，所以呂惠卿的闡釋也就往往有與莊子原意不相一致處，當然，其中也不乏深得莊子妙意之處。在闡釋方法上，呂氏不拘於章句名物，務求闡明其義理，則又體現了宋代學者研治《莊子》的新精神。

呂惠卿對《莊子》的闡釋，受到了後人的普遍好評。如南宋朱熹説：『舊看郭象解《莊子》，有不可曉處，後得呂吉甫解看，卻有説得文義的當者。』（《朱子語類》卷七十八）明焦竑引李彥平説：『呂吉甫讀《莊子》，至「參萬歲而一成純」，遂大悟性命之理，故其《老》《莊》二解獨冠諸家。』（《老子翼》卷三）當然，也有人對呂氏的莊子學頗持懷疑態度的。如明譚元春説：『人傳呂惠卿讀至「參萬歲而一成純」，遂悟性命之理。昔有悟《法華》者，因「無所住而生其心」一句，遂爾大悟。吉甫奸人，效顰盜竊之事耳，未必真爾也。』（《南華真經評點·閲齊物論第二》）陳治安説：『王雱、呂惠卿兩人慫恿王安石貽害宋世，何乃俱解《莊子》？』（《南華真經本義·附録卷六》）凡此皆因呂氏人品而疑及其莊子學，並非公允之論。

二〇一一年，由於華東師範大學《子藏》編纂工程的啓動和國家圖書館的大力支持，久藏秘閣的金刻本呂惠卿《壬辰重改證呂太尉經進莊子全解》十卷，不但得以收入《子藏·道家部·莊子卷》，還在《子藏》外單獨彩印發行，以便於廣大讀者一睹珍本原貌。現在，國家圖書館出版社又將其列入《國學基本典籍叢刊》影印，定價低廉，這無疑爲治莊子學及研究呂惠卿學術思想者的一件幸事。

方勇

二〇一六年十二月

總目録

第一册

第二册

第一册目録

據國家圖書館藏金大定十二年（一一七二）重翻北宋刻本影印原書版框高十六點三厘米寬十一點一厘米

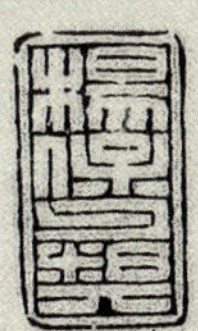

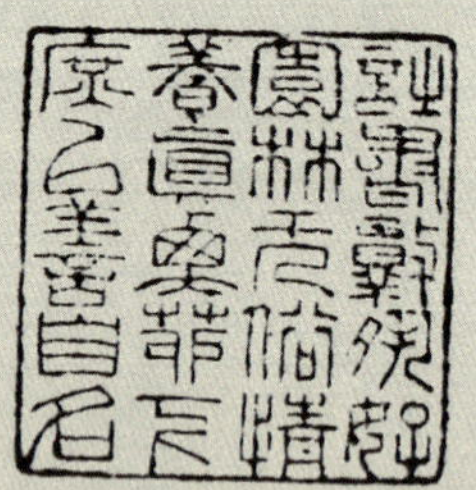

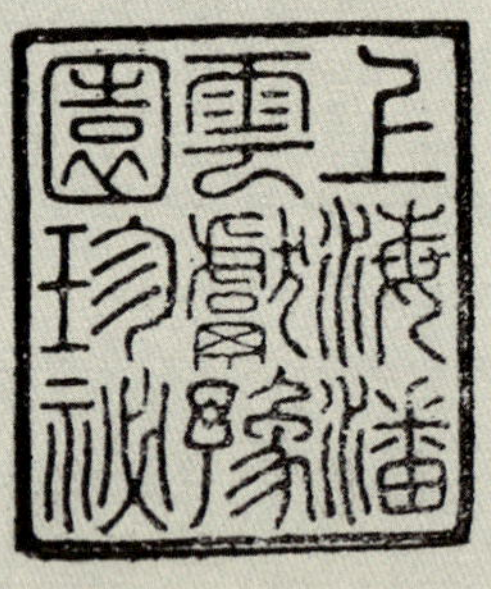

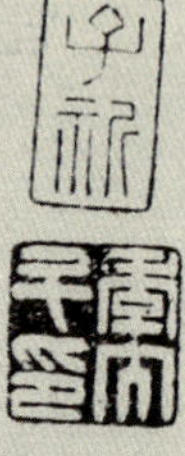

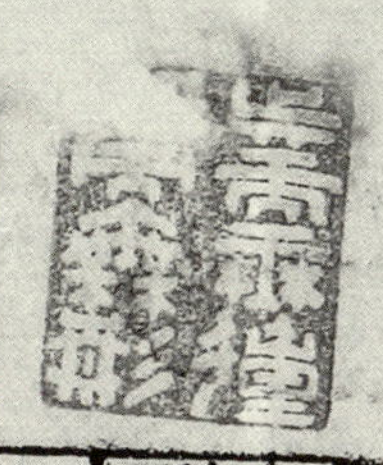

進莊子義表

臣惠卿言臣聞丘陵積卑而爲高江河積水而爲大而聖人之所以成其高大者亦以合并天下之智能而已臣惠卿誠惶誠懼頓首頓首伏惟

皇帝陛下以聰明睿知之才敷興於去聖千有餘載之後凡有所建獨追其意而配之迄用有立若合符節當此之時士之有猷有爲者宜各着其所知以裨一二此固天地海岳之所以并包而不辭也臣之曩者亦有意於此矣而侍

側目淺末有云補兩以罪戾黜守方州離去左右於兹十年矣而

朝廷法完令具職當奉承雖欲自竭無可言者退竊自

度惟是不腆之學尚可黽勉以報平昔寵遇之萬一是
以冒昧殊死輒有所獻伏惟
留神財幸臣竊以不離於宗謂之天人不離於精謂之神
人不離於眞謂之至人以天爲宗以德爲本以道爲門兆
於變化謂之聖人凡茲四名同出一體唯其絕聖而守眞
則入乎神天之本宗出眞而兆聖則應夫帝王之興起道
之大全本無不備三代之末隱於小成天下失其性命之
情而搢紳先生之所傳者獨得其迹遂以爲聖人之所
以爲聖者爲止於此於是老聃氏絕學反樸而示之以其
眞使知所謂聖者有不在是矣於是莊周氏又示之以
神與天焉故其序聃則曰古之慱大眞人哉不離於眞
則所謂至人之事也而自序則曰寂寞無形變化無常其

於本也深閎而肆其於宗也調適而上遂則所謂神人天人之事也所以然者民之迷也爲日滋久不推而極之則無以反其性情而復其初而道等之無漸又將駭而不信故明發其緒而周則成之非有不同也夫唯用之學既反乎本宗而入乎神天則其道變化而不測故方其滌除而未嘗有物也雖聖知仁義猶皆絶之而況其粗乎方其建立而未嘗無物也雖事法形名猶皆存之而況其精乎此無它凡以窮神知化則其言不得不若此也而學者不知其指之所在見其掊擊聖人則以爲眞非之也見其殫殘其法則以爲眞毀之也故荀卿氏則曰莊子蔽於天而不知人楊雄氏則曰乖寡聖人而漸諸篇韓愈氏則曰是亦不思而已矣非特然也司馬遷尤尊道家之學

者也至於論周則曰剽剥儒墨詆訿孔氏而郭象親爲解釋乃以周爲未能體之者則其固陋謏聞與不知周者固不足道也臣去冬陛對妄及性命之理而

陛下首以莊子爲言時以它議未遑請所以稱道者

竊惟

陛下於典學則窮探經藝之精微以旁通則貫穿子史之浩博固以其所聞成天下之務矣則其好周之書非若世儒之玩其文而已臣有以知

陛下出乎神天之原以應

帝王之迹固有天成而心得之者也然向之所謂巨儒碩學者既以不知周而非之如郭氏之學固不見道則已不知其宗矣而又不得其立文之體往往於其

章句訓詁誤有解析使其書之本末不相貫通此妙
道至言所以晦而未明也臣往者嘗以其心之所得
爲道德經作傳既以上薦矣竊以爲周與老子實相
始終發明而其書之綱領尤見於內篇臣是以先爲
解釋以備
乙夜之觀焉夫以周之言內聖外王之道深根固蔕
之理無不備矣自周之歿未有能知之者今
陛下獨知而好之所謂萬世之後一遇大聖而知其
解者也而臣之不肖雖好其學矣然以之爲人則其
術不足以補世以之自爲則其經未能以衛生則病而
古藥非所以信之也然臣聞之也明堂構於梓匠而黼
扆御之以朝萬方玉輅斲於輪輿而

袞冕乘之以祀上帝今臣雖非踐其言者然以黃帝唐堯神明資財體而服之安知空同之廣成姑射之四子有不資於此而見之邪此臣所以不揆偍陋而欲以螢爝之微助光日月而與其不以人廢也所有撰到莊子內篇七卷義離爲七冊謹繕寫奉表投進以聞塵瀆天聰臣惠卿誠惶誠懼頓首頓首謹言

元豐七年十一月　日資政殿學士通議大夫定州路安撫使馬步軍都總管兼知定州軍州事及管內勸農使上輕車都尉東平縣開國伯食邑八百戶臣呂　惠卿

上表

壬辰重改證吕太尉經進莊子全解卷第一

逍遥遊第一

北冥有魚其名為鯤鯤之大不知其幾千里也化而為鳥其名為鵬鵬之背不知其幾千里也怒而飛其翼若垂天之雲是鳥也海運則將徙於南冥南冥者天池也通天下一氣也陽極而生陰陰極而生陽陰與陽其本未始有異也一進一退一北一南如環之無端內之一身外之萬物隨之以消息盈虛者莫非是也則北冥之鯤化而為南冥之鵬若彼其大惡得以耳目之所不及而以為無哉四方上下不可窮者也是以謂之冥然此以南冥為天池而轉之告湯則以窮髮之北冥海為天池蓋陰陽之極皆冥於天而已矣齊諧者志怪者也諧之言曰鵬之徙於南冥也水擊三千里摶扶搖而上者九萬里去以六月息者也野馬也塵埃也生物之以息相吹也天之蒼蒼其正色邪其遠而無所至極邪其視下也亦若是則已矣聖人之以人道救天下者則怪在所不語也齊萬物而和同之則未始有夫未始有人恢恑憰怪道通為一此齊諧所以志怪而不以為異也陽數奇陰數耦陽生於子而終

於巳陰生於午而訖於亥鵬陽物也故其將徙於南冥也水擊三千里摶
扶搖而上者九萬里而去以六月息者也三與九皆數之奇六月則子與
巳午與亥之相距也言鵬之數奇而去以六月息則鯤之爲耦而來以六
月消可知也通天下一氣而息者氣之所爲也則物之有息雖異而其所
以爲息未始不同也故野馬也塵埃也皆生物之以息相吹而息則氣之
所爲也生物之以息相吹無窮則野馬塵埃之藏塞於天地之間無間也
則人於其間自下而視天見其蒼蒼然果其正色與其遠而無所至極爲
不可知也夫唯不可知而不求知之而未嘗以所居爲下則鵬之摶扶搖
而上九萬里其視下也亦若是則已矣夫豈知以爲高哉

且夫水之積也不厚則其負大舟也無力覆杯水於坳堂之上則芥爲之舟置杯焉則膠水淺而舟大也風之積也不厚則其負大翼也無力故九萬里則風斯在下矣而後乃今培風背負青天而莫之夭閼者而後乃今將圖南

坳堂之杯水可以浮芥而不可以置杯者以大小深淺之不
相稱也則如垂天之雲之翼必有九萬里之風厚薄得而力
足以負之則風斯在下而後乃今培風背負青天而莫之夭閼也唯其培
風背負青天而莫之夭閼而後乃今可以圖南也青天者言絕乎雲氣之
外也夭則中隕閼則上壅有是翼非是風力不足以負之而在下鵬雖欲
培風背負青天而圖南亦將夭閼於雲氣中隕上壅而不能達於天池也
言此者以明鵬之出於不得已而蜩與鷽鳩之不論而笑之也夫鵬之爲
物若此則宜以有身爲累者也然彼知遊之於不可窮之冥海則不知其

幾千里之背如垂天之雲之翼不足以爲大乘陰陽之變化會其數之所極則
三千里之水擊不足以爲遠九萬里之風摶不足以爲高六月之去息不足以爲
久凡以因其性之自然無爲而已此其所以爲逍遥也今有七尺之
軀顧以爲患而無所寄於天地之間逍遥安在哉是亦不求而已矣

蜩與鷽鳩笑之曰我決起而飛搶榆枋時則不至而控於地而已矣奚以之九萬里而南爲適莽蒼者三湌而反腹猶果然適百里者宿舂糧適千里者三月聚糧之二蟲又何知

夫鵬之所以然者非以爲大固出於不
得已也誠知其出於不得已則決起而
飛搶榆枋時則不至控於地而已則亦出於不得已而已也奚以笑彼爲哉而之
二蟲以己爲是以彼爲非彼是既分愛惡交起此其所以累於小而不知有大也
適莽蒼者三湌而反腹猶果然適百里者宿舂糧適千里者三月聚糧遠近之適
異故多少之費殊今以榆枋之適而笑九萬里之南則奚以異以果然之腹而多
三月之聚糧也故曰之二蟲又何知廣成子之告黄帝曰我爲汝遂於大明之上
矣至彼至陽之原也爲汝入於窈冥之門矣至彼至陰之原也則夫收視反聽滌
除玄覽絶出乎思慮智照之表一氣以冥乎本原之遊而動靜同其德彼者此亦人
之將海運而徙於南冥者也而小夫之智斷於決起之卑飛搶於榆枋之所搶困
於其地之所控方自以爲適所謂蜩與鷽鳩
之同於同者也安足與語天池之高遠哉

小知不及大知小年不及大年奚以知其然也朝菌不知晦朔蟪蛄不知春秋此小年也楚之南有冥靈者以五百歲爲春五百歲爲秋上古有大椿者以八千

歲爲春八千歲爲秋而彭祖乃今以久特聞衆人匹之不亦悲乎小知不及大知則蜩鸒鳩之於大鵬是也小年不及大年則朝菌蟪蛄之於冥靈大椿是也奚以知其然也以朝菌之不知晦朔蟪蛄之不知春秋而知之也夫朝菌蟪蛄不知有晦朔春秋之近則安知有冥靈大椿五百歲八千歲之爲春秋之久乎則小年之不及大年可知也以小年之不及大年則小知不及大知又可知也小知不及大知小年不及大年而二蟲之笑大鵬衆人之匹彭祖則亦失其性而已矣此乃至人之所以深悲也何則天地爲槖籥人物爲蒭狗螻蟻之與椿菌情與無情芸芸歸根其體一也則二蟲安用知大鵬之爲大而笑之衆人安用知彭祖之爲久而匹之乎故知大鵬之爲大而笑之則拘於方者也知彭祖之爲久而匹之則累於時者也人心其神操存捨亡出入無時莫知其鄉誠能盡心而窮神知其存亡在於操捨之間而未始有物則見其出入無時而莫知其鄉矣莫知其鄉則方之所不能拘也出入無時則時之所不能累也則安往而非逍遙遊哉湯之問棘也是已窮髮之北有冥海者天池也有魚焉其廣數千里未有知其脩者其名爲鯤有鳥焉其名爲鵬背若太山翼若垂天之雲摶扶搖羊角而上者九萬里絕雲氣負青天然後圖南且適南冥也斥鴳笑之曰彼且奚適也我騰躍而上不過數仞而下翶翔蓬蒿之間此亦飛之至也而彼且奚適也此小大之辯也齊諧之所志也雖不知有此物而以理推之復何疑哉然引湯棘之問荅者

以其說古固有之非我有之此所謂重言也棘之言鯤鵬則今所引者其見於列子蓋其略也凡向之所論與棘之言皆小大之辯而已由其有辯是以愛惡生而不能逍遥於無爲之域也故夫知效一官行比一鄉德合一君而徵一國者其自視也亦若此矣而宋榮子猶然笑之且舉世而譽之而不加勸舉世而非之而不加沮定乎內外之分辯乎榮辱之境斯已矣彼其於世未數數然也雖然猶有未樹也夫列子御風而行泠然善也旬有五日而後反彼於致福者未數數然也此雖免乎行猶有所待者也若夫乘天地之正而御六氣之辯以遊無窮者彼且惡乎待哉故曰至人無己神人無功聖人無名小知不及大知而笑之小年不及大年而匹之則過矣而知效一官行比一鄉德合一君而徵一國者其自視也猶鷽鳩之榆枋而斥鴳之蓬蒿也誠知其出於不得已而無小大之辯則一枝滿腹奚爲而不逍遥哉則古之聖人亦有不毋小官不羞汙君而居之者也而宋榮子猶然笑之則與彼二蟲奚辯哉蓋亦異乎大鵬之不卑蜩鷽而靈椿之不短菌蛄矣猶者可以已之辭也言宋榮子可以無笑而笑之也且舉世譽之而不加勸舉世非之而不加沮此無他知譽非之爲外而不爲內知榮辱之在我而不在彼定乎內外之分辯乎榮辱之境則勸沮無所加損於其間宋榮子之行已此矣此其於世爲未數

數數然則爲可貴者也雖然小大有辯內外有分榮辱有境而不知植其本於
無何有之鄉者也則是猶有未樹也列子心凝形釋骨肉都融不覺形之所
倚足之所履致虛之極至於御風而行則泠然善者也泠然善則出於守形
之累惡者也月之爲物三五而盈三五而闕其爲晦望以日而已矣古之交故
所合神氣者未嘗不以是爲法則旬有五日而後反者蓋列子之所以合其
體心神氣之道也世之所謂善者常在於致福而列子之所善者在此則於
致福爲未數數然也蓋御風而行則免乎行而轍跡之不可見者也然以是
而往反於旬有五日之間則不能無所待者也若夫乘天地之正御六氣之辯
以遊無窮者彼且惡乎待哉蓋天無爲以之清地無爲以之寧則無爲者天地
之所以爲正也人之動亦常出於無爲則是乘天地之正也六龍御天潜升
以時而非我也則是御六氣之辯也六通四闢而無乎不在則是遊無窮也無
窮則出乎宇宙之外者也若然者奚獨風之乘而以反於旬有五日之間爲
哉夫何故無己而已無己則無功無功則無名內不累於己外不累於功名
是乃逍遙遊之極也故曰至人無己神人無功聖人無名不離於眞謂之至
人有己則不眞矣則至人者固無己也不離於精謂之神人有功則粗矣則
神人者固無功也以天爲宗以德爲本以道爲門兆於變化謂之聖人變化
則無體無體則名不足以定之則聖人者固無名也是則無所待者也列子
之論乘風曰不知我乘風邪風乘我邪則宜若無所待者也則旬有五日而
後反者殆未其所由入而言之邪　堯讓天下於許由曰日月出矣而爝火不息其
於光也不亦難乎時雨降矣而猶浸灌其於澤也不亦勞乎夫
子立而天下治而我猶尸之吾自視缺然請致天下　日月時雨天之所爲也天之

所爲則無爲者也爝火浸灌人之所爲也人之所爲則有爲者也堯以有爲自處而以無爲待由故比由於日月時雨而自况於爝火浸灌也取天下常以無事及其有事不足以取天下以無爲待由故曰夫子立而天下治以明取天下常以無事也以有爲自處故曰吾自視缺然請致天下也

許由曰子治天下天下既已治也而我猶代子吾將爲名乎名者實之賓也吾將爲賓乎鷦鷯巢於深林不過一枝偃鼠飲河不過滿腹歸休乎君予無所用天下爲庖人雖不治庖尸祝不越樽俎而代之矣

自堯言之則由雖無爲未嘗不可以有爲故致天下而不疑自由言之則堯雖有爲而未嘗不出於無爲也故曰子治天下天下固已治而不肯受也自言以其迹言人以其心故也夫以無事取天下而天下治是乃無爲之實也天下既治而吾猶代之則是取天下而爲之將見其不得也則吾將爲無爲之名而已乎夫名者實之賓也大丈夫居其實不居其華而無名者乃所以賓萬物而非賓於萬物者也則吾將爲賓乎是故方其有爲也則四海九州繁推而不爲有餘方其無爲也則一枝滿腹歸休而不爲不足此吾所以無以天下爲也斯乃唐許之所以爲逍遙遊也夫庖人雖不治庖尸祝不越樽俎而代之矣況天下已治而代之乎庖人以宰割烹和爲事則任天下者之譬也尸無爲而歆食於樽俎之間而視後之則無事於天下者之譬也

肩吾問於連叔曰吾聞言於接輿大而無當往而不反吾驚怖其言猶河漢而無極也大有逕庭不近人情焉連叔曰其言謂

何哉曰藐姑射之山有神人居焉肌膚若冰雪淖約若處子不食
五穀吸風飲露乘雲氣御飛龍而遊乎四海之外其神凝使物
不疵癘而年穀熟吾以是狂而不信也肩吾得之以遊大川則得道而神者也以名制義則肩吾
首任我者也連則屬物之殊而適之以為一體者也伯長而叔少也以接輿言為是而和之則不以長自居者也接輿則真德知聖而人以為狂者也大而
無當則其底不可窮往而不反則於今不可驗百川之在地其源委可指而知其極也河漢之在天則無極而已接輿之言固不遠也苟為有義則求諸
其心而不得遂肩吾猶聞之驚怖而以為大有逕庭不近人情也藐姑射之山唯體道者為能登之有神人居焉神人則人心之所同有也唯窮神者為能
見之藐則說大人藐之之藐姑且也射厭也登此山者之視天下事無足大者亦無足思者故藐且射之也非神人其孰能居於此乎肌膚若冰雪以言
其潔白而不為物之累也淖約若處子以言其柔弱而不為物之匹也不食五穀吸風飲露以言其味於人之所不味也乘雲氣御飛龍而遊乎四海之
外以言其體合於無運動變化而不制於宇宙之間也其神疑使物不疵癘而年穀熟以言其夢想銷亡其和足以爕氣之沴而相天之成也肩吾則未嘗登
此山見此人是以接輿之言為狂而不信也連叔曰然瞽者無以與乎文章之觀聾者無以
與乎鍾鼓之聲豈唯形骸有聾盲哉夫知亦有之是其言也猶時女
也之人也之德也將旁礴萬物以為一世蘄乎亂孰弊弊焉以天下

爲事之人也物莫之傷大浸稽天而不溺大旱金石流土山焦而不熱是其塵垢粃糠將猶陶鑄堯舜者也孰肯以物爲事目以不與文章之觀爲瞽耳以不與鍾鼓之聲爲聾則知而不見心不聞道豈其爲智之聾盲也接輿之以神人人心而已矣人人而得之則孰有不當於其心者乎故曰是其言也猶時女也女而時則當乎人之心者也而謂之曰不近人情此所以爲智之聾盲也神也者妙萬物而爲言者也體神則萬物莫非我也則之人也之德也是將旁礴之以爲一也是何旁礴者天地之所以爲大也其德如此則世以亂而蘄我我非求於世也孰弊弊然用其心以天下爲事乎之人也物無非我則我之與我奚所迕哉是以莫之傷也唯其物莫之傷是以大浸稽天而不溺大旱金石流土山焦而不熱也然則神明者吾之粹精也神降明出則聖之所生而王之所成也是其塵垢粃糠將猶陶鑄堯舜豈虛言哉夫聖王之生成猶以爲粗則不肯以物爲事可知矣

宋人資章甫而適諸越越人斷髮文身無所用之堯治天下之民平海內之政往見四子藐姑射之山汾水之陽窅然喪其天下焉章甫所以爲首飾也斷髮文身則無所用於章甫矣所以有天下而與有之者以有我也堯治天下之民平海內之政往見四子於藐姑射之山汾水之陽是見神人也見神人是見吾心也見吾心則無我無我則雖有天下吾何以天下爲哉是以窅然喪其天下也夫天下大矣不足以爲累此堯之所以爲逍遙遊也是說也非特莊子之語堯爲然也巍巍乎舜禹之有天下而不與有也湯之非富天下也武王之不泄邇也古之聖人未有不如此也而莊子則言其所以然者也則謂其塵垢粃糠將猶陶鑄堯舜者非卑堯舜之言也乃所以致尊於堯舜

之言也蓋寓堯舜之所以爲堯舜者其至貴有在於此而史之所記有不足以盡之者也堯之師曰許由許由之師曰齧缺齧缺之師曰王倪王倪之師曰被衣四子者蓋皆寓窮神而堯因之以入則是見之也汾水之陽堯所都也往見四子藐姑射之山而不離汾水之陽是以知其不遠也

惠子謂莊子曰魏王貽我大瓠之種我樹之成而實五石以盛水漿其堅不能自舉也剖之以爲瓢則瓠落無所容非不呺然大也吾爲其無用而掊之莊子曰夫子固拙於用大矣宋人有善爲不龜手之藥者世世以洴澼絖爲事客聞之請買其方百金聚族而謀曰我世世爲洴澼絖不過數金今一朝而鬻技百金請與之客得之以說吳王越有難吳王使之將冬與越人水戰大敗越人裂地而封之能不龜手一也或以封或不免於洴澼絖則所用之異也今子有五石之瓠何不慮以爲大樽而浮乎江湖而憂其瓠落無所容則夫子猶有蓬之心也夫

逍遥之遊唯無爲者爲足以預之而惠子求之於形器之內以故累於有身而其用之則域於宇宙而不能自出也故以莊子之言爲大而無用而以大瓠況之也自其種而樹之成明我於其言始終察之也而實五石以盛水漿其堅不能自舉則求之於形器之間而累於有身者也

剖以爲瓠則瓠落而無所容則用之而或於宇宙而不能自出者也夫用大物必於大處今惠子聞垂天之翼而無不可窮之天池宜其局促於榆枋之間蓬蒿之下而不願傳之也此莊子所以知其拙於用大而喻之以不龜手之藥也夫藥之不龜手一也而用之洴澼絖不過不足以濟衆亦不足以周其一身則拙於用大之甚者也而用之以水戰而有功水戰則非特洴澼絖而已又以周其身非特周其身而師衆所賴而濟也則所用豈不異哉大道之爲言亦一也不善用之則不足周於四體而所利者寡則世世洴澼絖不過數金之譬言也善用之則非特周吾身而已則雖天下淪溺於陰陽之大寇猶將排而勝之以成其所欲爲則以說吳王使之將與越人水戰大敗之而以封之譬也夫酌之而不竭注之而不滿此亦人之江湖也今子有至大之器而不知浮之於至大之處憂其瓠落無所容則其謂之有蓬之心也宜矣蓬非直達者也則有心而不能直達而求之宅者皆蓬而已矣 惠子謂莊子曰吾有大樹人謂之樗其大本擁腫而不中繩墨其小枝卷曲而不中規矩立之塗匠者不顧今子之言大而無用衆所同去也莊子曰子獨不見狸狌乎卑身而伏以候敖者東西跳梁不避高下中於機辟死於罔罟今夫斄牛其大若垂天之雲此能爲大矣而不能執鼠今子有大樹患其無用何不樹之於無何有之鄉廣莫之野彷徨乎無爲其側逍遙乎寢臥其下不夭斤斧物無害者無所可

用安所困苦哉莊子之言盡神而已矣神則不測而惠子求之於法度之內是以見其本末擁腫卷曲而不中繩墨規矩而以爲無用也向之瓠大而無用則我之所獨也今之樗立之塗而匠者不顧則以爲大而無用者非特我而已乃衆之所同云也夫物固有以有用爲用者有以無用爲用者以有用爲用用之小者也則今夫狸狌卑身而伏以候敖者東西跳梁不避高下中於機辟死於網罟者是也以譬則不能無爲而役其智巧足以殺其身之人也以無用爲用用之大者也則今夫斄牛其大若垂天之雲此能爲大而不能執鼠者是也以譬言則逍遥無爲而不用智巧以全其形生之人也夫神者聖人體之以深根固蔕者也則其爲樹也大矣則欲樹之莫若反吾心而已矣心之爲物莫知其鄉得其莫知之處而安之則是樹之於無何有之鄉也充之而彌滿六虛則廣漠而不狹矣靜之而萬物莫足以鐃則莫而不亂矣廣而不狹莫而不亂則是廣莫之野也彷徨乎無爲其側逍遥乎寢卧其下則未始須臾離也內以不材而不夭於中道之斧斤外以不爭而物無害者則所謂大而無用者安所困苦而予獨患之乎莊子論逍遥遊至於神足矣而卒之以惠子之問答何也蓋雖至聰明而不能刳心去智以至於未始有物則其於是道不能無疑常若惠子而已矣故每至於無用無情之說而致其辭焉則後之疑者可以思而得之矣

齊物論第二

南郭子綦隱几而坐仰天而噓嗒焉似喪其耦顏成子游立侍乎前曰何居乎形固可使如槁木而心固可使如死灰乎今之隱

几者非昔之隱几者也子綦曰偃不亦善乎而問之也今者吾喪我汝知之乎汝聞人籟而未聞地籟汝聞地籟而不聞天籟夫人心之神與道合體用之弥滿六虛廢之莫知其所子綦隱几心廢形釋天下之物莫與對者故嗒焉似喪其耦而子游所以驚而問也夫形之所以有其形者何邪以有我而已苟爲無我則如槁木不足異也心之所以有其心者何邪以有我而已苟爲無我則如死灰亦不足異也子游不知我之所自起常爲形心之所役而不得息是以不知其何居而可使至於此也雖然猶待子綦於嗒焉之間而知今之隱几者非昔之隱几者而問之則其觀之亦察矣此子綦所以善之也蓋昔之隱几者我之應物之時也應物則我存今之隱几者我之遺物之時也遺物則我喪苟知我之所自起存與喪未始不在我也子游不知此其徒聞人籟而不聞地籟聞地籟而不聞天籟也蓋此物之爲物人皆聞之而知其空虛無有也然不知我之所以爲我者猶是而已則是聞人籟而不知天地之籟亦猶是也我之所以爲我則天籟而已矣子游曰敢問其方子綦曰夫大塊噫氣其名爲風是唯無作作則萬竅怒呺而獨不聞之翏翏乎山林之畏佳大木百圍之竅穴似鼻似口似耳似枅似圈似臼似洼者似汚者激者謞者叱者吸者叫者譹者宎者咬者前者唱于而隨者唱喁泠風則小和飄風則大和厲風濟則衆竅

為虛而獨不見之調調之刁刁乎生而有知則有我矣而欲喪之以返於無不亦難乎此子游所以問其方也風之為物非有主張而披拂之者也大塊噫氣名之為風而已矣是唯無作作則萬竅怒呺汝獨不聞之翏翏然飛揚而不止有乎山林之畏隹大木百圍之竅穴其形有似鼻似口似耳之在身者有似枅似圈似臼之在器者有似洼似污之在地者各不同矣則其聲有激者謞者叱者吸者叫者譹者宎者咬者前者唱于而隨者唱喁泠風則小和飄風則大和亦不同也此何以異於人之有我以役其心形之時耶及其濟也衆竅為虛彼獨不見之調調而恬息之刁刁而閒寂乎則向之怒呺翏翏然飛揚而不止者安在也此何以異於人之喪我而若槁木死灰之時乎每曰而獨不聞獨不見者蓋地籟之作止汝之所嘗聞見也而心之起滅汝之所未嘗聞見也使以其所嘗聞見知其所未嘗聞見也翏翏聲之飛揚也故曰聞調調刁刁形之恬息而閒寂也故曰見刁斗之行夜蓋施於閒寂之時因以取名也子游曰地籟則衆竅是已人籟則比竹是已敢問天籟子綦曰夫吹萬不同而使其自已也咸其自取怒者其誰邪大知閑閑小知間間大言炎炎小言詹詹其寐也魂交其覺也形開與接為構日以心鬬縵者窖者密者小恐惴惴大恐縵縵其發若機栝其司是非之謂也其留如詛盟其守勝之謂也其殺如秋冬以言其日消也其溺之所為之不可使復之也

其厭也如緘以言其老洫也近死之心莫使復陽也喜怒哀樂慮嘆變慹姚佚啓態樂出虛蒸成菌日夜相代乎前而莫知其所萌已乎已乎旦暮得此其所由以生乎人籟則比竹是已比竹未始有物也鼓之而和鳴者々而已矣

地籟則衆竅是已衆竅未始有物也作之而怒呺者風而已矣以三隅反之則天籟者形心是已形心未始有物也吹萬不同而使其自已者天而已矣何謂吹萬不同而使其自已也人莫不有形而運動形莫不有心而思慮各正性命以為我有之是謂萬不同而自已也夫豈知吹之而使之者天邪天者無為而為之者也昔吹而使之者非物之自取而我與之豈所謂無為邪猶之地籟也作則萬竅怒呺怒呺者亦其自取也漠然大塊噫氣而已豈其有心於其間而怒之邪唯盡心者為能知其性知其性則知天知天則知其吹而使之者咸其自取非有怒之者也大知閑閑則不待役思而得之者也小知閒閒則自為門房而不見大方之盡者也大言炎炎則薫然而四達者也小言詹詹則隨其所見而出者也則其器之大小有不同也其寐也魂交而為夢其覺也形開而為事覺寐之間與接為構日以心鬭而未始須臾息也而有縵者有窖者有密者縵之為言漫漫則跡矣窖者冥密者反縵者也則其中之跡窖有不同也得失勝負戰於胸中則不能無恐小恐則惴惴大恐則縵縵則其度之廣隘有不同也好惡藏於中而物觸之則其發若機栝而不可止則其司是非之謂也名節臨於外而物引之則其留如詛盟而不敢渝則其守勝之謂也則其趣之向背有不同也有其殺如秋冬有退而無進則以言其日消也有其溺之所為之不可使復之也而其厭也如緘而不可解則以言其老溢也而近死之心莫使復陽也則欲之深淺有不同也喜怒哀樂慮嘆變慹姚佚啓態則其情狀發

見之不同也凡此皆吹萬不同而使其自已也其怒之者果誰邪如樂之出虛不鼓則寂究其終未嘗有藏也如蒸之成菌忽然而出原其始未嘗有種也未嘗有種則始無所自未嘗有藏則終無所歸此日夜所以相代乎前而莫知其所萌也莫知其所萌則知之所不知也知之所不知是乃天籟之所以無爲而爲也夫其竅之大小言之號窖度之廣隘遯之向背欲之深淺之不同不乃似異佚敫究之異形乎閑閑閒閒炎炎詹詹縵縵惴惴與夫喜怒哀樂慮嘆變慹姚佚啓態情狀之不同不乃以怒呺于喁之異聲乎然樂出虛蒸成菌來其所萌而不可得不乃以厲風止則衆竅爲虛調調刁刁而不知所歸乎由此觀之則我之爲我者安在而形固有不如槁木心安有不如死灰者乎古之人知止其所不知則至矣無以復加矣已乎已乎則至矣而無以復加之謂也旦暮得此其所由以生乎所謂此者則吹萬不同而使其自已者之謂也易曰通乎晝夜之道而知誠知日夜相代乎前而莫知其所萌而旦暮得此其所由以生則通乎晝夜之道而知矣通乎晝夜之道而知則窮神者也則今之隱几者胡爲而不得邪

非彼無我非我無所取是亦近矣而不知其所爲使若有眞宰而特不得其朕可行已信而不見其形有情而無形百骸九竅六藏賅而存焉吾誰與爲親汝皆說之乎其有私焉如是皆有爲臣妾乎其臣妾不足以相治乎其遞相爲君臣乎其有眞君存焉如求得其情與不得無益損乎其眞

天籟之難知其君之難見唯默然去我以心契之爲可以至苟不然契徒以意求之雖得其理不過近之而已終不可至也日夜相代乎前

莫知其所萌已乎已乎旦暮得此其所由以生乎此知其莫知其所萌而以心契之者也故曰得此此者內之之辭也非彼無我非我無所取是亦近已而不知其所爲使此以意求之者也故曰非彼彼者外之之辭也夫彼與此皆指吹而使之之物也謂之此則見其不離乎吾心故曰內之之辭也謂之彼則見其離吾心而有所謂使之者故曰外之之辭也由其外之是以雖近而終不得其所爲使也若有眞宰而特不得其眹可行已信而不見其形有情而無形則不得其所爲使而使之徧索於形體之內知其未嘗有在也人之於身無不愛則百骸九竅六藏該而存焉吾誰與爲親乎苟無所獨親則汝皆說之乎抑其有私也苟爲無所獨親無所獨私則皆爲臣妾而已而莫有君之者也苟皆爲臣妾則臣妾不足以相治則遞相爲君臣而已非眞君也由此觀之則形體之內求其所爲使皆不可得也不可得則其有眞君存焉可知已人莫不有眞君焉不爲求得其情而加益不爲求不得其情而加損何則彼非無心之所得近非有心之所得遠故也或謂之眞宰或謂之眞君何也眞宰者以一受其其宰制役使而爲言也眞君者以其無爲而物莫不臣之而爲言也一受其

成形不亡以待盡與物相刃相靡其行盡如馳而莫之能止不亦悲乎終身役役而不見其成功苶然疲役而不知其所歸可不哀邪人謂之不死奚益其形化其心與之然可不謂大哀乎

夫人莫不有眞君唯無心而喪我者爲可以得之今一受其成形不亡以待盡遂徇而有之與接爲構日以心鬬至於與物相刃相靡其行盡如馳而莫之能止不亦悲乎孔子之毋我而謂之絕四絕者不容有一毫留之之辭也則亡之以待盡而後已乃所以絕之也今徇而有之則與物爲敵而相刃相靡非宜矣相刃

者我與物交相傷也相靡者我與物交相磨也靡讀如吾與汝靡之靡其行盡如馳言其心未始須臾息也此至人之所以深悲也人之於事也其勢必有成功其儽儽然有所歸至於失性則雖終身役役而不見其成功雖苶然疲役而不知其所歸此其爲可哀也哀莫大於心死而人死次之今心不得其所生而死矣則人謂之不死奚益夫形者不能不日化者也心則寂然不動而已其形化而其心與之然至於昏耗銷盡沉淪於萬物之間此又可謂哀之大者也

人之生也固若是芒乎其我獨芒而人亦有不芒者乎夫隨其成心而師之誰獨且無師乎奚必知代而心自取者有之愚者與有焉未成乎心而有是非是今日適越而昔至也是以無有爲有無有爲有雖有神禹且不能知吾獨且奈何哉

夫我與物敵形與心化而不自知者芒也芒昧之甚者也人之生也固若是芒乎其我獨芒而人亦有不芒者乎至人之心其靜如鑑非有待於外而然也得其成心而已矣則人之生也固不皆若是芒也我不得其成心所以獨芒若彼至人者固不芒也則人誠能隨其成心而師之誰獨且無師乎奚必知代其故習而心自取者有之雖愚者猶有所謂不芒而可以師者也不知求之耳成心者吾所受於天而無所虧者也唯得其成心然後足以爲具是非則所謂莫若以明者也心爲物之所虧而未成則所謂是非者未可定也而遂以爲有是非是今日適越而昔至也蓋是非之體本無有也未成乎心而有是非則不知其本無有而以無有爲有也以無有爲有則迷而不知返之甚者也禹者能因物之性而導之使適者也迷而不知反之人雖禹之神且不知所以爲之之方吾獨且奈何哉言其

難悟之甚也夫言非吹也言者有言其所言者特未定也果有言邪其未嘗有言邪其以爲異於鷇音亦有辯乎其無辯乎夫吹萬不同而使其自己者天籟之所以爲妙也苟知言之所以言者則閒閒閒閒莫非吹也言而不知其所以言者則言非吹也言者有言而已矣言者有言是爲物之所吹而使之非能吹物而使之者也夫吹物而使之者其體未嘗不定也爲物之所吹而使之其所言者固特未定也雖其未定則有言之與未嘗有言其異於鷇音亦有辯乎其無辯乎言其無辯也柰何以此而欲定是非之正乎道惡乎隱而有眞僞言惡乎隱而有是非道惡乎往而不存言惡乎存而不可道隱於小成言隱於榮華故有儒墨之是非以是其所非而非其所是欲是其所非而非其所是則莫若以明物無非彼物無非是自彼則不見自知則知之故曰彼出於是是亦因彼彼是方生之說也雖然方生方死方死方生方可方不可方不可方可因是因非因非因是是以聖人不由而照之于天亦因是也是亦彼也彼亦是也彼亦一是非此亦一是非果且有彼是乎哉果且無彼是乎哉彼是莫得

其偶謂之道樞樞始得其環中以應無窮是亦一無窮非亦一無窮也故曰莫若以明道無乎不在則天下之物莫非道也則道惡乎隱而有眞僞物無非道則言亦道也則言惡乎隱而有是非何則知道之無不在則眞僞一體也則道惡乎往而不存知言之莫非道則是非一體也則言惡乎存而不可此則自道之大全與言之本實而言之也然而道所以自往而不存言所以有存而不可者以道隱於小成而不知大全言隱於榮華而不知本實故也夫唯如此故有儒墨之是非以是其所非而非其所是此道之所以有不存而言之所以有不可也夫豈是非之正乎夫欲是其所非而非其所是則莫若以明何謂明萬物芸芸各復歸其根歸根曰靜靜曰復命復命曰常知常曰明則明者復命知常而爲言也故曰知人者智自知者明則明者智之所自出也又曰用其光復歸其明則明者光之所自出也今儒墨之是非不離乎智識光耀之內而未嘗以明是以不足爲是非之正也若夫釋智回光自明以觀之則物之所謂彼者果有定體邪無定體則物無非彼矣物之所謂是者果有定體邪無定體則物無非是矣蓋自彼則不見自知則知之物之情也自彼則不見故謂之彼自知則知之故謂之是而在彼者亦然則彼出於是是亦因彼彼與是皆無定體也而謂之有彼是則猶方生之説而已蓋方生者以我爲有生則以死者爲有死是以有死生也雖然自道觀之物之方生也求其所以生者自何而來乎其方死也求其所以死者自何而去乎知夫死生之一體者則其方生也乃其所以方死也其方死也乃其所以方生也通乎死生之説則其方可也乃所以方不可也其方不可也乃所以方可也生也死也可也不可也皆吾心之所造也盡心窮神反乎無我則其體未嘗異也由是言之則是非豈有定體哉因是因非因非因是更相爲因而已矣是以聖人不由而照之于天照

之于天則以明之謂也所以然者知是之無定體亦因之而已是無定體則非亦無定體而彼亦是也是亦彼也可知已知彼亦是而是亦彼則能是其所非而非其所是者也蓋謂之彼則彼亦一是非謂之此則此亦一是非而相與爲偶矣而求之吾心則有彼是者固不可得也而無彼是者亦不可得也則彼是莫得其偶而謂之道樞也樞之爲物得之則運轉在我而不在物者也物之運轉於我者循環而無窮非得其環中者也樞則始得其環中不動以應之而已所謂無窮者是亦一無窮非亦一無窮唯不動者所以應之也非知常者不足以預此故曰莫若以明

以指喻指之非指不若以非指喻指之非指也以馬喻馬之非馬不若以非馬喻馬之非馬也天地一指也萬物一馬也可乎可不可乎不可道行之而成物謂之而然惡乎然然於然惡乎不然不然於不然物固有所然物固有所可無物不然無物不可故爲是舉莛與楹厲與西施恢恑憰怪道通爲一其分也成也其成也毀也凡物無成與毀復通爲一唯達者知通爲一爲是不用而寓諸庸庸也者用也用也者通也通也者得也適得而幾矣因是已已而不知其然謂之道夫此亦一是非彼亦一是非而欲是其所非非其所是則雖有可否皆出於彼是之域而已猶之以指喻指之非指

雖有名食大小之辯而不出於同幹也曷足以爲非指乎以馬喻馬之非馬雖有毛物駑良之辯而不離於同類也曷足以爲非馬乎唯夫以明則不由是非而照之于天則出乎同幹離乎同類然後足以爲眞是非而能是其所非而非其所是也是猶以非指喻指之非指乃眞非指也以非馬喻馬之非馬乃眞非馬也是故天地雖大無異一指以其與我並生而同幹也無我則莫知其爲天地矣萬物雖衆無異一馬以其與我爲一而同類也無我則莫知其爲萬物矣天地萬物猶待有我而後有則彼之可乎可而不可乎不可其孰自哉道行之而成物謂之而然道行之而成非爲之而成也物謂之而然非本有而然也何則所謂然者惡乎然然於然而已所謂不然者惡乎不然不然於不然而已其所然者則然不然之所自起也而求其爲之者不可得則知眞本無有也物固有所然物固有所可而求其所然所可者不可得則無物不然無物不可矣無物不然無物不可則物之所以齊也胡爲遇舍於其間哉故爲是舉莛與楹厲與西施恢恑憰怪道通爲一矣莛小而楹大厲惡而施美恢之言詼恑之言詭憰之言譎恢則不莊恑則不範憰則不正怪則不常大之與小美之與惡固常相反恢恑憰怪則庸言庸行之所不由也知然不然之所自起而無物不然無物不可則其所不同與所不由者皆通而爲一也通而爲一則其分也乃其所以成也其成也乃其所以毁也而凡物無成與毁矣而無成與毁者復通而爲一也唯達者知通爲一故我則不用而寓諸萬物之用而已故曰爲是不用而寓諸庸庸也者用萬物之自功也蓋帝王無爲而天下功其君亦無爲而萬物功故曰庸也者用也夫不知物之所以通爲一者則必絕而外之而後能不用則窒而不通不通則無往而得矣知通爲一則雖不用而寓之萬物之用則通通則無入而不自得矣故曰用也者通也通也者得也適得而幾矣幾則近之猶未可以爲道也以其猶知其然也知是之無弊而因之則因是已已而不知其然而後

謂之道也勞神明爲一而不知其同也謂之朝三何謂朝三狙公賦芧曰朝三而暮四衆狙皆怒曰然則朝四而暮三衆狙皆悅名實未虧而喜怒爲用亦因是也是以聖人和之以是非而休乎天均是之謂兩行夫道之所以通爲一者以大小美惡之所自起者未嘗不同是以通爲一也若夫不知其同勞神明而爲之則所謂一者乃不一也何則勞神明而爲之者誰邪我而已矣有我則與物對夫惡能爲一邪今欲爲一而不免於不一則猶朝三而暮四與朝四而暮三皆不離乎七而已而皆好逆皆悅則群狙之見畜於狙公而非狙公之所以籠群狙也狙公則知其同而以用其喜怒者也則亦因是而已是以聖人知夫是非之同也和之以是非而不別也而休乎天均則與勞神明爲一而不知其同者異矣天者無爲者也天均者無爲而彼是是非無所偏係之謂也夫唯無爲而無所偏係故不舍彼而取是亦不捨是而取彼故曰是之謂兩行古之人其知有所至矣惡乎至有以爲未始有物者至矣盡矣不可以加矣其次以爲有物矣而未始有封也其次以爲有封焉而未始有是非也是非之彰也道之所以虧也道之所以虧愛之所以成果且有成與虧乎哉果且無成與虧乎哉有成與虧故昭氏之鼓琴也無成與

虧故昭氏之不鼓琴也昭文之鼓琴也師曠之枝策也惠子之據梧也三子之知幾乎皆其盛者也故載之末年唯其好之也以異於彼其好之也欲以明之彼非所明而明之故以堅白之昧終而其子又以文之綸終終身無成若是而可謂成乎雖我亦成也若是而不可謂成乎物與我無成也是故滑疑之耀聖人之所圖也爲是不用而寓諸庸此之謂以明道無乎不在則天下之物莫非道也物無非道則道外無物此古之人所以爲未始有物也此能即物以爲道者也知至於此則至矣盡矣無以加矣其次以爲有物而其體則同未始有封域之異也此未能即物以爲道而能以道通物者也其次以爲有封焉而未嘗有是非此未能以道通物而能遺物以合道二者之所知雖未至未盡其於道有猶爲未虧也至是非之彰則道之所以虧也道虧而情生情生則愛之所以成也此大道廢有仁義智慧出有大僞也然自達者觀之未始有物果且有成與虧乎哉果且無成與虧乎哉蓋道非有也故不可以言有成與虧非無也故亦不可以言無成與虧也而昭氏之鼓琴以明有成與虧其不鼓琴也以明無成與虧師曠之枝策惠子之據梧蓋亦若是而已矣三子之知其明有無成虧之意亦幾矣故其人之所知皆其盛者也故載之末年而不倦唯其好之也以異於彼矣彼則古之人未始有物未始有封未始有是非者也何則其好之也欲以明之彼其物非有也故不可言有成與虧非無也故

不可言無成與虧所以默而識之而非所明者也而三子者欲以明之故以堅白之昧終而不能復歸於明也則既其文而不旣其實者也而其子又終之以文之綸緒是以終身役役而無成也子則其學之所謂為其後世者是也夫不知其未始有物有封有是非而明之若是而可謂之成則凡有我者皆可謂之成也若是不可謂成則是物與我卒乎無有本固無成也奈何役其心於有無成虧之間而欲以為成哉是故滑疑之耀聖人之所圖也所謂滑疑之耀者光耀未盡以滑吾心而疑於有無者也若是者猶圖而去之復歸於明而後止況容有物哉此所以為是不用而寓諸萬物之自功也故曰此之謂以明

今且有言於此不知其與是類乎其與是不類乎類與不類相與為類則與彼無以異矣雖然請嘗言之有始也者有未始有始也者有未始有夫未始有始也者有有也者有無也者有未始有無也者有未始有夫未始有無也者俄而有無矣而未知有無之果孰有孰無也今我則已有謂矣而未知吾所謂之其果有謂乎其果無謂乎

彼是尚得其偶謂之道樞言而類與不類為偶言而不類則與類為偶類與不類俱不免相與為類則非莫得其偶者也與彼三子何以異哉莊子方且言之而恐學者之滯於其言也故先為此說使之忘言以求之也夫人之所以不能遺彼我忘是非以至於未嘗有物者以不知彼我是非之心之所自始也故欲達此理者必於其所自始觀之故曰有

始也者而始則無所自者也而有此始則有所自矣故曰有未始有始也者所以遣其所自而所遣者不去亦不免爲有所自而已矣故曰有未始有夫未始有始也者所以遣其所遣也既無所遣又無所自則我心之所自起豁然得之而知凡今之有者皆舉出於此也故曰有有也者夫嘗知其心之所自起則存亡在我我欲無之則不起而已矣故曰有無也者謂之無則無亦無矣而有此無焉則未免於有也故曰有未始有無也者所以遣其無也遣之而所遣者不去亦不免於有而已矣故曰有未始有夫未始有無也者所以遣其所遣者也夫得其始之所自者不可得又得其有之所無者亦不可得則其悟在於俛仰之間豁然而合矣故曰俄而有無矣未知有無之果孰有孰無也俄而有無矣則其悟在於俛仰之間者也未知有無之果孰有孰無則豁然而合者也夫道之體如此而今我之言則已有謂矣其能合乎此又使學者忘言而以心契之也雖然吾今之所言其所自亦未始有物也則有謂無謂吾安得而知之乎此又使學者知其言之未嘗有言也嗚呼至人之於世其諄諄亦已至矣

天下莫大於秋豪之末而太山爲小莫壽乎殤子而彭祖爲夭天地與我並生而萬物與我爲一既已爲一矣且得有言乎既已謂之一矣且得無言乎一與言爲二二與一爲三自此以往巧歷不能得而況其凡乎故自無適有以至於三而況自有適有乎無適焉因是已

夫唯知吾心之所自起則小之爲豪末大之爲太山夭之爲殤子壽之爲彭祖以至天地之大萬物之衆莫不起於此而已矣則

小大久近豈有常體哉在我而已夫唯秋豪之末所起爲在此也而此之爲物充滿六虛體備萬物無有窮極則天下孰大於秋豪之末豈直太山之足言乎故曰天下莫大於秋豪之末而太山爲小夫惟殤子所起爲在此也而此之爲物長於上古無有微壞則天下孰有壽於殤子豈直彭祖之足言乎嗟乎一不盡心一不窮神則孰知此言之可信且其爲萬物大小久近之所役而不得休也無名天地之始苟爲知此則我亦始於無名也有我則有天地故天地與我並生矣有名萬物之母苟爲知此則我亦生於有名也無我則無萬物故萬物與我爲一矣夫唯爲一則無我無我則無有言之者也故曰既已爲一矣且得有言乎既謂之一則謂之者誰乎是有言則有我也故曰既已謂之一矣且得無言乎古之制名者謂言爲我蓋取於此也夫唯謂之一而不得無言則一者一物也言之爲一者又一物也是一與言爲二有一有二則有三矣是二與一爲三則萬物自此生而巧曆不能得矣夫自一至三至約矣推之而往巧曆不能得而況其凡乎數多則有凡凡者衆之於凡目衆多之處也夫一則無矣而謂之一則是自無適有不免以至於三而況自有適有者乎宜其若然而不知所歸也夫唯心不動則無適無適則因是之義也蓋是本無體因之則無是無是則無非矣此莊子所以變言因是也夫道未始有封言未始有常爲是而有畛也請言其畛有左有右有倫有義有分有辯有競有爭此之謂八德六合之外聖人存而不論六合之內聖人論而不議春秋經世先王之志聖人議而不辯故分也者有不分也辯也者有不辯也曰何也聖人

懷之，衆人辯之以相示也。故曰：辯也者有不見也。夫大道不稱，大辯不言，大仁不仁，大廉不嗛，大勇不忮。道昭而不道，言辯而不及，仁常而不成，廉清而不信，勇忮而不成。五者园而幾向方矣。故知止其所不知，至矣。孰知不言之辯，不道之道？若有能知，此之謂天府。注焉而不滿，酌焉而不竭，而不知其所由來，此之謂葆光。故昔者堯問於舜曰：我欲伐宗、膾、胥敖，南面而不釋然，其故何也？舜曰：夫三子者，猶存乎蓬艾之間。若不釋然，何哉？昔者十日並出，萬物皆照，而況德之進乎日者乎！夫道無所往而不存，則未始有封也；夫言無所存而不可，則未始有常也。則何畛域之有哉？由其自無適有，於是乎有畛矣。夫唯有畛，故有左有右；有左有右，故有倫有義；有倫有義，故有分有辯；有分有辯，故有競有爭。此之謂八德。德者，言其不能不德遂至於此也。是故六合之外，聖人存而不論，以爲無畛，則非論之所及也。是以詩、書、禮、樂、春秋，皆不道也。六合之內，聖人論而不議；春秋經世先王之志，聖人議而不辯。以爲有畛，則有左有右，有倫有義，可以論且議也。論則言其倫也，議則言其義也。倫義，本也；分辯，末也。觀六經之言，則聖人之所以論不論、議不議與夫不辯者可知也。蓋理之至極，則分之而有不分也，辯之而有不辯也。而欲事分而辯之，其卒至於有競有爭矣。此聖人所以雖或論或議，而以有辯爲不得已也聖人知至理之不可以分辯也故懷之而已所謂知者不言是也衆人則辯之以相示也辯也者有不見也則所謂言者不知是也夫大道無名故不稱名而稱之則昭而不道矣昭者明之散非道之體也大辯若訥故不言言而辯之則有所不及也則所謂辯者有不辯也天地不仁以萬物為芻狗聖人不仁以百姓為芻狗則無常心者也仁而常之則亦成不成則虧之矣故曰雲行雨施天下平也大廉者至足至足則不嗛嗛而以為清則不信嗛則不足信則有諸已之謂也大勇者不以死生利害動其心非忮也勇而忮非能不動其心者也亦不成而已夫唯道至大則非名之所能盡故於道則不稱於辯則不言於仁則不仁於廉則不嗛於勇則不忮凡此五者皆圓而挫其銳則趣於道矣心之出為銳圓而挫其銳則不以生其心者也幾向方則趣於道之謂也夫唯挫其銳而不以生其心則豈容有知於其間哉知止其所不知則知之至者也此所以明白四達而無知也夫唯無知是謂不言之辯不道之道若有能知此之謂天府天府者百萬不同而至富者也非盈也故注焉而不滿非虛也故酌焉而不竭非有所自也故不知其所由來夫唯不知其所由來則光而不耀者也故謂之葆光葆光者復蔽而歸之於明之謂也夫唯道之體知此則不容有介然之有藏於其間此至人之心所以若鏡不將不迎應而不藏也故堯欲伐宗膾胥敖而未免有不釋然者此所以問於舜也蓋三子者猶存乎蓬艾之間則是未伐之也未伐而有不釋然者則先事而迎之非所謂應而不藏與有物採之而後出也昔者十日並出萬物皆照而況德之進乎日則其有不釋然者乎不釋然者蓋其智日之所未照也堯大聖人也其德至矣宗膾胥敖之事所未聞也言此者以明聖人之所圖者常若此而已矣則所謂滑疑之耀者是也

齧缺問乎王倪曰子知物之所同是乎曰吾惡乎知之子知子之所不知邪曰吾惡乎知之然則物無

知邪曰吾惡乎知之雖然嘗試言之庸詎知吾所謂知之非不知邪庸詎知吾所謂不知之非知邪且吾嘗試問乎汝民溼寢則要疾偏死鰌然乎哉木處則惴慄恂懼猨猴然乎哉三者孰知正處民食芻豢麋鹿食薦蝍蛆甘帶鴟鴉耆鼠四者孰知正味猨猵狙以為雌麋與鹿交鰌與魚游毛嬙麗姬人之所美也魚見之深入鳥見之高飛麋鹿見之决驟四者孰知天下之正色哉自我觀之仁義之端是非之塗樊然殽亂吾惡能知其辯齧缺曰子不知利害則至人固不知利害乎王倪曰至人神矣大澤焚而不能熱河漢沍而不能寒疾雷破山風振海而不能驚若然者乘雲氣騎日月而遊乎四海之外死生無變於己而況利害之端乎夫知上所不知至矣則物之所同是也而知物之所同是則非不知也故曰吾惡乎知之謂之不知而知其不知亦非不知也故曰子知子之所不知乎曰吾惡乎知之夫不知者非故不知也物本無知也而知其本無知則非本無知也故曰然則物無知邪曰吾惡乎知之夫唯道不可以知知而知之乃所以不知也不知之乃所以知之也試

言其如此而已則亦豈以知知之邪故曰雖然嘗試言之庸詎知吾所謂知之非不知邪所謂不知之非知邪然則道之為體可見矣其容有介然之知存於其間邪惡乎吾有知有誰而道隱矣吾不知誰則亦不知吾也則吾不知誰者豈道之所自而出也故曰吾不知誰之子象帝之先夫唯不識不知是乃帝之則而王之所自出也故唯王倪為能及此而齧缺之所以問也蓋知者非道之體非心之盡也何以知之今夫民以體知安佚為正處口知芻豢為正味目知好色為正色至夫鰌猨猴之所安麋鹿蝍蛆鴟鴉之所甘者與夫猨徧狙麋鹿鰌魚之相與為偶者如彼各以其知為知之正也則知之在物者如彼在民者如此則民與萬物之所知豈有正處正味正色哉誠不得正處正味正色而知之則其所能知者亦非正知可知也夫唯體之知安佚為不知正處口之知芻豢為不知正味目之知好色為不知正色而其所能知者為不得正知則自我觀之仁義之端是非之塗樊然殽亂固非正知矣則吾安能知其辯乎此所以四問而四不知也夫世之以體不得安佚口不得芻豢目不得好色為害而得之為利今至人以其知之為非正則為不知利害矣此齧缺之所以問也夫至人神矣神則妙萬物而為言者也神所以能妙萬物者以萬物之莫非我也我則妙矣則萬物孰有不妙者乎則大澤焚之所以熱河漢沍之所以寒疾雷破山風振海之所以驚皆出於有我有我則有物今物則我也而我則無我也則物孰能寒熱而驚我而我亦何物而為之寒熱而驚哉若然則與告物者同體則雲氣者得我以出者也故我可以乘而動日月者得我以運者也故我可以騎而行宇宙之闔闢在我者也故遊乎四海之外而不制於其內死乎而我不沒生乎而我不出則死生無變於已而況利害之端乎

瞿鵲子問乎長梧子曰吾聞諸夫子聖人不從事於務不就利不違害不喜求不緣道無

謂有謂有謂無謂而遊乎塵垢之外夫子以為孟浪之言而我以為妙道之行也吾子以為奚若長梧子曰是黃帝之所聽熒也而丘也何足以知之且汝亦大早計見卵而求時夜見彈而求鴞炙予嘗為汝妄言之汝以妄聽之奚旁日月挾宇宙為其脗合置其滑涽以隸相尊衆人役役聖人愚芚參萬歲而一成純萬物盡然而以是相蘊予惡乎知悅生之非惑邪予惡乎知惡死之非弱喪而不知歸者邪麗之姬艾封人之子也晉國之始得之也涕泣沾襟及其至於王所與王同筐牀食芻豢而後悔其泣也予惡乎知夫死者不悔其始之蘄生乎夢飲酒者旦而哭泣夢哭泣者旦而田獵方其夢也不知其夢也夢之中又占其夢焉覺而後知其夢也且有大覺而後知此其大夢也而愚者自以為覺竊竊然知之君乎牧乎固哉丘也與汝皆

夢也予謂汝夢亦夢也是其言也其名爲弔詭萬世之後
而一遇大聖知其解者是旦暮遇之也鵲之爲物工於爲巢而知歲之所在則鳥之知者也
瞿則視而趣之也長梧則鳳之所棲也鵲而集之爲非其所然瞿鵲知擇長
梧而集之則以知而入道者之譬也長梧不知擇瞿鵲則體道而無心者之
譬也夫子能廢心而用形其於聖智則謝之矣而未之嘗言故學者所聞特其
文章而已性與天道非所得聞也未之嘗言則藏其妙理以爲孟浪之言而
學者之所聞特其文章而已苟用其言以求之則未免於爲夢也故其寓如
此聖人者感而後應迫而後動不得已而後起故不從事於務務者先事而
務之謂也不知利害故不就利不違害無不足也故不喜求無非道也故不
緣道方其無謂乃所以有謂也方其有謂乃所以無謂也唯無心爲足以與
此故雖處乎人間而常遊乎塵垢之外也瞿鵲子未足以與此是以夫子雖
嘗言之而藏之以爲孟浪之言也雖然自長梧子之不知所擇觀之則以爲
妙道之行者固非也以爲孟浪而不與之言者亦非也所謂道者非言默之所
得載也故曰是黃帝之所聽熒也而丘也何足以知之若黃帝則嘗齋心服形聽
而熒之者也孔子則未之嘗言未之嘗言則雖謂之何足以知之可也時夜生
於卵而卵未可以爲時夜也鴞炙得於彈而彈未可以爲鴞炙也妙道因於
所聞而所聞非妙道則聞道者必勤行之至於勝合而後止今以所聞爲
妙道之行是見卵以爲時夜見彈以爲鴞炙則太早計者也今之聞道者自以
爲悟而不知日損以至於無爲者皆瞿鵲子之徒也夫道不可以言傳不可以
耳聽者也則予言之而汝聽之皆妄而已矣然試嘗妄言而妄聽之不知其奚
若也欲其忘言而以心契之也知日月之所以爲日月而合其明則日月可旁
矣知宇宙之所以爲宇宙而在乎手則宇宙可挾矣非苟知之其心之於其所

知如脗之合而已脗之合不期合而自合也爲其脗合此所以爲妙道之行而
非特聞之而已道之尊非可以知知而識識也識知之心滑而不定涽而不明
遂以其所聞爲尊則不免於滑涽而以隸相尊者也爲其脗合則所謂滑涽
而以隸相尊者固置而不取矣衆人之所以役役而聖人之所以愚芚者其時
以此也衆人以知爲道散而不芚故終身役役而不見其成功聖人則愚而不
知芚而不散是以參萬歲而一成純也歲之爲物萬不足以盡其數而期之以
萬者以其多者號而讀之也追之旣往其上無初求之未來其下無終覽之
當今其熟無在則雖萬歲之久我參其三而一之則成純矣成則無終始之竄
純則無一多之雜非特我然也萬物盡然而以是相蘊也所以相蘊者以其參
萬歲而一成純故與我爲一也我之體萬物莫不備於我則我蘊萬物矣萬物
之體亦萬物莫不備於我則萬物蘊我矣則是相蘊也參萬歲而一成純則殤
子可以壽於彭祖而不爲久近之所移萬物盡然而以是相蘊則豪未可以大
於太山而不爲小大之所閡則夫何生之可悅而死之可惡乎故夫世之滑涽
而以生爲悅者似惑矣而吾惡知其爲惑乎以死爲惡者似弱喪而不知歸矣
而吾亦惡知其爲弱喪而不知歸乎以夫生之勞而死之息者似悔其始之蘄
生矣然吾惡知其悔其始之蘄生乎夢飲酒者旦而哭泣則夢之樂也旦或以
爲憂也夢哭泣者旦而田獵則夢之憂也旦或以爲樂也方其夢也不知其
夢也以爲眞有憂樂也夢之中又占其夢焉而不知其猶爲夢也覺而後知
向之占其夢者皆夢也人之生也悅生而惡死猶夢者之飲酒哭泣以爲眞有
憂樂也必有大覺忘物我遺死生而後知此其大夢也而愚者於方夢之中
乃自以爲覺竊竊然知之以爲君乎牧乎而不免於以隸相尊也非得其具
貴賤者也自莛若觀之其固陋甚矣則丘也藏其言以爲孟浪而汝言之以
爲妙道皆夢也則方其夢也不知其夢之類也今子謂汝夢者亦夢也則
夢之中又占其夢之類也何則以其皆言說知識而非道之眞也是其言也其

名為弔詭弔言其弔當而理之不可移也詭言其詭異而俗之所驚駭也雖然萬世之後一遇大聖知其解者是旦暮遇之也以其參萬歲而一成純而已矣

既使我與若辯矣若勝我我不若勝若果是也我果非也邪我勝若若不吾勝我果是也而果非也邪其或是也其或非也邪其俱是也其俱非也邪我與若不能相知也則人固受其黮闇吾誰使正之使同乎若者正之既與若同矣惡能正之使同乎我者正之既同乎我矣惡能正之使異乎我與若者正之既異乎我與若矣惡能正之使同乎我與若者正之既同乎我與若矣惡能正之然則我與若與人俱不能相知也而待彼也邪何謂和之以天倪曰是不是然不然是若果是也則是之異乎不是也亦無辯然若果然也則然之異乎不然也亦無辯化聲之相待若不相待和之以天倪因之以曼衍所以窮年也忘年忘義振於無竟故寓諸無竟天下之所謂是非者不過我是若非若是我非或是或非俱是俱非四者而已矣而四者皆出於我與若而我與若俱不能相知如此則所謂是非者卒不明

人固受其黮闇而已誰使正之邪必正於人也而人者非同乎已則同乎若非異乎已則異乎若非同乎我與若則異乎我與若亦不過四者而已而四者皆不能正之則是我與若與人俱不能相知也不能相知則皆待彼也邪言其不相待也是以聖人知其然也雖化聲之相待與其不相待和之以天倪因之以曼衍所以窮年也則彼是莫得其偶而休乎天均矣何則言之有是非非自實也聲之出於化而已矣而我之與彼與人相待與不相待又出於識心之妄計也我則和之以天倪而不爲之分辯因之以曼衍觸類而長之則萬物不能累乎心而能窮年矣窮年則參萬歲而一成純之謂也何謂和之以天倪是則不是而然則不然以其同體也故是若果是則是之異乎不是也亦無辯然若果然則然之異乎不然也亦無辯所以無辯者以其同體而已知其同體而和之以天倪則物物皆然矣此其因之以曼衍所以窮年也窮年則忘年無是非則忘義其始起於無竟故其終亦寓於無竟而已此齊物之至也化聲之相待若其不相待和之以天倪因之以曼衍所以窮年也其文當在何謂和之以天倪之上簡編差互誤次於此觀其意可知也

罔兩問景曰曩子行今子止曩子坐今子起何其無特操與景曰吾有待而然者邪吾所待又有待而然者邪吾待蛇蚹蜩翼邪惡識所以然惡識所以不然

罔兩之於景則同類也而不知景之無待於形猶我之與若與人亦同類也而不知其無待於彼也故以況焉蓋景之爲物行止坐起唯形之隨則無特操者也然景無情者也豈知有待哉苟以爲有待則景之所待者形也彼形者又何待而然邪則景之待形非若蛇之待蚹而行蜩之待翼而飛也惡識所以然惡識所以不然哉雖然此以人情而況之也苟通乎物之無知則蛇之蚹蜩之翼亦無待而已故言邪以疑之也言此者以明萬物之不相待不相待則彼是莫得其偶矣

昔者莊周夢爲胡蝶栩栩然胡蝶也

自喻適志與不知周也俄然覺則蘧蘧然周也不知周之夢爲胡蝶與胡蝶之夢爲周與周與胡蝶則必有分矣此之謂物化方其爲蝶也栩栩然而不知有周也栩栩則羽之翔於木也方其爲周也則蘧蘧然不見有蝶也蘧蘧蓋傳遽而草上者也其有蘧廬則謂之蘧廬也至人之視出入其身猶蘧蘧而已矣一身之變易且猶不自知則物之化而異形而能相知乎言此者以明物物之不相知不相知則各歸其根矣凡物之所以不齊者以其有我也由其有我分辯是非則大小美惡恢恑憰怪不能通而爲一矣此其所以萬殊而不齊也唯其無我而反是則物物不相待而莫得其偶物物不相知而各歸其根則其有不齊者皆一

壬辰重改證吕太尉經進莊子全解第一

壬辰重改證吕太尉經進莊子全解卷第三

養生主第三

吾生也有涯而知也無涯以有涯隨無涯殆已已而爲知者殆而已矣爲善無近名爲惡無近刑緣督以爲經可以保身可以全生可以養親可以盡年生之爲物隨形而有盡是有涯也知之爲物逐物而无窮是无涯也以有涯之生隨无涯之知則有殆而後已非所以安且久也知其必已於有殆而止乎其所不知則殁身不殆者也已而繼之以知則豈能救之哉卒於殆而已矣天下皆知美之爲美斯惡已皆知善之爲善斯不善已善之與惡皆生於知其相去何若也夫唯上不爲仁義之行以近名下不爲罪僻之俗以近刑善惡兩遺而緣於不得已以爲經是乃刳心去智而止其所不知之道也緣督者緣於不得已之謂也則保身全生養親盡年何以加於此乎此養生之道也

庖丁爲文惠君解牛手之所觸肩之所倚足之所履膝之所踦砉然嚮然奏刀騞然莫不中音合於桑林之舞乃中經首之會文惠君曰譆善哉技蓋至此乎庖丁釋刀對曰臣之所好者道也進乎技矣始臣之解牛之時所見無非牛者三年之

後未嘗見全牛也方今之時臣以神遇而不以目視官知止而神欲行依乎天理批大郤道大窾因其固然技經肯綮之未嘗而況大軱乎良庖歲更刀割也族庖月更刀折也今臣之刀十九年矣所解數千牛矣而刀刃若新發於硎彼節者有閒而刀刃者無厚以無厚入有閒恢恢乎其於遊刃必有餘地矣是以十九年而刀刃若新發於硎雖然每至於族吾見其難爲怵然爲戒視爲止行爲遲動刀甚微謋然已解如土委地提刀而立爲之四顧爲之躊躇滿志善刀而藏之文惠君曰善哉吾聞庖丁之言得養生焉手之所觸肩之所倚足之所履膝之所踦則舉手動足无非道之譬也砉然嚮然奏刀騞然莫不中音合於桑林之舞乃中經首之會則從容而中道之譬也物以有而閱道以虛而通人之未聞道則所見无非物也猶其始解牛所見无非牛也人之既聞道則所見无非道也猶其三年之後未嘗見全牛也方今之時以神遇不以目視猶聞道者之以心契而不以知知而識識也不以目視也故官知止官知則目官之知也以神遇也故神欲行神欲則非有知之欲也依乎天理批大郤道大窾技經肯綮之未嘗而況大軱乎是乃未

嘗見全牛也道之在天下无物非道无物非道則无所適而不通亦若是
而已矣良庖歲更刀割也族庖月更刀折也則所見无非牛者故不免割
折而更刀也更刀則傷其生之譬也臣之刀十有九年所解數千牛而刀
刃若新發於硎則視天下之事无適而不通不以傷其生之譬也十有九
則陰陽之極數也凡物之有形質者不能无閡也而其爲形質者未始有
物則不乃如其節之有閒乎生之爲生也其本未始有生也不乃如其刀
刃之无厚乎以无厚入有閒故其於遊刃必有餘地矣不乃如體道而遊
於萬物之閒逍遥而无閡乎雖然每至於族吾見其難爲則人之所畏不可
不畏者也怵然爲戒視爲止行爲遲動刀甚微則豫兮若冬涉川者也豫
則圖之於事之始也謋然已解如土委地提刀而立爲之四顧爲之躊躇
滿志善刀而藏之則猶兮若畏四鄰者也猶則愼之於事之終也夫唯聖
人爲能通天下之志故愼終如始則无敗事而由難之故終无難是故當
其難爲也豫而愼乎其始及其已成也猶而畏乎其終故能始
終如一豈若冥行而直前與夫幾成而敗之者同日而語邪 公文軒見
右師而驚曰是何人也惡乎介也天與其人與曰天也非人也
天之生是使獨也人之貌有與也以是知其天也非人也澤雉
十步一啄百步一飮不蘄畜乎樊中神雖王不善也 右師蓋人貌而天者
也介則介然若獨之介言其遺物離知而立於獨故公文軒見而驚疑其爲天爲
人也天之生是使獨也言所得於性命之理本如此也若夫與物接而其
貌有與者則人而已矣澤雉十步一啄百步一飮則天遊而適其性命之
譬也不蘄畜乎樊中神雖王不善也則制乎人閒而不得逍遥之譬也與

中之養雖至於神王非其所善不若澤中飲啄之希而自得也老聃死秦失弔之三號而出弟子
曰非夫子之友邪曰然然則弔焉若此可乎曰然始也吾以為其
人也而今非也向吾入而弔焉有老者哭之如哭其子少者哭之如
哭其母彼其所以會之必有不蘄言而言不蘄哭而哭者是遁天
倍情忘其所受古者謂之遁天之刑適來夫子時也適去夫子
順也安時而處順哀樂不能入也古者謂是帝之縣解指窮於
為薪火傳也不知其盡也弔之為禮哭死而弔生也三號則哭死為不哀死所言而出則弔生為不足此弟子
所以疑其非友而弔焉若此為不可也始吾以為其人意其從老聃者皆
得聃之道也而今非也蓋向吾入而弔焉有老者哭之如哭其子少者哭
之如哭其母此所以知非其人也蓋安時處順哀樂不能入也不能安時
處順必有不蘄言而言不蘄哭而哭者內外之相殘不得不如此是所以
會之也人之所受於天其性命之情未始有物而為之哀樂是遁天倍情
忘其所受也倍讀如人死矣斯倍之倍若然者古者謂之遁天之刑天且其
君也无適而非君而適之則不免刑而已矣陰陽之患內傷其身甚為刑也
莫豫焉生之來不能卻則適來而已矣其去不能止則適去而已矣知其
適來而安之知其適去而順之則哀樂不能入矣若然者古者謂之帝之
縣解所刑者天之所縣解則天釋之矣夫古之人所以能縣解者以其知未

嘗有死也蓋火之所傳而見者薪也而火非薪也其爲薪也雖窮於指而火之傳不知其盡也何則火之在此薪猶彼薪也其傳豈有盡也哉火譬則生也薪譬則形也達此則知生之所以爲生者未嘗有死也奚哀樂之入哉蓋養生者必知止其所不知而不以有涯隨无涯則知去於内而物通於外而无全牛矣内无知外无物則獨而无與獨而无與則死生哀樂不能入而未嘗有死也此養生之主也而世之人徒以養形爲足以全生豈知其主也哉

人間世第四

顏回見仲尼請行曰奚之曰將之衛曰奚爲焉曰回聞衛君其年壯其行獨輕用其國而不見其過輕用民死死者以國量乎澤若蕉民其無如矣回嘗聞之夫子曰治國去之亂國就之醫門多疾願以所聞思其則庶幾其國有瘳乎其年壯故輕用其國而不見其過其行獨故輕用民死死者以國量乎澤若蕉則无衣之所刺是也死者以國謂以國事死也以國事死則報之宜澁厚注藏而量乎澤至於若蕉則虵亶賞之甚此民之所以无如也危邦不入亂邦不居有道則見无道則隱君子之所以自爲也治國去之亂國就之君子之所以爲人也仲尼曰譆若殆往而刑耳夫道不欲雜雜則多多則擾擾則憂憂而不救古之至人先存諸己而後存諸人所存於己者未定何暇至於暴

人之所行

夫道不欲雜雜則多多則擾擾則憂憂而不救今蓋少則得多則惑故也知其雜多之為擾擾而復之猶為不遠至於憂而後圖之則无及矣古之至人先存諸己而後存諸人則无所適而不可今回之道雜且多則存諸己者未定何暇至於暴人之所行乎蓋道未至於得一而无心者皆為未定而以涉人間之世則於禍患不為无以取之此以知其殆往而刑也

且若亦知夫德之所蕩而知之所為出乎哉德蕩乎名知出乎爭名也者相軋也知也者爭之器也二者凶器非所以盡行也且德厚信矼未達人氣名聞不爭未達人心而彊以仁義繩墨之言術暴人之前者是以人惡有其美也命之曰菑人菑人者人必反菑之若殆為人菑夫

德者內保之而外不蕩者也不蕩則无所事名溢而為名則德之所蕩也无我則不爭不爭則无所事智不能无我而爭則智之所為出也德蕩乎名則彼亦以名勝我矣則是名也者相軋也智出乎爭則彼亦以智與我爭矣則是智也者爭之器也幾者動之微吉之先見則行之盡也至於蕩而為名出而為智以相軋而爭則是器之凶而非所以盡行也蓋德厚信矼足以達人氣而使之不至於鄙倍名聞不爭足以達人心而使之不至於忌疑則彼氣和而心說而後可與有言也今回未足以及此而彊以仁義繩墨之言開導於暴人之前者則是有其美而人惡之也夫彼固好名矣而已軋之以名彼固好智矣而已出之以爭使之由乎凶器是菑之也觀其所出以知其所反則回之往殆有為人菑之道也

且苟為悅賢而惡

不肖惡用而求有以異若唯無詔王公必將乘人而鬬其捷而目將熒之而色將平之口將營之容將形之心且成之是以火救火以水救水名之曰益多順始無窮若殆以不信厚言必死於暴人之前矣夫人君誠悅賢而惡不肖則與汝同矣則汝惡用而求有以異哉今汝不與之同而求異者則彼其志或在於名高或在於厚利而未有悅賢惡不肖之實徒求有以異而救之也唯者所以聽也詔者所以告也今汝與之言徒唯而无詔則王公必乘人而鬬其捷辯百出氣色拂厲而目將熒之而色將平之口將營之容將形之心且成之以求解免順從之不暇奚能有以異哉是以火救火以水救水非特无損而又益多之則順始无窮矣此則唯而无詔之患也不然者殆將以不信厚言必死於暴人之前矣以不信厚言者謂彼不以信厚期我而我與之言則向所謂德厚信矼未達人氣名聞不爭未達人心而以仁義繩墨之言術暴人之前是也且昔者桀殺關龍逢紂殺王子比干是皆修其身以下傴拊人之民以下拂其上者也故其君因其脩以擠之是好名者也昔者堯攻叢枝胥敖禹攻有扈國爲虛厲身爲刑戮其用兵不止其求實無已是皆求名實者也而獨不聞之乎名實者聖人之所不能勝也而況若乎桀殺

關龍逄紂殺王子比干是皆修其身以下傴拊人之民以下拂其上者也修其身則有民之望矣以下而傴拊人之民則疑於歛恩矣以下而拂其上則疑於賣直矣甚者不信而為此則其迹不免於為名也故其君因其脩而擠之亦好名而已矣堯攻叢枝胥敖禹攻有扈國為虛厲身為刑戮其用兵不止其求實无已是以必至於滅之而後止也則二君三國者是皆求名實者也龍逢比干不能格其非而終之於見擠堯禹不能化其惡而必至於誅滅則名實者是聖人之所不能勝也衞君固好名而求實者也而若有龍逢比干脩身傴拊拂上之疑而无堯禹之勢則何以勝之乎實則實利以利為實則名為虛矣

雖然若必有以也嘗以語我來顏回曰端而虛勉而一則可乎曰惡惡可夫以陽為充孔揚采色不定常人之所不違因案人之所感以求容與其心名之曰日漸之德不成而況大德乎將執而不化外合而內不訾其庸詎可乎

端而虛非至虛也至虛无所事端矣勉而一非至一也至一无所事勉矣夫以陽為充孔揚則元滿於中而發見於外者也采色不定常人之所不違則非亢而康而色愛責如流者也因人之所感而抑案之以求容與其心則非屈己以從人者也若比者名之曰日漸之德猶且不成而況大德乎大德則自明而日新而日漸清之以成者小德而已夫唯日漸之而不成而日端而虛勉而一以是一而往固將執而不化矣甚者端而虛勉而一則制於虛一而不知息之於通變之事者也而以之格其君不過外合而內不訾而已夫何所加損而可以化之乎

然則我內直而外曲成而上比內直者與天為徒與天為

徒者知天子之與己皆天之所子而獨以己言蘄乎而人善之蘄乎而人不善之邪若然者人謂之童子是之謂與天爲徒外曲者與人爲徒也擎跽曲拳人臣之禮也人皆爲之吾敢不爲邪爲人之所爲者人亦無疵焉是之謂與人爲徒成而上比者與古爲徒其言雖教讁之實也古之有也非吾有也若然者雖直不爲病是之謂與古爲徒若是則可乎仲尼曰惡惡可太多政法而不諜雖固亦無罪雖然止是耳矣夫胡可以及化猶師心者也夫以己之言而蘄乎而人善之蘄乎而人不善之者以己賤而人貴故也自道觀之則知天子之與己皆天之所子莫不有所謂貴者則與爲獨以己言蘄乎人善之與不善之而憂喜於其間哉若然者人謂之童子童子者未有與而无知者也庚桑楚曰有恒者人舍之天助之人之所舍謂之天民天之所助謂之天子則天子之與己皆天之所子之意也內直與天爲徒外曲與人爲徒成而上比與古爲徒區以謂以此三者趣變應其不至於執而不化也內直則非內不出言者也外曲上比則非直外合而已雖然有內有外有古有今以此應物則非得一而无心者也聖人抱一以爲天下式故可以曲可以枉可以窪可以弊无所往而不得以所守者約而所應者博故也今回不知其患在於不能无心而徒爲三者之變此所以爲太多也夫外則寓直於古而非我之有則是政人以法者

也政者正也知天子之與己皆天之所子而不蘄人之善之不善之而易乎其所知則是不諜也諜者察䛕人之意而得之之謂也夫不知求之於心術之間而唯政法之恃則固矣然由夫正道而不䛕人之意而得之則亦无罪也雖然止於无罪而已曷足以及化以所師者心而不能无心者也則夫足以及止者其唯致虛得一而无心者邪

顔回曰吾無以進矣敢問其方仲尼曰齋吾將語若有而為之其易邪易之者皡天不宜顔回曰回之家貧唯不飲酒不茹葷者數月矣若此則可以為齋乎曰是祭祀之齋非心齋也回曰敢問心齋仲尼曰若一志無聽之以耳而聽之以心無聽之以心而聽之以氣聽止於耳心止於符氣也者虛而待物者也唯道集虛虛者心齋也

吾所以有大患者為吾有身則以有而為之未有易而无難者也蓋天之所以為易者以无為為之耳若有為而易之則皡天不宜而況於人乎夏曰皡天其著見者也言雖著見亦以无為為之也祭祀之齋則不飲酒不茹葷致其思以見其所祭者而已心齋則无思无慮而復乎无心者也然而不可以告此者以其志之不一而不知聽之者何自而心者何物也一汝志則无思慮之營營則可以告此矣无聽之以耳而聽之以心則知聽者无間矣无聽之以心而聽之以氣則知心者无知矣聽者无聞而止於耳心者无知而止於符止於耳則非聞彼者也止於符則不動而脗合者也則虛以待物唯氣而已矣夫氣豈知吾所以為氣哉則虛之至者也唯道集虛此心齋之所以復乎无心也嘗聞孔子

鑄顏淵矣其於心齋之說而見之乎顏回曰回之未始得使實自回也得使之也未始有回也可謂虛乎夫子曰盡矣吾語若若能入遊其樊而無感其名入則鳴不入則止無門無毒一宅而寓於不得已則幾矣人之於其心未有得其所爲使者也不得其所爲使則不能无我故回之未始得使實自回也自回者自有其身而不能充我之謂也得使之也未始有回也未始有回則能无我矣夫知虛其心而不忘其所謂虛者則是猶感其名也感其名則遊乎其外而未能入遊其樊者也今回聞虛心之說而未始有回則豈知所謂虛者乎此則无感其名而能入遊其樊者也鴻蒙曰无問其名无窺其情亦若是而已矣夫能得其樊而遊之則其心之出有物探之不探則不出也故入則鳴不入則止猶之金石不考則不鳴也方其止也无門之可由而羣動不能窺无毒之可施而衆邪不能病古之醫者聚毒藥以供醫事則毒所以治病也一宅而寓於不得已不得已者乃其所以動也則人間之出雖艱然以此涉之則幾矣

絕迹易無行地難爲人使易以僞爲天使難以僞聞以有翼飛者矣未聞以無翼飛者也聞以有知知者矣未聞以無知知者也瞻彼闋者虛室生白吉祥止止夫且不止是之謂坐馳夫徇耳目內通而外於心知鬼神將來舍而況人乎是万

物之化也禹舜之所紐也伏羲几蘧之所行終而況散焉者
乎行之不能无行地猶我之不能无累於物也絕迹易而不能絕迹而无行地則難忘我易而不能忘我而无累於物則難凡回向之所言者皆不能
忘我而欲无累於物之謂也故欲无行地則莫若絕迹欲免累則莫若忘
身忘身不能具則不免於僞而已矣人則有知而有所不知者也故爲人使
者易以僞天則无知而无所不知者也故爲天使者難以僞存吾心所以
事天而爲天使者也人而爲天使則使物而非使於物者也介然之有萌
乎其中則見矣其可以僞邪性之動謂之爲爲之僞謂之失識欲不動而
无僞則莫若去智而无知聞以有翼飛者矣未聞以无翼飛者也謂以有
知知者矣未聞以无知知者也則有知者固知之所以爲翼而飛也拔其
有知之翼則知鳥止而不飛矣夫唯若此則天下之變吾於是乎闕之則
所謂以闕衆甫者是也瞻彼闋者虛室生白則吉事有祥止於所止
安有所謂凶咎悔吝哉夫且不止是之謂坐馳此吉凶悔吝之所以生乎
動也夫唯止止吾耳知目目知耳心凝形釋骨肉都融則從耳目內通而
外於心智者也若然者鬼神不能見鬼神不能見則來舍而无閡而以遊
人閒之世其不見忌害宜矣斯道也萬物之化也禹舜之所紐而不縱也
伏羲几蘧之所行終而不已也而況散焉者可以不紐而終之乎散焉者
焚其心而未嘗知收之者也

葉公子高將使於齊問於仲尼曰王使諸梁
也甚重齊之待使者蓋將甚敬而不急匹夫猶未可動也
而況諸侯乎吾甚慄之子嘗語諸梁也曰凡事若小若大寡

不道以懽成事若不成則必有人道之患事若成則必有陰陽之患若成若不成而後無患者唯有德者能之吾食也執粗而不藏爨無欲清之人今吾朝受命而夕飲冰我其內熱與吾未至乎事之情而既有陰陽之患矣事若不成必有人道之患是兩也為人臣者不足以任之子其有以語我來王之使我也甚重則所以責我者不輕齊之待使者甚敬而不急則所求者有不可必得以匹夫之不可動則諸侯可知矣此吾所以憂其辭及而慄之也外物不可必而事无大小以成為悅是必之也衆人以不必必故多兵事若不成則必有人道之患事若成則必有陰陽之患是多兵也唯有德者為能无我无我則无必則若成若不成而後无患矣陰陽之患常生乎事之情以見其得喪之實而憂樂動其心故也今使未行而其憂至於內熱則是未至乎事之情而既有陰陽之患則未能忘其身之甚者也仲尼曰天下有大戒二其一命也其一義也子之愛親命也不可解於心臣之事君義也無適而非君也無所逃於天地之間是之謂大戒是以夫事其親者不擇地而安之孝之至也夫事其君者不擇事而安之

忠之盛也自事其心者哀樂不易施乎前知其不可奈何而安之若命德之至也為人臣子者固有所不得已行事之情而忘其身何暇至於悅生而惡死夫子其行可矣

子之愛親命也命則天使之固有者也故不可解於心臣之事君義也義則人理之不可易者也故无適而非君夫唯不可解於心无適而非君故无所逃於天地之間則所以處之者不可不盡此所以為天下之大戒也是以事親則不擇地之夷險事君則不擇事之難易而皆安之則所以處之者盡矣此所以為孝之至忠之盛也則自事其心者豈有他哉寂然不動惟心之順而已矣哀亦猶是也樂亦猶是也豈以哀樂之來而易施乎前哉苟以哀樂而易施乎前是有所擇而不能安之則非所謂事之者也故哀樂之來雖出於故也哉知其无可奈何而安之若命而已矣非至德其能若是乎故則使然命則自然者也故曰彼特以天為父而身猶愛之而況其卓乎人特以有君為愈於己而身猶死之而況其眞乎則心者乃所謂卓且眞者也能事其心則以之事其君親而有不安之者乎誠能无所擇而安之則為人臣子者固有所不得已也誠有所不得已則行事之情以忘其身而況身且忘之奚暇至於悅生而惡死乎為人臣子而通於此說則為利回為禍疚者未之有也

丘請復以所聞凡交近則必相靡以信遠則必忠之以言言必或傳之夫傳兩喜兩怒之言天下之難者也夫兩喜必多溢美之言兩怒必多溢惡之言凡

溢之類妄妄則其信之也莫莫則傳言者殃故法言曰傳其常情無傳其溢言則幾乎全且以巧鬬力者始乎陽常卒乎陰泰至則多奇巧以禮飲酒者始乎治常卒乎亂泰至則多奇樂凡事亦然始乎諒常卒乎鄙其作始也簡其將畢也必巨言者風波也行者實喪也夫風波易以動實喪易以危故忿設無由巧言偏辭獸死不擇音氣息茀然於是並生心厲剋核太至則必有不肖之心應之而不知其然也苟為不知其然也孰知其所終故法言曰無遷令無勸成過度益也遷令勸成殆事美成在久惡成不及改可不慎與且夫乘物以遊心託不得已以養中至矣何作為報也莫若為致命此其難者蓋知自事其心而忘其身而後可以論事之情也不能自事其心而忘其身則為禍福利害之所動雖欲論事之情其可得乎凡請復以所聞者乃所以論事之情也人之心寂則善淵而靜靜則言者乃所以為風波而易動也止則居實而安則行者乃所以為實喪而易危也於易動易危之際尤不可

以不慎也蓋自事其心而忘其身則无陰陽之患无遷令无勸成而行事之情則无人道之患也其心之出有物採之非物採之則心不出矣易乘物以遊心也有爲也而欲當則緣於不得已非不得已則无爲而已是託不得已以養中也則今之使於齊也莫若爲致命而已致命則不以死生禍福動其心而事之情得矣夫何作爲以報哉唯致命盡情此其難而已矣

顏闔將傅衛靈公太子而問於蘧伯玉曰有人於此其德天殺與之爲無方則危吾國與之爲有方則危吾身其知適足以知人之過而不知其所以過若然者吾柰之何其德天殺則人之所不能有而生之也故與之爲无方則危吾國而與之爲有方則危吾身无所施而可也君子小人不能无過而其所以過則不同其知足以知人之過而不知其所以過則尤難事者也

蘧伯玉曰善哉問乎戒之慎之正汝身哉形莫若就心莫若和雖然之二者有患就不欲入和不欲出形就而入且爲顛爲滅爲崩爲蹶心和而出且爲聲爲名爲妖爲孽彼且爲嬰兒亦與之爲嬰兒彼且爲無町畦亦與之爲無町畦彼且爲無崖亦與之爲無崖達之入於無疵人患不能止其身能正其身而後可以言曲直屈伸也不能正其身而言曲直屈伸則入於邪而已形莫若就則外

曲而屈也心莫若和則內直而伸也君子之所就有雖未行其言而迎之致
敬以有禮者或就之是以知就之有曲而屈也君所謂可而有否焉臣獻
其否以成其可君所謂否而有可焉臣獻其可以替其否此之謂和是以知
和之有直而伸也雖然之二者有患就之失在入故不欲入入者言其入而
與之同也和之失在出故不欲出出者言其出而與之異也形就而入且爲
顛爲滅爲崩爲蹶顛滅則喪其德崩蹶則失其位則其患在彼者也凡以
與之同而不知所以扶持之也心和而出且爲聲爲名爲妖爲孽聲名則
德之蕩妖孽則禍之兆則其患在我者也凡以與之異而不知所以將順之
也彼且爲嬰兒亦與之爲嬰兒彼且爲无町畦亦與之爲无町畦彼且爲无
崖亦與之爲无崖則雖與之爲无方而不至乎危吾國也達之入於无疵則
雖與之爲有方而不至乎危吾身也蓋嬰兒无町畦无崖雖心之童者所患
在此而含德之厚專氣致柔有比於赤子嬰兒而其寬大有至不爲町畦
崖異者亦人性之所有也誠因其性之所有而達之入於无疵則雖无方
而不爲无方也宣王好勇好色好貨孟子因道之以王道亦若是而已矣
汝不知夫螳蜋乎怒其臂以當車轍不知其不勝任也是其才
之美者也戒之慎之積伐而美者以犯之幾矣汝不知夫養虎
者乎不敢以生物與之爲其殺之之怒也不敢以全物與之爲
其決之之怒也時其飢飽達其怒心虎之與人異類而媚養己
者順也故其殺者逆也夫愛馬者以筐盛矢以蜄盛溺適有蚉

蚉僕緣而拊之不時則缺銜毀首碎胸意有所至而愛有所亡可不慎邪

螳蜋怒其臂以當車轍不知其不勝任也是其才之美者也苟爲不知形心就和之理而自精便行則是積伐其美以犯之而已此危之道也猶之養虎也不敢以生物與之爲其殺之之怒也生物則與之以所无有之譬言也不敢以全物與之爲其決之之怒也全物則與之以所不見之譬言也則因其爲嬰兒无町畦无崖而與之爲之達之以入於无疵則時其飢飽達其怒心而非予之以所无有與所不見也虎之與人異類而媚養己者順也其殺者逆也則其德天殺者形就而心和乃所以順之之道也形就而入心和而出則逆而已矣猶之養馬者以筐盛矢以蜄盛溺則其意之有所至也適有蚉虻僕緣而拊之不時而至於缺銜毀首碎胸則愛之有所亡也則其可以不慎邪夫君臣也父子也夫婦也兄弟也朋友之交也皆人間世之所同有也而獨言顏回之適衛葉公之使齊顏闔之傅太子何也蓋人臣之於暴君亂國之間與其使而有求於他人且傅不義之世子則尤其難者也通乎此則其他優爲之矣

匠石之齊至乎曲轅見櫟社樹其大蔽牛絜之百圍其高臨山十仞而後有枝其可以爲舟者旁十數觀者如市匠伯不顧遂行不輟弟子厭觀之走及匠石曰自吾執斧斤以隨夫子未嘗見材如此其美也先生不肯視行不輟何邪曰已矣勿言之矣散木也以爲舟則沈以爲棺槨

則速腐以爲器則速毁以爲門戸則液樠以爲柱則蠹是不材之木也無所可用故能若是之壽櫟木之不材也社所以神地道也樹之木以名其社與其野古之禮也櫟社則不材而神者也神无知也无能也則其所以爲不材也而无不知也无不能也則其所以爲神也其大蔽牛絜之百圍其高臨山十仞而後有枝則其幹之高且大也其可以爲舟者旁十數則其枝之繁且盛也有是幹有是枝則其本根之深固可知也神之在人則本根之深固者也彼以不材爲用而觀者如市以爲未嘗見材如此其美則不知已者也今其爲散木不材故能如是之壽此所以爲匠伯也匠伯則器群材而用之而能成器長者也則知其所以不材矣以爲舟則速沈則无涉難之憂以爲棺槨則速腐則无藏穢之累以爲器則速毁則不苦於琢削以爲門戸則液樠則不役於運轉以爲柱則蠹則不困於任重此其爲一不材而无所可用也大德不官大道不器亦若是而已矣匠石歸櫟社見夢曰汝將惡乎比予哉若將比予於文木邪夫柤梨橘柚果蓏之屬實熟則剝則辱大枝折小枝泄此以其能苦其生者也故不終其天年而中道夭自掊擊於世俗者也物莫不若是且予求無所可用久矣幾死乃今得之爲予大用使予也而有用且得有此大也邪且也若與予也皆物也柰何哉其相物也而幾

死之散人又惡知散木櫟之不材而其美不發於華實之間是木之質者也則柤梨橘柚果蓏之屬乃所以爲文木也實熟則剝則辱大枝折小枝泄此以其能苦其生故不終其天年而中道天自掊擊於世俗則以文滅其質之患也操斧斤而觀之如市卒以爲不材而捨之則幾死乃今得之爲予大用者也大用則其所以爲神也使其可以爲舟爲棺槨爲器爲門戶爲柱則散而爲器矣且得有此大邪夫唯不物乃能物物而物與物奈何哉其相物也匠石覺而診其夢弟子曰趣取無用則爲社何邪曰密若無言彼亦直寄焉以爲不知已者詬厲也不爲社者且幾有翦乎且也彼其所保與衆異而以義譽之不亦遠乎夫无用者固不知其爲无用而趣取之也則其以爲社者周非彼所知也而曰求无所可用者蓋向之不知已者以已材爲美而不知其不材之所以爲大是詬厲也是以直寄之无用而已不然彼安知其无用而趣取之乎夫彼之所以不翦者在於不材則雖不爲社豈有翦乎則爲社者非彼之所保也衆之所保以有保爲保而彼之保與衆異非可以義譽之者也則今吾以義譽之亦遠矣言此者欲學者忘義以求之也南伯子綦遊乎商之丘見大木焉有異結駟千乘隱將芘其所籟子綦曰此何木也哉必有異材夫仰而視其細枝則拳曲而不可以爲棟梁俯而視其大根則軸解而不可以爲棺

櫟咶其葉則口爛而爲傷嗅之則使人狂酲三日而不已子綦曰此果不材之木也以至於此其大也嗟乎神人以此不材櫟社言不材之所以神可以爲人之福此言神人之所以不材可以爲人之庇也小枝不可以爲棟梁則其出不近於榮華大根不可以爲棺槨則其歸不入於臭腐咶其葉則口爛而爲傷則味之不可者嗅之則使人狂酲三日而不已則臭之不可聞此其所以不材也徇之櫟社已明此義而申言之者明子綦亦以神人爲不材也是亦所謂重言也宋有荊氏者宜楸柏桑其拱把而上者求狙猴之杙者斬之三圍四圍求高名之麗者斬之七圍八圍貴人富商之家求禪傍者斬之故未終其天年而中道夭於斧斤此材之患也故解之以牛之白顙者與豚之亢鼻者與人有痔病者不可以適河此皆巫祝以知之矣所以爲不祥也此乃神人之所以爲大祥也櫟社商丘之木皆以無用不材而終其天年而以成其大而荊氏之楸柏桑未終其天年而中道夭於斧斤以材爲之患也求狙猴之杙者斬之則異乎不可以爲器也求高名之麗者斬之則異乎不可以爲棟梁也求貴人富商之家禪旁者斬之則異乎不可以爲棺槨也若道之體有之以爲利無之以爲用是以聖人神人之於用致之爲尤深藏之爲尤密智雖落天地而不自慮能雖窮海內而不自爲辯雖雕萬物而不自說無

用而用以之通不材而材爲之使則游人間之世吉凶與民同患尤不可以不知此者也支離疏者頤隱於齊肩高於頂會撮指天五管在上兩髀爲脅挫鍼治繲足以餬口鼓筴播精足以食十人上徵武士則支離攘臂於其間上有大役則支離以有常疾不受功上與病者粟則受三鍾與十束薪夫支離其形者猶足以養其身終其天年又況支離其德者乎支非體之全則分而已矣離非物之合則散而已矣疏則所以通而明者也吾有大患爲吾有身支分而離散之則疏通而無有身之患矣故支離其形者征役之所不能加支離其德者事爲之所不能累也孔子適楚楚狂接輿遊其門曰鳳兮鳳兮何如德之衰也來世不可待往世不可追也天下有道聖人成焉天下無道聖人生焉方今之時僅免刑焉福輕乎羽莫之知載禍重乎地莫之知避已乎已乎臨人以德殆乎殆乎畫地而趨迷陽迷陽無傷吾行吾行郤曲無復吾足山木自寇也膏火自煎也桂可食故伐之漆可用故割之

與之變天地覆墜而與之遺者……而已矣此爲未始有物則孰將爲死生而與之變孰將爲天地覆墜而……乎若然者無審乎無假而不與物遷命物之化而守其宗也而已矣……假而與物遷則察知其所得者守假而眞矣則彼死生覆墜皆物而……下與……變與之遺而遷也命物之化則化化而不化是以能守其宗而不離也天者聖人之所以爲宗也常季曰何謂也仲尼曰自其異者視之肝膽楚越也自其同者視之萬物皆一也夫若然者且不知耳目之所宜而遊心乎德之和物視其所一而不見其所喪視喪其足猶遺土也天下之物異於所同於所宜自其異者視之雖肝膽相屬而藏與府異則將不爲楚越也自其同者視之雖萬物散殊而各復歸其根則不得不爲皆……彼審乎無假而守其宗者自其同者視之故也人唯不知自其同者而視之……官事果乎衆宜而耳目不能以內通知自其同者視之則耳如目目如耳不知其所宜而遊心乎德之和矣知者大同於物者也則物視其所一物視其所一則無往而非我而不見其所喪矣此所以視喪其足猶遺土而形骸之所不能累也常季曰彼爲己以其知得其心以其心得其常心物何爲最之哉王德而騶則内聖者也内聖則爲爲己而已以其知而得其心以其心而得其常心皆爲己者也爲己而非爲物則物何爲最之哉最之者以爲君師而上之之謂也自其同者視之而萬物皆一則以其知得其心者也物視其所一而不見其所喪則以其心得其常心者也得其常心則不見其所喪矣仲尼曰人莫鑑於流水而鑑於止水唯止能止衆止受

命於地唯松栢獨也在冬夏青青受命於天唯舜獨也正幸能正
生以正衆生夫保始之徵不懼之實勇士一人雄入於九軍將求名而能
自要者而猶若是而況官天地府萬物直寓六骸象耳目一知之所
知而心未嘗死者乎彼且擇日而登假人則從是也彼且何肯以物
爲事乎人莫鑑於流水而鑑於止水聖人之所以動而王者則流水也其靜而聖者則止水也王德而[illegible]則其止水也唯止能止衆止此人之所
以從王駘而鑑之也蓋虛靜無爲者[illegible]理之鑑而萬物之鏡而有爲非所以爲鑑也草木莫不受命於地而唯松栢[illegible]也在冬夏青青人莫不受命於天而唯
舜獨也正則人之有舜於造化之間[illegible]其幾何而一遇也則舜豈不以其能正生爲幸而不以其正而正衆生哉[illegible]則亦獨正者也此所以爲衆止之所
止而不辭也今夫士之以勇自名[illegible]其保始之驗成其不懼之實者此特將求名而自要者也而以一身之寡[illegible]於九軍則先登而人之所從者也而
況官天地府萬物直寓六骸象耳目[illegible]之所知而心未[illegible]者則其死生不得與之變殆非求名自要之比也此[illegible]耳目而登假[illegible]其於往來容
與如此其至也則人安得不從之正[illegible]物之所[illegible]也[illegible]始以此自名欲保之而弗傷也古之制陣者[illegible]以六包一而爲七尤
軍則方以入包一而爲九者也或[illegible]之[illegible]實一也九軍則九其深厚堅緻而難入者也天地雖[illegible]所從[illegible]生者視之則可言
矣萬物雖衆皆備乎我者也自[illegible]府矣[illegible]其六骸非有也寓之而已耳目無知也象之而已象[illegible]視其[illegible]不見其所喪則一

人皆知有用之用而莫知無用之用也君子以成德爲行日可見之行也鳳德而遇亂爲身謀言則隱而未見行而未成者也故曰鳳兮鳳兮何如德之衰也來世不可待往世不可追則當趣方今之變而已矣天下有道則聖人成焉成也者所以成己而成物也天下無道聖人生焉生則以全其生而已矣方今之時僅免刑焉乃所以趣變也天下之至美至善莫如道也則福莫大於是而其爲物也視之不可見聽之不可聞搏之不可得而載之則奚翅輕於羽也而世莫之知載也天下之至惡至不善宜莫如非道也則禍莫大於是而其爲物也自無以爲有自小以爲大而載之則奚翅重於地也而人莫之知避也已乎已乎臨人以德則有己而已矣非以賢下人者也殆乎殆乎畫地而趨則不免於殆而已矣孰將從之乎迷陽迷陽無傷吾行迷則不知所往陽則若爲之皆無心而行者也則異夫已乎已乎臨人以德矣吾行卻曲無傷吾足卻曲乃所以全也則異夫殆乎殆乎畫地而趨矣山木自寇也膏火自煎也桂可食故伐之漆可用故割之皆吾有以取之也人皆知有用之用而莫知無用之用也迷陽卻曲皆所以爲無用之用也遊乎人間者則不免有世有世則有治亂而其尤難在於遭亂之時遭亂而免之則於治無難矣凡若此者乃所以免於亂世之道也作易者其有憂患乎亦若是而已

德充符第五

魯有兀者王駘從之遊者與仲尼相若常季問於仲尼曰王駘兀者也從之遊者與夫子中分魯立不教坐不議虛而往實而歸

固有不言之敎無形而心成者邪是何人也仲尼曰夫子聖人也丘也直後而未往耳丘將以爲師而況不若丘者乎奚假魯國丘將引天下而與從之兀者廢其一足則獨立而不以能行爲事者也王駘則王德而駘者也駘則馬之駑而不能行者也學之所能學言之所能辯則行之所能行也道則學之所不能學言之所不能辯而行之所不能行者也魯人之從仲尼之遊者知從其所能行而不知從其所不能行者也則雖全魯歸之與王駘猶爲中分也從其能行者則立有敎坐有議而後有所得而其敎不得無言其成不能無形也從其不能行則立不敎坐不議虛而往實而歸固有不言之敎無形而心成者也則仲尼王駘相爲表裏而已矣復命曰常常季則人之稚也常季則爲道之日淺者也是以知而問之也靜而聖動而王內而聖外而王王德而駘則斂轡而內之者也是以知其爲聖人也仲尼方且以文行忠信爲學者師故後而未往而其以爲師者固在是也則奚假魯國而已將引天下而從之譬道之在天下猶川谷之與江海無不歸之者也常季曰彼兀者也而王先生其與庸亦遠矣若然者其用心也獨若之何仲尼曰死生亦大矣而不得與之變雖天地覆墜亦將不與之遺審乎無假而不與物遷命物之化而守其宗也彼兀者也而王先生王則王德先生則將以爲師也引天下而從之則君師之任也庸者用也不以其所能而當君師之任則無用之用也其與庸亦遠矣則其用心固有以異乎人也爲道而至於行其所不能行則未始有物者也夫死生爲大而

知之所知而心未嘗死者也則物雖最之彼且何肯以爲事乎申屠嘉兀者也而與鄭子產同師於伯昏無人子產謂申徒嘉曰我先出則子止子先出則我止其明日又與合堂同席而坐子產謂申徒嘉曰我先出則子止子先出則我止今我將出子可以止乎其未邪且子見執政而不違子齊執政乎申徒嘉曰先生之門固有執政焉如此哉子而悅子之執政而後人者也聞之曰鑑明則塵垢不止止則不明也久與賢人處則無過今子之所取之者先生也而猶出言若是不亦過乎道吾不知誰之子象帝之先則長於上古物死以長之者也伯則長者也昏則吾不知誰之所自出也吾不知誰則無人也伯昏無人則道之廬名也申徒嘉子產俱師於伯昏無人而申徒嘉能外其形以忘人之勢則從其師者也子產以執政爲悅而不能忘己之勢則背其師矣此嘉所以責之也以道觀之物無貴賤則先生之門固有執政焉若此哉凡爲道者所以洗其心而磨去其塵垢以歸之明者也猶之鑑而已今出言若是則是不明而塵垢之所止而不去也子產曰子既若是矣猶與堯爭善計子之德不足以自反邪與其譽堯而非桀不如兩忘而化其道子產以執政爲悅則不能忘利者也由嘉之言則以道爲勢而忘其勢則疑

於虞堯爭善而不能忘善也夫唯兩忘而化其道則足以反本而忘形疑於不能忘善是以計子之德不足以自反也計則億度之之辭也申徒

嘉曰自狀其過以不當亡者衆不狀其過以不當存者寡知不可

柰何而安之若命唯有德者能之遊於羿之彀中中央者中地也

然而不中者命也人以其全足笑吾不全足者衆矣我怫然而怒

而適先生之所則廢然而反不知先生之洗我以善邪吾與夫子遊

十九年矣而未嘗知吾兀者也今子與我遊於形骸之內而子

索我於形骸之外不亦過乎子產蹵然改容更貌曰子無乃稱

自狀其過以不當亡者衆不狀其[illegible]以不當存者寡我則非自狀其過以不當亡者也狀謂文飾之也知其不[illegible]何而安之若命唯有德者能之則人間世所謂自事其心而哀樂不易施[illegible]者也遊於羿之[illegible]中央者中地也然而不中者命也知其不可柰何而[illegible]皆命命亦甚[illegible]於羿之彀中中央者中地也則行至於無憾而可以免[illegible]譬喻也而[illegible]幸而不免焉之譬喻也人以其全足笑吾不全足[illegible]則我初非能知其無可柰何而安之者也而適先生之所[illegible]而反則[illegible]道而忘之者也不知先生之洗我以善邪道之化物則[illegible]以然而然也十九者陰陽之極數也爲道者極陰陽之數而造其原[illegible]其形也子產與嘉俱從伯昏無則相與遊於形骸之內者也伯昏[illegible]不離吾心而已而子以兀觀我而謂

我之德不足以自反則桒我於形骸之外也魯有兀者叔山無趾踵見仲尼仲尼曰子不謹
前既犯患若是矣雖今來何及矣無趾曰吾唯不知務而輕用吾身
吾是以亡足今吾來也猶有尊足者存吾是以務全之也夫天無不
覆地無不載吾以夫子為天地安知夫子之猶若是也孔子曰丘則
陋矣夫子胡不入乎請講以所聞無趾出孔子曰弟子勉之夫無趾
兀者也猶務學以復補前行之惡而況全德之人乎山之人為[illegible]不動者也[illegible]長則叔為少矣惟道為能成器長叔山則不以長自居而其道則亡彼而不動者也無趾則忘行者也易以滅趾為不行亦其意也仲尼以文行設教則其道不免於有行也故以無趾之來為無及也無恥則亡其足而其所以行未嘗忘也所以行者則尊足之謂也由其言觀之彼固全矣而踵見仲尼而務全之則不以長自居可知矣夫子之德固如天地亾矣而方以文行設教則其言不得不如此也聞無趾之言而辭以陋則不以其言為非也欲其入而講以所聞則從與天道非所以語人於外者也無趾不問而出則所以相與者其間不容於贊也夫無趾之德固全也全則無所事補矣而曰無趾兀者也猶務學以補前行之惡而況全德之人乎者方以文行設教而性與天道非所以告其弟子者則其始終不可以不如此也
無趾語老聃曰孔丘之
於至人其未邪彼何賓賓以學子為彼且蘄以諔詭幻怪之名

聞不知至人之以是爲己桎梏邪老聃曰胡不直使彼以死生爲一條以可不可爲一貫者解其桎梏其可乎無趾曰天刑之安可解

至則不學學則不至而賓賓然以學於子則疑於至人爲猶未也名者實之賓賓賓然則不居其實之辭也諔詭言之詭異幻則非真怪則不常道以絶學爲至而有學焉則雖出之所謂信言庸行而以爲實者於至人觀之猶不免爲諔詭幻怪之名聞而以爲己桎梏而[illegible]之者也夫唯以死生爲一條而不見其分以可不可爲一貫而不見其異則桎梏解矣則曷爲不使之如此而解之乎蓋人刑之則可解天刑之則不可解者也天則無爲而爲之之謂也言仲尼之學亦出於無爲是以不可解也若夫遁天倍情忘其所受古者謂之遁天之刑人而遁乎天則其所自取而人刑之是以可解也則仲尼非不知無趾無趾非不知仲尼一其言之或異者以内外之不相及故也而其歸未始不同也夫王駘之兀已明其立獨而忘其所以行矣而[illegible]以申徒嘉叔山無趾者嘉則明所以立獨而忘行當於形骸之内而索之[illegible]無趾則明雖亡其足矣而其尊足者[illegible]亡也蓋德之充者其符常在形骸之所不能累故寓之兀焉

魯哀公問於仲尼曰衛有惡人焉曰哀駘它丈夫與之處者思而不能去也婦人見之請於父母曰與爲人妻寧爲夫子妾者十數而未止也未嘗有聞其唱者也常和人而已矣無君人之位以濟乎人之死無聚祿以望人之腹又以惡駭天下

和而不唱知不出乎四域且而雌雄合乎前是必有異乎人者也寡人召而觀之果以惡駭天下與寡人處不至以月數而寡人有意乎其爲人也不至乎期年而寡人信之國無宰寡人傳國焉悶然而後應氾而若辭寡人醜乎卒授之國無幾何也去寡人而行寡人卹焉若有亡也若無與樂是國也是何人者也魯與衛宗國也惡人人之所見而惡之也哀者情之兀累也駘者形之不移也它者物之非巳也衞有惡人曰哀駘它則體神者也不離於宗謂之天人不離於精謂之神人天則神矣則求神人者不離其宗而有之也天下之所謂美者皆聰明智慮之所及而已然皆不出於思爲之内神則無思無爲而非聰明智慮之所及也是天下之至賾而人情之所惡也人徒知美其所美而不知其所惡者貴益所以爲神也喜怒哀樂愛惡莫非情之累而哀之於生死之際尤爲綢繆而難解則情之尤累也馬之奔踶者或可以御之而致遠至於駘而不能行則定於形而非鞭策之可移也而所謂神者雖哀而不知其所以哀則哀不足以累其情雖駘而不亡其所以行則駘不足以定其形則哀也駘也非己有也猶它而已矣是以寓之衞之惡人而名之爲哀駘它也神則人之心也神無方也則心亦莫知其鄉也神通乎晝夜之道而無時也則心亦出入無時也然後得之以爲人矣則所謂神者與心固未嘗相離也神非陰陽也而心陽也無思無慮而思慮之所自出也故丈夫與之處者思而不能去也精則位於腎而腎之者也而精神皆生於道由乎道則精與神合而爲一矣雖合也而非

所與爲敵也以神之無匹也胷陰也則婦人見之請於父母與爲人妻寧爲
夫子妾十數而未止也請於父母則由乎道之譬言也寧爲夫子妾則合己而不
與爲敵之譬言也十則陰之極數也神者寂然不動感而遂通天下之故者
也是以未有聞其唱者也常和人而已矣無君人之位以濟乎人之死則至
貴之德不足以名之也無聚祿以望人之腹則至富之業不足以名之也而
德業之所由出也天下皆以情求之而不得則以爲至暗而惡之是以惡駭
天下也向之未有聞其唱者則聞其如此也和而不唱則其體如此也神雖無
方而無乎不在也則知不出乎四域者也且然而已矣而無定體者也萬物
負陰而抱陽則分矣而雌雄合乎前則妙乎陰陽而不測者也唯其神之所
爲是以愛忌其有以異乎人也寡人召而觀之果以惡駭天下則其始見也不
能不以其至暗而惡之也與寡人處不至乎以月數而寡人有意乎其爲人
也則操而存之日知其所亡也不至乎期年而寡人信之則存之滋久而知
其有諸己也信則有諸己之謂也國無宰寡人傳國焉則莫知其極亡而可以
有國者也悶然而應汜然而辭則非肯以物爲事也寡人醜乎卒授之國
則有國而不寓之於此非出於長久而可醜焉者也無幾何也去寡人而
行則實然喪之者寡人卹然若有則不知其所以然而然也若無與樂是
國則無樂無知是其樂其知者有也則至於神
則人不足以名之也是以不知其何人也 仲尼曰丘也嘗使於楚矣
適見豚子食於其死母者少焉眴若皆棄之而走不見己焉
爾不得類焉爾所愛其母者非愛其形也愛使其形者也戰而
死者其人之葬也不以翣資刖者之屨無爲愛之皆無其本

矣爲天子之諸御不爪翦不穿耳取妻者止於外不得復使形全猶足以爲爾而况全德之人乎今哀駘它未言而信無功而親使人授己國唯恐其不受也是必才全而德不形者也楚在魯之南南明方也神則不可見由明一見之也豚之爲豚其爲子母則異而其爲神者子母則同也豚子兩合其死母則固未知其爲死也少焉眴若皆弃之而走則不見其神也神之一以在其母者乃其所以在巳者也在巳者乃其所以在母者也而相與爲類也神之離其母則不見己不得類是以雖不知其爲死而去之不待須也所愛其母者非愛其形也愛使其形者也神則使其形者也戰之有翣葢所以白備也故死則以翣資翣而死則無所事翣也則者之不愛其屨猶是也比且無賞其本而已矣夫神者物之所以爲本也是以爲天子之諸御不爪翦不穿耳取妻者止於外不得復使形全猶足以御至尊成婚嬿則德全者則宜其爲人之所信也孰道者德全德全者神全神全則體神者也今哀駘它未言而信無功而親神之信固無所事言其親固無所事功所謂默而識之不言而信存乎德行而神人無功是也使人授己國唯恐不受神者受之則於爲國乎何有是必才全而德不形者也才者所得於天而不可加損者也名之以神則神乃其才也是以謂之才也哀公曰何謂才全仲尼曰死生存亡窮達貧富賢與不肖毀譽飢渴寒暑是事之變命之行也日夜相代乎前而知不能規乎其始者也故不足以滑和

不可入於靈府使之和豫通而不失於兌使日夜無郤而與物爲春是接而生時於心者也是之謂才全

死生存亡窮達貧富賢與不肖毀譽飢渴寒暑在人則事之變在天則命之行也命之行也日夜相代乎前而莫知其所萌則知不能規乎其始也則吾何容心於其間而足以滑吾之和而入吾之靈府哉和者陰陽之沖而神之所好也靈府則神之所宅也唯其如此故其神和且豫雖通而不失於兌也所謂塞其兌是也不失於兌則其神無郤而不見有晝夜之間矣所謂塗郤守神是也而與物爲春則與造物者同體而能生生者也心之體出入無時者也與物爲春則是與物接而生時乎心者也不與物接則不生而已矣此所以爲全也

何謂德不形曰平者水停之盛也其可以爲法也內保之而外不蕩也德者成和之脩也德不形者物不能離也

水停而至於平則其盛而無以加焉者也明照鬚眉平中準大匠取法焉以[illegible]而已然水之所以平者乃其性然也內保之而外不蕩則平矣內保之[illegible]勿失其性而已外不蕩者勿動之也人之性亦猶是也其所受於天者[illegible]物皆備而未始有虧則成也萬物皆一而未始有乖則和也德者無它也[illegible]和之脩而已矣所謂性脩反德德至同於初也德不形而同於初則物得之以生也夫物安能離其所自生哉

哀公異日以告閔子曰始也吾以南面而君天下執民之紀而憂其死吾自以爲至通矣今吾聞至人之言恐吾無其實輕用吾

身而亡吾國吾與孔丘非君臣也德友而已矣哀公之於孔子所謂以位則子君我臣非敢與君友以德則子事我而不可與我友者也而言此者蓋神者人之成心非特聖人爲能體之而亡者與有焉雖哀公之下才誠能反而求之則所知猶若是而其德可已與亡友而不爲過者也而況卓然而一遇於其偶偶之下者乎

闉跂支離無脤說衛靈公靈公悅之而視全人其脰肩肩甕㼜大癭說齊桓公桓公悅之而視全人其脰肩肩故德有所長而形有所忘人不忘其所忘而忘其所不忘此謂誠忘闉跂支離無脤甕㼜大癭則天下之擁腫而極醜者也衛靈齊桓則不可以爲有道者也而德有所長則雖非有道視其全人其脰肩肩則擁腫之極醜乃爲脩頸之美是形有所忘也而況至德之相與其有係於其形骸之外而不忘者乎人常患不知存其神則其所忘者也而役於視聽思慮之內則其所不忘者也人不忘其所忘而忘其所不忘此謂誠忘則非特形有所忘而已矣

故聖人有所遊而知爲孽約爲膠德爲接工爲商聖人不謀惡用知不斲惡用膠無喪惡用德不貨惡用商四者天鬻也天鬻也者天食也既受食於天又惡用人有人之形無人之情有人之形故群於人無人之情故是非不得於

身眇乎小哉所以屬於人也謷乎大哉獨成其天人不忘其所忘而忘其所不忘
此謂誠忘誠忘則聖人之所遊也得是而遊之所謂物之所不得遯而皆存者也所
謂遊乎六合四海之外者也若然者以知爲孽孽則本幹之所生而非不幹也以
約爲膠膠則約散而固之者也以德爲接接則體異而續之者也以工爲商商則
非所以爲器者也所以然者聖人不謀惡用智以智則本幹之餘也反之則不生
惡用孽矣身槁木之枝則不生者也不斲惡用膠反之則不散惡用約矣其神無
虧則不散者也無喪惡用德反之則不殊惡用接矣物視其所一則不殊者也不
貨惡用商反之則不器惡用工矣復歸於樸則不器者也四者天鬻也天鬻也者
天食也天食之則無待於外而自足矣既受食於天又惡用人是以有人之形而
無人之情以其所遊在於誠忘故也有人之形故羣於人羣於人則遊乎世俗之
間而不使之驚者也無人之情故是非不得於身是非不得於身則休乎天約者
也眇乎小哉所以屬於人則人之所畏不可不畏也謷乎大
哉獨成其天則其未可制也蓋德充之至其符常若此也惠子謂莊子曰人
故無情乎莊子曰然惠子曰人而無情何以謂之人莊子曰道與之
貌天與之形惡得不謂之人[illegible]子不能虛其心而無我則不得其所爲使者[illegible]人至於無用無情之說每致疑焉貌則動作威
儀是也動作威儀無非道也故曰道之貌形則百骸九竅是也百骸九竅
天而生也故曰天與之形則所以爲有定矣奚爲疑其不可以無情乎惠子
曰既謂之人惡得無情莊子曰是非吾所謂情也吾所謂無情者
言人之不以好惡內傷其身常因自然而不益生也惠子以爲既謂之人惡得無情

去惡其無情則若木石而不可以為人也莊子以為吾所謂情是非之謂也則向所謂無人之情則是非不得於身是也吾所謂無情者言人之不以好惡內傷其身常因自然而不益生而已誠因其自然而不益生則天所以與我若是足矣胡為其可以謂之人哉惠子曰不益生何以

有其身莊子曰道與之貌天與之形無以好惡內傷其身今子

外乎子之神勞乎子之精倚樹而吟據槁梧而瞑天選子之形

子以堅白鳴惠子不知赤子之其為人者固已具矣是以疑其不益生則無以有其身也道與之貌天與之形無以好惡內傷其身則足

以有其身矣奚必益生而後可以有其身哉今不知人之所以為人者固無情也是不知有所謂神也不知有所謂神是外乎子之神也馳其精於事物之間

是勞乎子之精也故其德至於倚樹而吟據槁梧而瞑也齊物論稱惠子之據梧欲以明之則倚樹而吟據槁梧而瞑非無益也蓋惠子不知即動而靜則

萬物芸芸各復歸其根而謂據梧者然後為靜此則不知人之無情也夫唯不知此則是不得其所為使而其形為天之所選而以堅白鳴也形有不同其

鳴亦異猶風之於衆竅而已是以謂之鳴也

壬辰重改證呂太尉經進莊子全解第二

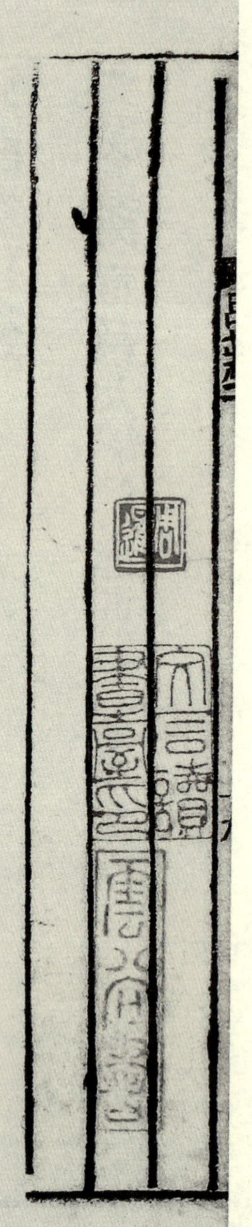

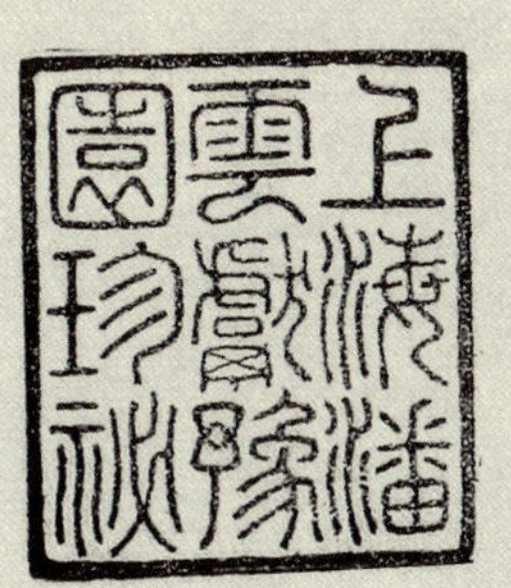

壬辰重改證吕太尉經進莊子全解第三

大宗師第六

知天之所爲知人之所爲者至矣知天之所爲者天而生也知人之所爲者以其知之所知以養其知之所不知終其天年而不中道夭者是知之盛也雖然有患夫知有所待而後當其所待者特未定也庸詎知吾所謂天之非人乎所謂人之非天乎且有眞人而後有眞知天而生者天之所爲也知天之所爲則知吾之所自而生者天而生也天而生也者莫之爲而生也而人無預也人無預則知之所不得而知也知之所知者人之所爲也知人之所爲則以其知之所知以養其知之所不知知之所不知者則所謂天而生者也以知養生則非以生隨知者也此所以能盡年而不中道夭也然所謂知者其盛無以過此也然不免有患也蓋所謂知天知人者必待知而後當者也則是有所待也而知者非道之眞也非道之眞而待以爲當所謂未成乎心而有是非者也則所待者固未定也苟爲未定則安知吾向之所謂天者非人乎安知吾向之所謂人者非天乎以人爲天以天爲人則不可以爲眞知也此其所以爲有患也夫唯眞人而後有眞知眞知則以不知知之而無所待者也何謂眞人古之眞人不逆寡不雄成不謩

士若然者過而弗悔當而不自得也若然者登高不慄入水不濡入火不熱是知之能登假於道也若此天下是非之不一則誰從哉從眾而已矣從眾則不免於逆寡也地道無成而代有終則不免於雄成也論謨會同則不免於謨士也此聖人應世之迹而非其所以為真也真人者純而不虧素而不雜則自其所以為真者言之也自其所以為真者言之則未嘗有是非未嘗有是非則不逆寡矣湛然守雌而不倡不倡則不雄成矣物至而應未嘗預謨也則不謨士矣此無它無我而已矣夫唯無我則雖過也理之不得不過也何悔之有其當也理之不得不當也何自得之有夫唯無我則物視其所一而不見其所畏登我所為也高亦我所為也將誰慄入我所為也水火亦我所為也將誰濡且熱夫知固非道也而真人之知能登假於道也如此是豈可不謂真知乎嗚呼人莫不有所謂真知者不求焉爾矣古之真人其寢不夢其覺無憂其食不甘其息深深真人之息以踵眾人之息以喉屈服者其嗌言若哇其耆欲深者其天機淺人心之盡未始有物者也真人者得我心之盡者也故不為思慮嗜好之所役無思慮則其寢不夢其覺無憂矣無嗜好則其食不甘矣夢覺思慮消嗜好薄則其息深深而以踵矣踵者氣之元而息之所自起也身以足為踵息以其所自起為踵皆以其最下者名之也夫唯氣平而息深則復乎其元矣深深者深之又深者也深深之又深則至於無息也眾人之失守而屈服者其嗌之言猶若哇也求息之以踵不可得也嗜欲深而天機淺物觸則發求寢之無夢覺之無憂食之不甘不

可得也

古之眞人不知悅生不知惡死其出不訢其入不距翛然而往翛然而來而已矣不忘其所始不求其所終受而喜之忘而復之是之謂不以心捐道不以人助天是之謂眞人

翛然者言其往來如羽之飛於空而無所礙也知有生而訢之死而惡之出生則訢入死則距以弃其所謂翛然者則是以心捐道者也受生而忘其生之所始畏死而求其死之所終不能受而喜之忘而復之每於自然而益生焉則是以人助天也

若然者其心志其容寂其顙頯凄然似秋煖然似春喜怒通四時與物有宜而莫知其極故聖人之用兵也亡國而不失人心利澤施乎萬世不為愛人

夫唯不以心捐道不以人助天則其心未嘗不在道故其心志志則志於道者也故曰強行者有志其心未嘗不在道則見於外者其容寂其顙頯也其容寂則衝凝而無動容矣其顙頯則反朴而無態色矣凄然似秋非有所惡也煖然似春非有所好也喜怒通四時則同乎天和者也此所以與物有宜而莫知其極也與物有宜則春生秋成於物各有所宜也莫知其極則通乎四時而不知其素也故聖人之用兵亡國而不失人心以吾無心於惡之也利澤施於萬世而不為愛人以吾無心於愛之也此則眞人之見乎聖者也

故樂通物非聖人也有親非仁也天時非賢也利害不通非君子也行名失己非

士也亡身不眞非役人也若狐不偕務光伯夷叔齊箕子胥餘紀他申徒狄是役人之役適人之適而不自適其適者也

聖人若轉萬物之自然而不敢為因其自通而通之非有意乎樂通之也則樂通物者豈聖人哉大仁不仁使天下兼忘我則有親者豈仁哉用之則行舍之則藏行藏在我而非天時之為知也則天時豈賢哉因而不失其所亨者其唯君子乎故窮亦通通亦通適而不知利害之所在者也則利害不通非君子也所貴乎士者以其所守異乎凡民也則行名失己非士也胥靡登高而不懼遺死生也則亡身不眞非役人也故自聖人仁賢君子士以至於役人其大小貴賤雖有不同要皆有所謂眞者然後足以充其名況所謂眞人者而容有人偽於其間乎若狐不偕務光伯夷叔齊箕子胥餘紀他申徒狄是役人之役適人之適而不自適其適則不可以言眞矣蓋自眞人觀之有意於為人與名而為之則是役人之役適人之適也唯無所為而為之乃所以自適其適也

古之眞人其狀義而不朋若不足而不承與乎其觚而不堅也張乎其虛而不華也邴邴乎其似喜乎崔乎其不得已乎滀乎進我[illegible]也與乎止我德也厲乎其似世乎謷乎其未可制也連乎其似好閉也悗乎忘其言也

凡人之所為不能無意不能無意則不能無迹不能無迹則不能無弊以其狀觀之則其情得矣唯眞人無心則無迹無迹則無弊故其狀有似之而

非也人未嘗不朋於義真人之義與物有宜而非朋也有餘則庸不足則承庸者上道也承者下道也真人之盛德若不足而不承也觚不觚觚哉觚哉真人之觚觚矣然與世推移非堅而不能自舉者也則與乎其觚而不堅也盈為實虛為華真人之彌滿六合而未始有物然而居其實者也則張乎其虛而不華也邴邴乎其似喜乎邴之言炳受而喜之則其似喜固頭也崔乎其不得已乎崔之言催言其迫而動緣者以為經而非喜也滀乎進我色而容物也與乎止我德而未嘗失已也眇乎小哉所以屬於人人之所畏不可不畏則厲乎其似世也危而似世則可制也謷乎大哉獨成其天則非世也而未可制也連乎不見其隙則不得其門而入也則似好自閉而不與物通也悗乎忘其言則不見可言者而非好閉也凡此者皆其狀有似之而非則不可以狀求者也以刑為體以禮為翼以知為時以德為循以刑為體者綽乎其殺也以禮為翼者所以行於世也以知為時者不得已於事也以德為循者言其與有足者至於丘也而人真以為勤行者也君子者以人道名之者也故所體者仁而已真人者以天道名之而以萬物百姓為芻狗者也則仁不足以言之也孰見其所體哉唯其於刑也綽乎其殺則見其所體矣蓋仁者之於殺也則慘惻而矜之以其愛之也不仁者之於殺也則憤怒而快之以其惡之也真人者非有愛惡者也則其於殺也豈不綽乎哉此則見其所體也雖然古之聖人之於殺未嘗不矜者與人同之也未能忘禮樂而克己復禮則視聽言動莫非禮也則禮豈特為翼而已哉耳目不知其所宜而言為不知其所以然也則禮豈吾所待哉以之為翼以行於世而已矣寂然不動入於不古不今則出入豈有時哉唯其心

之出有物採之而後知則其所以為時也是其不得已於事也非不得已則無知無知則無時矣上德不德是以無德而曰德者以為循而已循者如軌轍之可循則苟有足者皆可與之以至於丘也中而不可不高者德也丘者中高之地也凡若此者直用吾之真而已矣何勤行之有哉而人真以為勤行則亦不可以狀求之者也

故其好之也一其弗好之也一其一也一其不一也一其一與天為徒其不一與人為徒天與人不相勝也是之謂真人

夫物視其所一則不見其所異故其好之者美與善也而美與善出於此而已吾不見其為美與善也其不好之者惡與不善也而惡與不善出於此而已吾不見其為惡與不善也則好之與不好之安得不一哉一猶水也其一也猶水之湛然也而不失其為水也故其一也一其不一也猶水之波流也而亦不失其為水也故其不一也一知此者非獨止而後止雖動亦止也夫既皆一矣而有一有不一何也以其一與天為徒也其不一與人為徒也與天為徒則退藏於密也與人為徒則吉凶與民同患也雖然與天為徒亦一也與人為徒亦一也則天與人不相勝也烏呼非真人何足以與此

死生命也其有夜旦之常天也人之有所不得與皆物之情也彼特以天為父而身猶愛之而況其卓乎人特以有君為愈乎已而身猶死之而況其真乎泉涸魚相與處於陸相呴以濕相濡以沫不如相忘於江湖與其譽堯而非桀也不如兩忘而化其道

莫之致而

至者命也莫之爲而爲者天也死生之相爲夜旦出於命與天則人之有所不得與此物之情也則吾何爲哀樂於其間哉彼特以天爲父夫則吾所自而生者也以吾所自生者爲父而身猶愛之而况生之所自生乎則其爲父也卓矣而獨不愛之乎卓者言其獨立而非視聽思慮之所及也苟爲知其卓者而愛之則生之無足訴明矣人特以有君爲愈乎己而身猶死之而况真巳具乎則其真君有焉者是也苟爲知其真真者而聽之則死之無足拒明矣泉涸魚相與處於陸相呴以濕相濡以沫不若相忘於江湖則性命之泉涸而處乎人僞之陸相呴相濡以仁義之濕沫不若相忘於道術之江湖而不知有死生聚散也善悅生惡死者情也未始有死生者道也譽堯而非桀亦情而已矣知兩忘譽非而化其道則所以忘死生者未始不同也

夫大塊載我以形勞我以生佚我以老息我以死故善吾生者乃所以善吾死也死生者未始不同也大塊之於我固無情於其間也苟爲善吾生則善吾死必矣吾何爲悅惡於其間哉死生之變不見其所異則搆悅得喪之所介不足以累其心矣

夫藏舟於壑藏山於澤謂之固矣然而夜半有力者負之而走昧者不知也藏小大有宜猶有所遯若夫藏天下於天下而不得所遯是恒物之大情也物無大小心存則存心亡則亡苟爲非道未有存而不去也故藏舟於壑藏山於澤謂之固矣而吾心一遺之則忽焉已失之非夜半有力者負之而走其安之乎夜半者玄極之時有物於此徙天之物而藏之至玄極之處非有力者負其能若是乎唯明者爲能知常而見吾心之存亡則足以知此豈昧者之所知乎夫舟之藏於壑山之藏於澤

其藏小大爲得其宜者也猶有所遯以有涯之生而欲藏之無窮之宇宙非所宜矣而欲無所遯豈恒物之情哉若夫天下者萬物之所一也吾得其所一而甚遯之於所一則彼有力者雖欲負之而走其安之哉此其所以不得所遯而爲恒物之大情也然則藏天下於天下而不得所遯有道乎曰天下之所以爲天下者何自也知天下之所以爲天下而藏之於所自之處則彼不得遯矣嗚呼非真知者何以預於此

特犯人之形而猶喜之若人之形者萬化而未始有極也其爲樂可勝計邪故聖人將遊於物之所不得遯而皆存善夭善老善始善終人猶效之又況萬物之所係而一化之所待乎

夫天下者萬物之所一也而人者萬物之一耳特犯人之形而猶喜之苟得其所一則若人之形者固萬化而未始有極也其爲喜固可勝計邪故聖人將遊於物之所不得遯之處則彼萬物者皆存而未嘗亡也物之所不得遯者是乃天下之所藏而萬物之所係一化之所待也夫知夭老始終之無以異而皆善之者人猶效之而況遊於物之所不得遯而皆存者乎

夫道有情有信無爲無形可傳而不可受可得而不可見自本自根未有天地自古以固存神鬼神帝生天生地在太極之先而不爲高在六極之下而不爲深先天地生而不爲久長於上古而不爲老

耳得之以聽目得之以視手得之以持足得之以運口得之以

言心得之以思慮豈不有情乎哉寒暑得之以往來而未嘗忘其將動植得之以生育而未嘗差其類豈不有信乎哉然求其爲之者不可得是無爲無形也或不言而諭成目擊之而存是可傳也而莫得而有之故不可受也以心契之則脗然而合也是可得也而莫得其朕是不可見也萬物之生未嘗無本根也而此則無所本根而自本自根厶矣萬物之存有天地而後有也而此則未有天地自古以固存厶矣鬼帝得我以神者也我則不神雖鬼帝猶無響也天地得我以生者也我則不生雖今日猶爲太極也凡高者深者以其形而名之也久者老者以其時而名之也而我則無形與時者也故雖在太極之先六極之下先天地生長於上古而不爲高深久老也此所謂道隱無名也狶韋氏得之以挈天地伏犧得之以襲氣母維斗得之終古不忒日月得之終古不息堪坯得之以襲崑崙馮夷得之以遊大川肩吾得之以處太山黃帝得之以登雲天顓頊得之以處玄宮禺強得之立乎北極西王母得之坐乎少廣莫知其始莫知其終彭祖得之上及有虞下及五伯傅說得之以相武丁奄有天下乘東維騎箕尾而比於列星古之聖人或隱或顯迹雖不同未有不得道而可以爲聖者也非特狶韋氏以至於傅說而已道爲天下母則自天而下未有不得道而能立者也則非特維斗日月而已然莊子獨舉此數人與維斗日月者蓋狶韋之挈天地伏羲之襲氣母堪坯之襲崑崙馮夷之遊大川肩吾之處太山黃帝之登雲天高辛

之處玄宮以至彭祖之自有虞而及五伯傳説之相武丁而比列星殆非人情之所測然不過得道而已則其餘可以類知也斗隨月建而未始有差則終古不忒日月相遶而往來無窮則終古不息此二者亦不過得道而已則其餘可以類知也此其所以為大宗師也歟南伯子葵問乎女偊曰子之年長矣而色若孺子何也曰吾聞道矣南伯子葵曰道可得學邪曰惡惡可子非其人也夫卜梁倚有聖人之才而無聖人之道我有聖人之道而無聖人之才吾欲以教之庶幾其果為聖人乎不然以聖人之道告聖人之才亦易矣吾猶守而告之三日而後能外天下已外天下矣吾又守之七日而後能外物已外物矣吾又守之九日而後能外生已外生矣而後能朝徹朝徹而後能見獨見獨而後能無古今無古今而後能入於不死不生殺生者不死生生者不生其為物無不將也無不迎也無不毀也無不成也其名為攖寧攖寧也者攖而後成者也南則明也伯則為物長者也葵則向明者也南伯子葵則其質之明而可以為物長趣明而不已者也是以知問道也女則守雌而未有與者也偊之言

羇則獨行者也守雌無與而獨行則有道而才不足以濟衆者也卜所以前知也梁所以任重也倚則不能無所依也知足以前知而力足以任重而不能無所依則有才而無道者也物壯則老是謂非道非道早已聞道則憂患不能入此所以年長而色孺也所謂聖人之道者得其大本大宗者是也所謂聖人之才者則能以是道推之天下國家者也所以有聖人之才而無其道者由其不知大本大宗未嘗有物而為死生古今之妄計以至不能見獨朝徹外其生以為我有也其甚甚遂至於不知物與天下之非己而內之雖自微積之以至於著者也故其守而告之也則自其粗遣之而後至於精已外天下而後能外物已外物而後能外生已外生而後能朝徹朝徹者言汎冥於有身之實而見徹而為旦也朝徹而後能見獨見獨者知彼是之莫得其偶也見獨而後能無古今無古今者參萬歲而一成純不知有往來之異也無古今而後入於不死不生不死不生者是乃所謂大本大宗唯其不死不生故死者我殺之而我未嘗死也生者我生之而我未嘗生也其為物無不將也以其未嘗不在後也無不迎也以其未嘗不在前也無不毀也毀者非吾毀之而誰也無不成也成者非吾成之而誰也將迎成毀雖皆攖之而我未嘗殆也故名之曰攖寧攖寧者攖而後成也若將迎成毀有所不攖而離之則道之所以虧而非其成也

南伯子葵曰子獨惡乎聞之曰聞諸副墨之子副墨之子聞諸洛誦之孫洛誦之孫聞之瞻明瞻明聞之聶許聶許聞之需役需役聞之於謳於謳聞之玄冥玄冥聞之參寥參寥聞之疑

始道以體之為正則文墨之所論者乃副之而非其正也故曰聞之副墨之始子然不能綿絡貫穿而誦之則不能究其本末而至於通故曰副墨之子

聞之洛誦之孫洛之言絡也子孫云者言道之有生乎此也已誦而通之則見之明矣故曰洛誦之孫聞之瞻明見之而明則聶而許之矣故曰瞻明聞之聶許聶之言躡也躡而行之之謂也聶而許之則可以需物而役之矣故曰聶許聞之需役需役以需物而役之則樂之至也故曰需役聞之於謳於謳者嗟嘆之嗟嘆之不足而詠歌之乃所以為樂之至也自副墨以至於瞻明則學而見之者也自聶許以至於於謳則行而至於樂之者也雖然皆未足以為道之體也無見也不知其為樂也而後足以為道之體也則玄冥參寥疑始是也見出於無見知出於無知玄冥則無見無知之謂也故曰於謳聞之玄冥雖然猶有所謂無者則非入於寥天一者也參寥而已矣故曰玄冥聞之參寥至乎無亦不可得則疑其為始而莫知其為始乃其所以始也故曰參寥聞之疑始疑始者然蔥協之宗之謂也夫道或以目擊而存或以一言而盡而卜梁倚學之女偊七變而後入於不死不生女偊聞之副墨九傳而後得之疑始何也蓋天下之為道者一聞其言即以為妙道之行則所謂見卵而求時夜見彈而求鴞炙是也故莊子論此欲聞道者豁而行之以至於心契之而後已也則欲由其塗以入道者亦若此而已矣

子祀子輿子犁子來四人相與語曰孰能以無為首以生為脊以死為尻孰知死生存亡之一體者吾與之友矣四人相視而笑莫逆於心遂相與為友

祀者不忘其本始者也輿者所以載而行之也犁者所以深而樹之也來者來而集之也所謂唯道集虛者是也為道者不忘其本始載而行之於其身深而樹之於其心則道集而不去矣此四人者以死生存亡為一體而相與為友故其命名亦一體而已庚桑楚所謂其次以為始無有既而有生生俄而死以無有為首以生為

體以死爲尻孰知有無死生之一守者吾與之爲友則此四人者是也俄而子輿有病子祀往問之曰偉哉夫造物者將以予爲此拘拘也曲僂發背上有五管頤隱於齊肩高於頂句贅指天陰陽之氣有沴其心閒而無事跰𨇤而鑑于井曰嗟乎夫造物者又將以予爲此拘拘也子祀曰汝惡之乎曰亡予何惡浸假而化予之左臂以爲雞予因以求時夜浸假而化予之右臂以爲彈予因以求鴞炙浸假而化予之尻以爲輪以神爲馬予因而乘之豈更駕哉且夫得者時也失者順也安時而處順哀樂不能入也此古之所謂縣解也而不能自解者物有結之且夫物不勝天久矣吾又何惡焉輿載而行之來集而不失則體之者也祀不忘其本初乘深而出之則宜知其所體者也爲道而至於疾病死生之際而不爲之變此其難者歟竊之子輿子來之病而子祀子犂往問之以見其所體之安也曲僂發背上有五管頤隱於齊肩高於頂句贅指天則疾之拘攣者而可惡者也然此特陰陽之氣有沴耳其心則閒而無事也是以雖跰𨇤而不害鑑於井也井源出而不窮淵靜而能照鑑于井則反照於性之譬也言造物者又將以予爲此拘則若厭其生而以發子祀之問也曰汝惡之乎則所以考其所體之安也其出不訢其入不距而惡其爲

此猶拘拘則是不能安之也浸假而化予之左臂以為雞予因以求時夜浸假而化予之右臂以為彈予因以求鴞炙浸假而化予之尻以為輪以神為馬予因而乘之豈更駕哉蓋予之所體者一也故其形雖化為雞為彈為輪而其神為馬皆不失予之所體而已矣此所謂萬化而未始有極也則予何惡哉蓋左陽也雞以知時夜以習則陽之所化凡若此也右陰也彈以形鴞炙以求則陰之所化凡若此也以無有為首以生為脊以死為尻復歸乎無有則輪轉而無窮者也神則轉之者也故以尻為輪以神為馬予因而乘之無所更駕也謂之予與其言固宜如此也生之來不能却則得者時也其去不能禦則失者順也知得之為時而安之知失之為順而處之而哀樂不能入者則其心之無物而無所懸者也此所以為解也若夫非時而來之當順而逆之則是物有結之而不能自解者也其來不能却其去不能禦則物之不勝天也則吾何為惡之哉俄而子來有病喘喘然將死其妻子環而泣之犁往問之曰叱避無怛化倚其戶與之語曰偉哉造化又將奚以汝為將奚以汝適以汝為鼠肝乎以汝為蟲臂乎子來曰父母於子東西南北唯命之從陰陽於人不翅於父母彼近吾死而我不聽我則捍矣彼何罪焉夫大塊載我以形勞我以生佚我以老息我以死故善吾生者乃所以善吾死也今大冶鑄金金踴躍曰我且必為鏌鋣大冶必以為不祥之金今一犯人之形而曰人

耳人耳夫造化者必以為不祥之人今一以天地為大鑪以造化為大冶惡乎往而不可哉成然寐蘧然覺喘喘然將死妻子環而泣之則常人之所昏然而顧惜之時也是與鼠人之所甚賤也而氣形之散為其肝與臂則又其所甚惡也於斯時也而以其所甚賤與所甚惡者問之子犁又以考子來之所安也知陰陽於人不翅父母而聽之知大塊之息我以死而善之則安用問其奚以汝為奚以汝適也大冶鑄金金踊躍曰我必為鏌鋣大冶必以為不祥之金而鏌鋣不可必得矣一犯人之形而曰人耳人耳則造化必以我為不祥之人而人亦不可以必為矣今一以天地為大鑪造化為大冶則鼠肝蟲臂無往而不可吾何容心於其間哉成然寐蘧然覺言夫死生之際為寐從容不為之變也或言其無所為蘧蘧言其覺而形見說之貌蘧蘧而已則與蘧蘧然周同義也易曰精氣為物遊魂為變故知死生之說於是之時不能漠然無心以安之而有介然之意萌乎胸中則遊魂之變隨識而往安知其所之乎而子輿則時夜雞炙任之造化而無所惡子來則鼠肝蟲臂聽之鑪冶而無所擇其所以處之者盡矣非知死生存亡之一體者其能若是乎

子桑戶孟子反子琴張三人相與友曰孰能相與於無相與相為於無相為孰能登天遊霧撓挑無極相忘以生無所終窮三人相視而笑莫逆於心遂相與友易以苞桑為固桑則深根者也戶其所由也孟則長也子桑戶孟則以深根為門而莫之與長者也而或謂之子桑戶或謂之桑戶或謂之子桑從省文也子反則以反本為事者也琴張以琴為氏則樂此者也孟子有琴張以為狂者蓋亦撓輿之流也故子犁之死或編曲或鼓琴而其辭則以死為反其真則亦子反琴

張之事也孰能相與於無相與相爲於無相爲無相與無相爲則歸根復命之處也孰能登天遊霧登天則遊於大明之上而至彼至陽之原也遊霧則入於窈冥之門而至彼至陰之原也歸根復命而至于至陰至陽之原則撓挑無極相忘以生而無所終窮矣此三人者則庚桑楚所謂其次以爲有物矣將以生爲喪以死爲反者也觀其歌辭則可見矣莫然有間而子桑戶死未葬孔子聞之使子貢往待事焉或編曲或鼓琴相和而歌曰嗟來桑戶乎嗟來桑戶乎而已反其眞而我猶爲人猗子貢趨而進曰敢問臨尸而歌禮乎二人相視而笑曰是惡知禮意子貢反以告孔子曰彼何人者邪脩行無有而外其形骸臨尸而歌顏色不變無以命之彼何人者邪孔子曰彼遊方之外者也而丘遊方之內者也外內不相及而丘使汝往弔之丘則陋矣彼方且與造物者爲人而遊乎天地之一氣彼以生爲附贅縣疣以死爲決疣潰癰夫若然者又惡知死生先後之所在假於異物託於同體忘其肝膽遺其耳目反覆終始不知端倪芒然彷徨乎塵垢之外逍遙乎無爲之業彼又惡能憒憒然爲世俗之禮以觀衆

人之耳目哉夫子之文章則子貢之可得而聞性與天道則不可得而聞故使之待事而發其聞見之所以是孔子之於三人者相為內外爾已矣子輿與子來則從容於將死之時子反琴張則絃歌於既死之後而曰而已反其真我猶為人猗則子桑不待子祀子輿之考問而所安可知矣彼以死為反其真而樂之則臨尸而歌曰其所也先王制禮使人平好惡而反人道之正人道之正性命是也則以反其真為樂者豈非禮意哉子貢不聞性與天道是以徒見其能外形骸顏色不變而無以命之也遊方之外則遊乎六合之外而與天為徒者也故以死為樂而不足哀遊方之內則遊乎六合之內而與人為徒者也故以死為哀而無敢樂何則人之若三人者實寡矣與之為徒而樂其死則僭死忘生者衆矣而無三人者則亦拘攣於死生之間而不能辭亦至人之所哀也則內外之志各不同此所以不相及也而使往弔者使子貢之徒知禮之意不出乎性命之情而天下之妙禮有不在禮法之間也與造物者為人而遊乎天地之一氣則非陰非陽者也以生為附贅縣疣則以生為喪而後之也以死為決疣潰癰則以死為反而樂之也若然者惡知死生先後之所在而曰死生先後者假於異物而託於同體故也假託則非以為實也肝膽耳目忘而遺之則反覆終始不知端倪矣芒然彷徨乎塵垢之外則形器之所不能制也逍遙乎無為之業則思為之所不能累也彼又惡能憒憒然為世俗之禮以觀衆人之耳目哉此所以臨尸而歌也子貢曰然則夫子何方之依曰丘天之戮民也雖然吾與汝共之子貢曰敢問其方孔子曰魚相造乎水人相造乎道相造乎水者穿池而養給相造乎道者無事而生定故曰魚相忘乎江湖人相忘於道術孔子以彼為遊方之外而已則遊方之內者也而盍稱方外之

高故子貢疑其雖遊方內而所依者或不在於此也是以問其何方之依也蓋所遊則其迹而所依則其心也言天之戮民則天刑之不可解也若孔子則所謂體性抱神以遊世俗之間者也安有所係而足以累其心哉是以遊方內而不必出也安天刑而不必解也雖然若此者非吾所獨也吾與汝共之而已何則魚相造乎水人相造乎道謂之相造則無內外之辨也相造乎水者穿池而養給不必大水也相造乎道者無事而生定不必方外也魚相忘於江湖江湖之大則非特穿池而已人相忘於道術道術之全則又非特無事而已穿池而養給而況相忘於江湖乎無事而生定而況相忘於道術乎子貢曰敢問畸人曰畸人者畸於人而侔於天故曰天之小人人之君子人之君子天之小人也夫苟相忘於道術而彼三子者獨為畸人何也蓋畸人者畸於人而侔於天此所以外而不內也故曰天之小人人之君子人之君子天之小人則盡於禮法而不知性命之情者是也則三子者天之君子而人之小人可知已若夫孟孫氏則天人之君子而君子有不足以名之也顏回問仲尼曰孟孫才其母死哭泣無涕中心不慼居喪不哀無是三者以善處喪蓋魯國固有無其實而得其名者乎回壹怪之仲尼曰夫孟孫氏盡之矣進於知矣唯簡之而不得夫已有所簡矣孟孫氏不知所以生不知所以死不知就先不知就後若化為物以待其所不知之化已乎且

方將化惡知不化哉方將不化惡知已化哉吾特與汝其夢未始覺者邪且彼有駭形而無損心有旦宅而無情死孟孫氏特覺人哭亦哭是自其所以乃且也相與吾之耳矣庸詎知吾所謂吾之乎且汝夢爲鳥而厲乎天夢爲魚而沒於淵不識今之言者其覺者乎其夢者乎造適不及笑獻笑不及排安排而去化乃入於寥天一孟孫才魯人蓋與顏回皆從仲尼之遊者也子祀子輿子犁子來則不及子桑戶孟子反琴張者也而三子者又不及孟孫氏孟孫氏者也雖然其出於大宗師則一也蓋孟孫氏則庚桑楚所謂古之人以爲未始有物者至矣盡矣不可以有加者也夫唯知其未始有物則不見有內外之異有死生之變則爲必遊方之外而以死爲可樂而至於臨尸而歌哉是以居喪哭泣與人同而獨不爲哀戚之所累則與人異也是以寓之孟孫氏以明至至者常不離乎世俗之間也故曰孟孫氏盡之矣進於知矣則其知有所至矣盡矣而無以復加之之謂也爲知其未始有物則生猶是也死猶是也哭泣猶是也雖欲簡之而不得也胡爲而獨不與人同哉彼三子者雖不知死生存亡之所在而以生爲喪以死爲反則未爲不知所以生不知所以死也以反其旦爲樂而以脩爲人爲嘆則未爲不知就先不知就後也孟孫氏不知所以生不知所以死則生無所喪而死無所反也不知就先不知就後則已反無足樂猶生無足嘆也非特如是也凡化爲物者固待其不知之化而彼亦不知也蓋方將化惡知不化方將不化惡

知已化哉此爲周之與爲蝶俱不相知也則吾今與汝知之其夢未始覺者
邪彼有人之形故有駭形而心則不動故無損心死生爲夜旦故有旦宅而
無人之情故無情死此孟孫氏之所以特覺也夫唯知此故人哭亦哭而無
涕不哀戚是自其所以乃而不足怪也乃者有彼而繼以此之辭也夫吾之
爲吾者未始有吾也則吾與汝且相與吾之耳矣庸詎知吾所謂吾之乎
蓋吾未始有吾則不知其吾之者也且汝夢爲鳥而厲乎天夢爲魚而入
于淵方其夢也不知其夢也則今之言者覺與夢不可知也以明孟孫氏覺
與吾已而特與覺者也適所以笑也適而造之非自適也故不及笑也笑所以排
也笑而獻之非樂笑也故不及排也排者排去憂愁而遣之者也則孟孫氏
之忘死生亦不可以造而獻也安排而去化而後入於寥天一也安排則非
有爲而排之也去化則知其不可御而順之也寥則不礙天
則不人一則不二也爲道而不入乎寥天一則未之盡也意而子見許由
許由曰堯何以資汝意而子曰堯謂我汝必躬服仁義而明言是
非許由曰而奚來爲軹夫堯既已黥汝以仁義而劓汝以是非矣
汝將何以遊夫遥蕩恣睢轉徙之塗乎意而子曰雖然吾願遊於
其藩許由曰不然夫盲者無以與乎眉目顏色之好瞽者無以與
乎青黄黼黻之觀意而子曰夫無莊之失其美據梁之失其力黄
帝之亡其知皆在鑪錘之間耳庸詎知夫造物者之不息我黥而

補我劓使我乘成以隨先生邪許由曰噫未可知也我為汝言其
大略吾師乎吾師乎𩐋萬物而不為義澤及萬世而不為仁長於
上古而不為老覆載天地刻彫衆形而不為巧此所遊已鳥莫知於鷾鴯
知者出於意也而者相屬之辭有意則知之所屬也意而子則人而知者也
自聖人之迹觀之堯則有為許由則無為也知之為物常役於有為而復於
無為此意而子所以去堯而問由也黥則湼而緇之也劓則割而虧之也道
以明白四達而無知則仁義固所以緇之也是非之彰也道之所以虧
也則是非固所以劓而虧之也黥於仁義劓於是非則不得遊乎道之大通
矣遊夫遙蕩恣睢轉徙之塗則道之大通之謂也無莊則自美而累於美者
也據梁則恃力而累於力者也黃帝則嘗齋心服形以復乎無知則其始不
能無用知也以名制義則黃為去聰為意為知也鑪所以鎔鑄鍾所以鍛鍊
也言三人者之失亡其所累非天性無之亦在於鎔鑄鍛鍊之間也則安知
造物者之不息我黥而補我劓使我乘其成心以隨先生之無為邪蓋天刑
之則不可解而黥與劓則人刑之也則其息而補之未可知也吾師乎吾師
乎𩐋萬物而不為義澤及萬世而不為仁長於上古而不為老覆載天地刻
彫衆形而不為巧此吾之所遊而以為師者也
則子之欲有黥而息劓亦以是為師而已矣 顏回曰回益矣仲尼曰何
謂也曰回忘仁義矣曰可矣猶未也它日復見曰回益矣曰何謂
也曰回忘禮樂矣曰可矣猶未也它日復見曰回益矣曰何謂也

曰回坐忘矣仲尼蹴然曰何謂坐忘顔回曰隳枝體黜聰明離形去知同於大通此謂坐忘仲尼曰同則無好也化則無常也而果其賢乎丘也請從而後也人之爲人也久矣則其悟道雖在於一言之頃而其復於無物非一日之積也同之闖心齋未始有回也則悟道於一言之頃也其忘仁義禮樂以至於坐忘則其復於無物非一日之積也同則物視其所一故無好化則萬化而未始有極故無常同於大通則同而化也子輿與子桑友而霖雨十日子輿曰子桑殆病矣裹飯而往食之至子桑之門則若歌若哭鼓琴曰父邪母邪天乎人乎有不任其聲而趨舉其詩焉子輿入曰子之歌詩何故若是曰吾思夫使我至此極者而弗得也父母豈欲吾貧哉天無私覆地無私載天地豈私貧我哉求其爲之者而不得也然而至此極者命也夫莊子論大宗師而卒之以孟孫才顔回者以爲如孔子之徒能躰性抱神而遊乎世俗之間而後可以爲至也然恐學者以子桑之徒爲不及孟孫氏而子輿之徒爲不及子桑遂以爲異趣於是復合二人而論之而其言則皆至於命而安之之辭也以明子輿子桑與孟孫氏顔氏之徒其迹雖有不同而其以道爲大宗而而至於命則一也

應帝王第七

齧缺問於王倪四問而四不知齧缺因躍而大喜行以告蒲衣子蒲衣子曰而乃今知之乎有虞氏不及泰氏有虞氏其猶藏仁以要人亦得人矣而未始出於非人泰氏其臥徐徐其覺于于一以已爲馬一以已爲牛其知情信其德甚眞而未始入於非人齧缺問於王倪子知物之所同是邪一不知也子知子之所不知邪不知也然則物無知邪不知也所謂知之非不知邪所謂不知之非知邪而亦不知也夫物之所同是者固止於所不知而已而不知者非故不知也物本無知而已矣則知之乃不知而不知之乃知固其理也然知其如此而以爲知之則猶不免於有知而非眞不知者也而王倪四問而四不知則是眞不知而躰之者也然則帝之所興王之所起可知矣其容有介然之知藏於其中邪齧缺非道之全也以其知之而問也王倪則王之端所自起也故其所躰如此也蒲衣則被衣也衣被萬物而不爲主者唯道爲然而蒲又所以安之也王乃天天乃道不識不知者王之所以躰天而合道而衣被萬物而安之者也齧缺既得王倪之所躰者如此是因躍而大喜行以告蒲衣子而知有虞氏不及泰氏也以告蒲衣子則以其所得而合之乎道也以名制義則虞亦爲憂虞之虞而泰爲泰定之泰齧缺見王倪之所躰知此故知夫有知而有虞不及無知而泰也則其猶有五帝黃帝亦有若此者也而有虞氏之迹則其猶藏仁以要人者也夫躰王倪之一不知則無仁也亦無一不仁也無人也亦無非人也今有虞氏以

仁爲臧而是之所以要人也要人者率人以仁而人從之也率人以仁而人從
之則所謂招仁義以撓天下也固得人矣然以仁爲臧而是之則不免於以不
仁爲否而非之是未始出於非人也未始出於非人則有仁也有不仁也有
人也有非人也若此則仁義之端是非之塗樊然殽亂矣而非王倪之不知也
泰氏其居閒而無事故其卧不栞而徐徐其寢安而不驚故其覺不易而于
于一以己爲馬一以己爲牛莫之惡而不受也故其知情信而不疑其德甚
真而不僞則孰知不仁之爲否而入於非人乎不入於非人則王倪之所以不
知也然則自王倪觀之則有虞氏之不及泰氏可知矣夫有虞氏之臧仁以
要人亦趣時而已則奚爲泰氏之不及邪蓋不及者自其迹言之也至其所
以迹者則泰氏者乃有虞氏之所以迹也奚不及之有哉則夫應帝王者不
以其迹而以其所以迹乃所以應之也然則欲得其所以迹者無它解心釋
神以深造乎王倪之所不知而已矣或曰帝王之任一日二日萬幾而無
知何也曰無知乃所以無不知也無知則無心無心則神神則無知而無不知
是乃所謂天地之鑒萬物之鏡也至其極也雖有唯然之音介然之有遠在
八荒之外近在眉睫之間來于我者我
必知之況天下之務而足以眩其聽乎
肩吾見狂接輿狂接輿曰日中
始何以語汝肩吾曰告我君人者以己出經式義度人孰敢不聽
而化諸狂接輿曰是欺德也其於治天下也猶涉海鑿河而使蚉
負山也夫聖人之治也治外乎正而後行確乎能其事者而已矣
且鳥高飛以避矰弋之害鼷鼠深穴乎神丘之下以避熏鑿之患

而曾二蟲之無知肩吾任我者也狂接輿則其德足以知聖者也日中則明極而非其始也日中始則不知始乎窮冥之原也君人者聲爲律身爲度而用人推已則固有所謂以已出經者矣以義制事而宅人有心予忖度之則固有所謂式義度人者矣然此特其明之用而非其明之所自始也非其所自始則非所以命物而化之者也非所以命物而化之則非物所以聽而化之者也而謂如此則孰敢不聽而化諸則是以日中爲始者之所言而任我者之所信也夫求帝王之所興起不自於窮冥之原而自於明盛之際則非盡性至命而不見其誠已而發每發不當者也則所謂經者未必經所謂義者未必義而不免爲欺德而已矣而以之治天下則是猶涉海之不足以有濟鑿河之不足以有成而使蚉負山之不足勝任也何則河之深且廣必假舟航以濟之而涉之則不足以有濟也天下大物也有大物者不可以物物而不物故能物物而以已出經式義度人以濟之則海而涉之類也河之爲物由平地中而行之於所無事也而鑿之則不可以有成也天下神器不可爲也而以已出經式義度人以爲之則河而鑿之之類也夫以大物之至重神器之不可爲而以已出經式義度人不免於有已也以一已而在天下之無窮而任之則是蚉而負山之類也夫聖人之治也治外乎以已出經式度義人則治外者也正而後行確乎能其事而已則非治外之謂也天下之動貞夫一者也而王侯得一以爲天下貞是乃所謂正也則所謂道德之正者是也則所謂正正者不失其性命之情者是也若然者必深造於窮冥之原而求之於王倪之不知則所謂正者得矣若然者無有偏陂而人不見其所向也無有反側而人不見其所背也無有作好則人不可得而就也無有作惡則人不可得而避也凡吾之所爲者皆出於玄同而天下皆莫得其向背而避就之則天下之真情僞得矣若然者愚智不能易其宜仁賢不肖不能隱其情則其官爲者莫非唯乎能其事者也其敢操奇異而

以探我頷珠於九重之淵哉不然彼得吾向背好惡而投之我好文則彼彫繢而爲華也我好武則彼彎跋而爲勇也我好從則彼屈伏而爲柔也我好拂則彼矯訏而爲直也凡皆如此則雖欲行之確乎能其事者不可得也何以知其然也今夫鳥非知有矰弋也而高飛以避其害鼷鼠非知有熏鑿也而深穴乎神丘之下以避其患者蓋機心生乎內而機械作乎外則彼有以得之故也而曾謂二蟲之無知乎則人之知於二蟲甚矣苟不能無已而使彼有以窺之求其不爲高飛深穴之僅亦不可得也

天根遊於殷陽至蓼水之上適遭無名人而問焉曰請問爲天下無名人曰去汝鄙人也何問之不豫也予方將與造物者爲人厭則又乘夫莽眇之鳥以出六極之外而遊無何有之鄉以處壙埌之野汝又何帠以治天下感予之心爲又復問無名人曰汝遊心於淡合氣於漠順物自然而無容私焉而天下治矣 王乃天天乃道則王之倪者天也而天之根者道也蓋其手足以應帝王者非天根王倪不可與有至也殷陽則陽之盛而明者也蓼水之上則物之辛而濱於沉溺者也有天之根而遊乎殷陽則非立乎不測也此其所以集于蓼而濱於沉溺也道常無名无名人則人之體道者也取天下常以無事及其有事不足以取天下不知先造乎无事之地而唯爲天下之問此所以鄙其不豫也今夫人之所以爲人而物之所以造者誰歟則所謂无名人者爲之也故耳聽目視手持足行口言心思莫非无名人之所爲也顧人不知求之而已矣夫唯體是者无所

忻厭而有所忻厭者與人同也故忻則與造物者爲人厭則乘夫莽眇之鳥以出六極之外而遊無何有之鄉處壙埌之野而不可見也何則彼其爲人存亡在我而出入無迹其疾俛仰之間再撫四海之外莫知其所而瀰蒲六虛者也存亡在我而出入無迹則是乘莽眇之鳥也其疾俛仰之間再撫四海之外則是出六極之外也莫知其所而瀰蒲六虛則是無何有之鄉而處壙埌之野也則莫肯以天下爲事者也而汝又何帠以治天下而感其心爲哉蓋以爲天下而感其心者是乃所謂帠而非道也夫唯如此則無事之可以取天下也遊心於淡合氣於漠順物之自然而無容私焉而天下治是乃無事而取天下之道也蓋遊心於淡則不與物交而無所事合氣於漠則氣合於神而不可亂順物之自然而無容私焉則無爲而無不爲者也是乃所以爲無事也

陽子居見老聃曰有人於此嚮疾彊梁物徹疏明學道不勸如是者可比明王乎老聃曰是於聖人也胥易技係勞形怵心者也且也虎豹之文來田猨狙之便執斄之狗來藉如是者可比明王乎陽子居蹵然曰敢問明王之治老聃曰明王之治功蓋天下而似不自己化貸萬物而民弗恃有莫舉名使物自喜立乎不測而遊於無有者也道以復命知常爲明而明之出爲王則所謂明王者其所體固如此也則嚮疾彊梁物徹疏明學道不勸者非復命而知常者也惡足以比之乎蓋感而後應迫而後動不得已而後起則無所事於嚮疾矣嚮疾者言其趣之之疾也非時躇以興事而

動之係生者也柔之勝剛弱之勝彊則無所事於彊梁矣物之彊者莫若梁梁則其體彊則其用也王德之人視乎冥冥聽乎無聲則物徹跡明非王德也物徹則物物而徹之也非明白四達而能無知者也跡之爲明容光以爲明而非明之所自出也學不學以復衆人之過則學道不勸非學不學者也學道不勸則未能絕學日損以爲道者也內聖外王其體一也若是者之於聖人是乃所謂胥易技係勞形怵心而非內聖也蓋能有所技以勞其形思有所係以怵其心則百工以短長有無胥易而非聖人之以用夫天下者也虎豹之文來田猨狙之便執斄之狗來藉以其有以取之也則凡勞形怵心而爲天下用者是亦嚮疾彊梁物徹疏明學道不勸者之所自取也來田則勞形怵心而憂患之所集之譬也來藉則不能用天下而爲天下用之譬也猶者借也言其以巧力爲人之所借也淮南子以猶爲措言其爲人之所措皆不得安逸之謂也知所以爲明王者如此而後可以語明王之治也功蓋天下而以不自已則我不居之而已化貸萬物而民弗恃則我不有之而已則凡有者皆莫得與舉而名我使物自喜而已則帝力何有於我是也所以然者凡以立於不測而遊於无有故也則向之以此明王者不以踈乎

鄭有神巫曰季咸知人之死生存亡禍福壽夭期以歲月旬日若神鄭人見之皆棄而走列子見之而心醉歸以告壺子曰始吾以夫子之道爲至矣則又有至焉者矣壺子曰吾與汝既其文未既其實而固得道與衆雌而無雄而又奚卵焉而以道與世亢必信夫故使人得而相汝古者民之精爽

不捨乃二者在男曰巫在女曰覡能知上下鬼神之居則季咸知人之死生存亡禍福壽夭期以歲月旬日若神不足異也然季咸以其心相人之心者也則無心者彼固不得而相也壺子之於列子既其文而已而未既其實也實則所謂不識不知而無心之處也未既其實則未可以為得道也夫道未始有物則物莫非道也物莫非道則皆自空虛無有而莫之與匹猶衆雌而无雄而吾非慙物也居然獨有藏於胸中猶之無雄而卵也是以道與世亢而必信者也故使人得而相汝也若夫立乎不測遊乎無有者豈人之所得相乎

嘗試與來以予示之明日列子與之見壺子出而謂列子曰嘻子之先生死矣弗活矣不以旬數矣吾見怪焉見濕灰焉列子入泣涕沾襟以告壺子壺子曰鄉吾示之以地文萌乎不震不正是殆見吾杜德機也至人之靜也與陰同德其動也與陽同波以其無心而已矣地則與陰同德者也然徒與陰同德則彼莫得而見之故示之以地文使彼得而見也萌乎不震不正則所謂不之以地文也萌則所以示之也不震則不動也不正則不止也文則二者雖之謂也機者動之微也至人杜而不接之將其狀蓋如此也則所謂心如死灰是也濕灰則又其不然之甚也故以為死而弗活而不以旬數也

嘗又與來明日又與之見壺子出而謂列子曰幸矣子之先生遇我也有瘳矣全然有生矣吾見杜權矣列子入以告壺子壺子曰鄉吾示之以天壤名實不入而

機發於踵是殆見吾善者機也季咸初見其濕灰不知其爲杜也故以爲死及見其全然而有生然後知向之死灰者爲杜權也而非其正也天則與陽同波者也若徒與陽同波則彼亦莫得而見也故示之以天壤使彼得而見也名實不入則天而已天則無爲者也機發於踵則所以示之以其壤也壤者物之所自而生也踵者氣之所自而起也所謂真人之息以踵是也機發於踵則所自生者存矣是以知其有生也天地之大德曰生則元是也元謂之善於無爲之天而生氣發於其元是所謂善者機也嘗又與來明日又與之見壺子出而謂列子曰子之先生不齊吾無得而相焉試齊且復相之列子入以告壺子壺子曰吾鄉示之以太沖莫勝是殆見吾衡氣機也鯢桓之審爲淵止水之審爲淵流水之審爲淵淵有九名此處三焉地文則陰勝陽天壤則陽勝陰至其太沖則莫之勝而不一矣是以疑其不齊也中者一陰一陽之謂也太沖而莫勝則平矣是以謂之衡氣機也鯢桓之審爲淵止水之審爲淵流水之審爲淵心善淵者也則雖鯢桓之與流止未嘗不淵也一陰一陽沖而莫之勝蓋亦若是而已矣嘗又與來明日又與之見壺子立未定自失而走壺子曰追之列子追之不及反以報壺子曰已滅矣已失矣吾弗及已壺子曰鄉吾示之以未始出吾宗吾與之虛而委蛇不知其誰何因

以為弟靡因以為波流故逃也然後列子自以為未始學而歸
三年不出為其妻爨食豕如食人於事無與親彫琢復朴塊然
獨以其形立紛而封哉一以是終地文則杜德機也天壤則善者機也太沖莫勝則衡氣機也機者動
之微彼猶得而見也至夫示之以未始出吾宗則藏於天而示之以無所示也示
之以無所示則彼莫得而見是以自失而走也何則季咸以其心相人之心
者也我無心則彼所以相者亦不能以獨立也是以滅而不復起失而不
復得也滅矣失矣皆其所以相我者也夫無為而未始出吾宗則無心之謂
也無心矣則與之虛而委蛇不知其誰何也其止也因以為弟靡弟靡則莫
知其為靡列子以弟為茅是也其動也因以為波流波流則莫知其為流也
求我於動止之間皆不可得此其所以逃也學者學其所不能學也而列子
未知此故自以為未始學而歸以學之也三年不出為其妻爨食豕如食
人則忘我之至也於事無與親則致虛之至也若此則彫琢復朴而反乎性
也塊然獨以其形立而不與物交也紛而封哉一以是終則雖萬物擾擾
而吾之封自若則終莫之變也莊子方論應帝王而及此何也蓋為天下而
不至乎無心使人可得而相則得於天下而非所以得天下也取於天下而
非所以取天下也用於天下而非所以用天下也何則人王至寡也天下至
衆也不恃乎無心而以有知為之也則我之視天下如立乎臺觀之上
而隱隱闐闐之下我高而彼隱也天下之視我如藏乎縱霤之內而觀乎戶庭之
外彼幽而我明也顯而視隱難幽而視明易所謂雖有至智萬人謀之則其情
常得於天下而非所以得天下也得於天下則取於天下而非所以取天下也
取於天下則用於天下而非所以用天下也若然者其患非特不能行之於雖乎

能其事者而已然則不可得而相者固人主之所以致知以得天下而取而用之之道也無爲名尸無爲謀府無爲事任無爲知主體盡無窮而遊無朕盡其所受乎天而無見得亦虛而已至人之用心若鏡不將不迎應而不藏故能勝物而不傷帝王之道至於無心而使人不得而相而後不爲名尸謀府事任智主之所累也名者實之賓也名而爲之尸則不能受國之垢不祥而以有餘奉天下非所以賓之也無爲名尸則我無名而天下莫之能名矣謀者作之聰而積之衆者也府我所有也謀而爲之府則其出不啻而聰有所不盡也無爲謀府則我不謀而天下爲之謀矣事者下之所以事上而非上之所以畜下也事而任之則爲天下用而非所以用天下也無爲事任則我無爲而任事者責矣智雖落天地不自慮也智而主之則自慮矣無爲智主則我無慮而天下爲之慮矣外不爲名尸事任內不爲謀府智主則我固無已而體盡無窮而遊無朕也體盡无窮則光大之至也遊乎無朕則鬼神之不能見也而況於人乎若然者無定盡其所受於天而無見得亦虛而已盡其所受於天而無見得則常因其自然而不益生者也則夫所謂虛者豈虛之而後虛哉吾之心本虛故也是以至人之用心若鏡其去不將則既往無所存其來不迎則未至不可見應而不藏則方今不可則以盡其所受於天者既故也夫唯盡其所受於天者而全之是以勝物而不傷也南海之帝爲儵北海之帝爲忽中央之帝爲渾沌儵與忽時相與遇於渾沌之地渾沌待之甚善儵與忽謀報渾沌之德曰人皆有七竅以視聽食息此獨無

有嘗試鑿之日鑿一竅七日而渾沌死南海之帝爲儵南陽也儵言其儵然而有也北海之帝爲忽北陰也忽言其忽然而亡也海言其實而不可窮也中央之帝爲渾沌渾沌言其渾渾沌沌而不相離也帝則吾心而所謂天君也心之出入乎無窮其疾常在俛仰之間故以儵忽言之也南海之帝爲儵則心之出而麗乎有也北海之帝爲忽則心之入而麗乎無也心麗乎有無則道之分也中央則不有不無而合之者也視之不見聽之不聞搏之不得此三者不可致詰故混而爲一是以謂之渾沌也其分爲儵忽其合爲渾沌則儵忽雖異乎渾沌而渾沌未嘗與之異也故相與遇於渾沌之地而渾沌遇之甚善也夫唯無知而相忘於道術此大樸之所以全也知其爲善而謀報之則是索之以知而所以視聽食息者日鑿而與物遇矣而欲樸之不喪不可得也故夫世之爲道者知道之爲善而必惑復之是謀報渾沌之德之類也始於介然之知卒至於耳目口鼻逐物而不知反以至喪其素樸則日鑿一竅七日而渾沌死之類也然則所以應帝王者其唯真脩渾沌氏之術而其心未嘗死者乎

壬辰重改證呂太尉經進莊子全解卷第三

壬辰重改證呂太尉經進莊子全解卷第四

駢拇第八

駢拇枝指出乎性哉而侈於德附贅縣疣出乎形哉而侈於性多方乎仁義而用之者列於五藏哉而非道德之正也是故駢於足者連無用之肉也枝於手者樹無用之指也多方駢枝於五藏之情者淫僻於仁義之行而多方於聰明之用也太初有無無有無名一之所起有一而未形物得以生之謂德留動而生物物成生理謂之形形體保神各有儀則謂之性駢拇枝指非不出乎性也而德則所無也附贅縣疣非不出乎形也而性則所無也於所無而有之此所以為侈也其氣為五行其德為五常其事為五事其形為五藏則多方乎仁義而用之者非不列於五藏也而於道德之正則亦所無而已肝木也為仁肺金也為義推之其餘則禮智信可知矣[illegible]火也為視腎水也為聽推之其餘則為皃之恭為言之從為[illegible]之睿可知矣是故駢於足者連無用之肉也枝於手者樹無用之指也[illegible]方駢枝於五藏之情者淫僻於仁義之行而多方於聰明之用也則於[illegible]德之正亦為無用而已所謂道德之正者無為以反一而已無為以反一則尚何淫僻於仁義之行而多方於聰明之用哉

是故駢於明者亂五色淫文章青黃

黼黻之煌煌非乎而離朱是已多於聰者亂五聲淫六律金石絲竹黃鍾大呂之聲非乎而師曠是已枝於仁者擢德塞性以收名聲使天下簧鼓以奉不及之法非乎而曾史是已駢於辯者纍瓦結繩竄句遊心於堅白同異之間而敝跬譽無用之言非乎而楊墨是已故此皆多駢旁枝之道非天下之至正也彼正正者不失其性命之情故合者不為駢而枝者不為跂長者不為有餘短者不為不足是故鳧脛雖短續之則憂鶴脛雖長斷之則悲故性長非所斷性短非所續無所去憂也明者謂其自見也五色文章青黃黼黻之煌煌則所見者也而以為明則是以自見與所見者合而駢之也此離朱之所以駢於明也聰者謂其自聞也而五聲六律金石絲竹黃鍾大呂之聲則物之在外者也而內之以為聰則是益而多之也此師曠之所以多於聰也知明之所以駢則聰之所以駢可知矣知聰之所以多則明之所以多亦可知矣放道之自出率性之自適則天下皆是於己而不為有餘也擢德則助長者也塞性則壓其所生者也簧鼓則聲之相和也唯其為之太過以收名聲則天下相與和之以奉其不及之法此曾史之所以枝於仁也道以不

言爲辯則辯非道也瓦甓鱗比而累之繩貫條直而結之皆物之有餘而无用者也句所以通其續而心貴乎虛而竄之遊之於堅白同異之間而敝行距位以譽无用之言若累瓦結繩然者則以辯爲道者也此楊墨之所以辯於辯也知辯之爲駢則仁之爲駢可知矣知仁之爲枝則辯之爲枝亦可知矣夫謂之多駢旁枝之道則非天下之至正也彼正正者不失其性命之情則無爲而自然者也故合者不爲駢枝者不爲跂長者不爲有餘短者不爲不足以其出於自然而无所加損而已矣故鳧脛雖短續之則憂鶴脛雖長斷之則悲悲然未嘗有續而斷之者也凡以出於其性而非所斷續是以無所去之而亘憂也

意仁義其非人情乎彼仁人何其多憂也且夫駢於拇者決之則泣枝於手者齕之則啼二者或有餘於數或不足於數其於憂一也今世之仁人蒿目而憂世之患不仁之人決性命之情而饕貴富故意仁義其非人情乎自三代以下者天下何其囂囂也且夫待鉤繩規矩而正者是削其性也待繩約膠漆而固者是侵其德也屈折禮樂呴俞仁義以慰天下之心者此失其常然也天下有常然常然者曲者不以鉤直者不以繩圓者不以規方者不以矩附離不以膠漆約束不以纆索故天下誘然皆生而不知其所以生同

焉皆得而不知其所以得故古今一不二不可虧也則仁義又奚連連如膠漆纆索而遊乎道德之間爲哉使天下惑也夫小惑易方大惑易性何以知其然邪自虞氏招仁義以撓天下也天下莫不奔命於仁義是非以仁義易其性與

仁義列於五藏而大仁不仁至義不物奚爲而非人情乎唯其爲之太過而不由於道德之正則意其非人情也彼仁人何其多憂則爲之太過者也且夫駢於拇者決之則泣枝於手者齕之則啼二者或有餘於數或不足於數至於去之而憂則一也則異乎長者不爲有餘短者不爲不足而非所斷續者也今世之仁人蒿目而憂世之患則有餘於數之類也不仁之人決性命之情而饕貴富則不足於數之類也然莫知其爲非性命之情而守之則使之而泣齕之則啼之類也蒿目視之不明也詩所謂匪莪伊蒿則視之不明也自三代以下何其囂囂而不能安其駢也待鉤繩規矩而正者是削其性也性則自正無所事削也待繩約膠漆而固者是侵其德也德則自固無所事侵也侵者以外物入之之謂也性則自正德則自固而屈折禮樂呴俞仁義以慰天下之心是削其性侵其德而失其常然者也屈折則待鉤繩規矩而後正之類也呴俞則傴拊則待纆約膠漆而後固之類也皆非其常然也夫所謂常然者曲者不以鉤直者不以繩圓者不以規方者不以矩附離不以膠漆約束不以纆索因其自然而無所加損則其常然者也夫惟天下得其常然故誘然皆生而不知其所以生則非擢德者也同焉皆得而不知其所以得則非塞性者也誘然者猶草木之林相誘以生而非助長者也故古而不敝今而不新則古今不二而不可虧矣此所謂常然而道德之正也則仁義又奚連連如膠漆纆

索以遊乎其間而使天下惑也夫唯復命知常則明而不惑矣而以仁義連連如膠漆纆索遊於其間則使天下惑也小惑易方則以東為西也大惑易性則以无為有也蓋虞氏其猶藏仁以要人則是招仁義也人生而靜而撓之以仁義則是以仁義撓天下而天下莫不奔命於仁義也天下莫不奔命於仁義是以仁義易其性也

故嘗試論之自三代以下者天下莫不以物易其性矣小人則以身殉利士則以身殉名大夫則以身殉家聖人則以身殉天下故此數子者事業不同名聲異號其於傷性以身為殉一也

夫謂之聖人而有所殉何也神降而為聖而王則聖之外也自三代以下一見聖王之迹而其所以為神天者隱而不見矣故禹之胼胝湯武之征伐雖出於不得已則其迹不免於殉天下之弊也而莊子方絶其迹而反乎神天之本宗則其論聖人固宜如此非小之也則求莊子之意者不可以不先知此也

臧與穀二人相與牧羊而俱亡其羊問臧奚事則挾筴讀書問穀奚事則博塞以遊二人者事業不同其於亡羊均也伯夷死名於首陽之下盜跖死利於東陵之上二人者所死不同其於殘生傷性均也奚必伯夷之是而盜跖之非乎

羊之辰未未土之正位則脾意也牧羊則守意者也或言牧羊或言牧馬牧馬則養心者也育其息不心而欲正其心者必先誠其意則守意者乃所以養心也臧則男之婿婢者也而穀則良家之子也挾筴讀書則燕於无不善

者也然不免與不善已也故以微言之博塞以遊則適於放逸而无良心者也然其所出則良也故以穀言之挾策讀書博塞以遊皆害於守意者也則二人者雖事業不同其亡羊均也伯夷死名於首陽之下則挾策讀書而亡其羊之譬也盜跖死利於東陵之上則博塞以遊而亡其羊之譬也二人者所死雖不同其於殘生傷性均也奚必伯夷之是而盜跖之非乎此爲道者所以兩忘而化其道也

天下盡殉也彼其所殉仁義也則俗謂之君子其所殉貨財也則俗謂之小人其殉一也則有君子焉有小人焉若其殘生損性則盜跖亦伯夷已又惡取君子小人於其間哉

名與身孰親則身固親於名也身與貨孰多則身固多於貨也得與亡孰病則亡固病於得也天下盡殉也彼其所殉仁義也則不知身之親於名也而俗謂之君子其所殉貨財也則不知身之多於貨也而俗謂之小人其殉一也則有君子焉有小人焉而其殘生傷性則盜跖亦伯夷已則不知得之病於亡則均也

且夫屬其性乎仁義者雖通如曾史非吾所謂臧也屬其性於五味雖通如俞兒非吾所謂臧也屬其性乎五聲雖通如師曠非吾所謂聰也屬其性乎五色雖通如離朱非吾所謂明也吾所謂臧者非仁義之謂也臧於其德而已矣吾所謂臧者非所謂仁義之謂也任其性命之情而已矣吾所謂聰

者非謂其聞彼也自聞而已矣吾所謂明者非謂其見彼也自見而已矣夫不自見而見彼不自得而得彼者是得人之得而不自得其得者也適人之適而不自適其適者也夫適人之適而不自適其適雖盜跖與伯夷是同爲淫僻也余愧乎道德是以上不敢爲仁義之操而下不敢爲淫僻之行也

爲道者以爲文不足故令有所屬見素抱樸少私寡欲乃其所以屬也則性是也性則物之所屬而非屬於物者也而曾史屬乎仁義與夫俞兒屬於五味師曠屬乎五聲離朱屬乎五色其以性屬乎物則一也則非吾所謂臧與聰明也吾所謂臧則言臧之體也臧之體非仁義之謂也臧於其德乃臧之體也吾所謂臧者臧之者也臧之也者非所謂仁義之謂能臧之也任其性命之情乃其能臧之者也蓋所謂仁義之謂則已有謂矣其所臧之者特未定也任其性命之情則无謂而不可名者也則其臧之者乃眞所謂臧也吾所謂聰者非謂其聞彼也自聞而已矣吾所謂明者非謂其見彼也自見而已矣凡非在我者皆彼也見我之所見則自見者也聞我之所聞則自聞者也則所謂見見聞聞者是也夫不自見而見彼則是不自得而得彼也言見則知得之爲聞言得則知見亦爲得矣夫人莫不有所謂性命之情苟其所見聞者在彼而不在我則是得人之得適人之適而未嘗自得其性命之情而適之者也若然則盜跖與伯夷豈有間哉同爲淫僻而已以皆非道德之正也上不敢爲仁義之操下不敢爲淫僻之行則兩忘之者也夫伯夷聖人也安有不自得而得人之得適人之適而不自適而可以爲聖人哉蓋其制行方且

使頑夫廉懦夫有立志則其迹不免於為名而已故莊子方言性命之情以兩忘名利則以伯夷盜跖同為淫僻也及其論高節戾行足以矯世則伯夷叔齊二士之節與許由善卷孔子顏闔同列於讓王也

馬蹄第九

馬蹄可以踐霜雪毛可以禦風寒齕草飲水翹足而陸此馬之真性也雖有義臺路寢无所用之及至伯樂曰我善治馬燒之剔之刻之雒之連之以羈馽編之以皁棧馬之死者十二三矣飢之渴之馳之驟之整之齊之前有橛飾之患而後有鞭筴之威而馬之死者已過半矣陶者曰我善治埴圓者中規方者中矩匠人曰我善治木曲者中鉤直者應繩夫埴木之性豈欲中規矩鉤繩哉然且世世稱之曰伯樂善治馬而陶匠善治埴木此亦治天下者之過也

馬蹄可以踐霜雪毛可以禦風寒齕草飲水翹足而陸此馬之真性也雖有義臺路寢無所用之則民之有常性織而衣耕而食足以自給而无所羨於高明之譬言也伯樂曰我善治馬燒之剔之刻之雒之連之以羈馽編之以皁棧馬之死者十二三矣則蹩躠為仁踶跂為義而天下始疑之譬也

飢之渴之馳之驟之整之齊之前有橛飾之患後有鞭筴之威而馬之死者已過半矣則蹩躠為樂摘僻為禮而天下始分之譬言也天下有常然曲者不以鉤直者不以繩圓者不以規方者不以矩因其性之自然而已今之陶者曰我善治埴圓者中規方者中矩匠人曰我善治木曲者中鉤直者應繩夫待方圓曲直而後正者則失其常然也為天下而失其常然是乃不知在宥而治天下者之過也

吾意善治天下者不然彼民有常性織而衣耕而食是謂同德一而不黨命曰天放故至德之世其行填填其視顛顛當是時也山無蹊隧澤無舟梁萬物群生連屬其鄉禽獸成群草木遂長是故禽獸可係羈而遊鳥鵲之巢可攀援而闚夫至德之世同與禽獸居族與萬物並惡乎知君子小人哉同乎無知其德不離同乎無欲是謂素樸素樸而民性得矣

善治天下者亦不然因其常性而已矣彼民有常性織而衣耕而食是謂同德德者性之所有而無待於外而民之所同也唯其同也故無所事比而自養者已足而非賴於人之救之也一而不黨則同而無所事比之謂也命曰天放則非人之牧之之謂也天下之民成乎其性則至德之世也無所追逐則其行填填而不跨以跛也無所睎望則其視顛顛而不偏於外也山無蹊隧澤無舟梁則至老死不相往來也方物群生連屬其鄉則無族類之分也禽獸成群草木遂長則無殺伐之害也唯其如此故禽獸可係羈而遊則非深居簡出而避害也鳥鵲之巢可攀援而闚則非深

巢高飛而避患也禽獸萬物猶與之同居並族則烏知君子小人之分哉不知君子小人之分則同乎無知也填填顛顛而不相往來則同乎無欲也含德之厚比於赤子同乎無知則其德不離矣見素抱樸少私寡欲同乎無欲則是謂素樸矣素樸則民性得矣素則不雜樸則不散也然則欲遊乎至德之世者無他反其常性而已

及至聖人蹩躠為仁踶跂為義而天下始疑矣澶漫為樂摘僻為禮而天下始分矣故純樸不殘孰為犧樽白玉不毀孰為珪璋道德不廢安取仁義性情不離安用禮樂五色不亂孰為文采五聲不亂孰應六律夫殘樸以為器工匠之罪也毀道德以為仁義聖人之過也民反常性而不離乎其真則所謂聖者不可得而見也故同乎無欲而見其素樸則未始有疑也同乎無知而其德不離則未始有分也及離乎其真有所謂聖人者出蹩躠為仁踶跂為義不由乎自然而亡其素樸則天下始疑矣蹩躠旋行踶跂用力則不由乎自然之謂也澶漫為樂摘僻為禮不由乎至正而離乎常德則天下始分矣澶漫無節摘僻不通則不由乎至正之謂也自強行仁義澤樂悪禮者觀之則聖人居仁由義而無蹩躠踶跂矣和樂中禮而無澶漫摘僻矣自道德之自然性命之至正觀之則雖聖人之於仁義禮樂猶不免於蹩躠踶跂澶漫摘僻而為之也故純樸不殘孰為犧樽犧樽者青黃而文之以文滅質而不見其素樸者也則以況夫毀道德以為仁義而始疑者自也白玉不毀孰為珪璋珪璋者析一以為二者也則以況夫離情以為禮樂而始分者也此二者皆多方駢枝於五藏之情而淫僻於仁義

之行多方正聰明之用者也五色不亂孰爲文采五聲不亂孰應六律則以況夫多方乎聰明而用之者也故殘樸以爲器工匠之罪也絕巧而反乎樸則工匠之罪除矣毀道德以爲仁義聖人之過也絕仁棄義而反乎道德則聖人之過去矣無他反乎其常性而已矣

夫馬陸居則食草飲水喜則交頸相靡怒則分背相踶馬知已此矣夫加之以衡扼齊之以月題而馬知介倪闉扼鷙曼詭銜竊轡故馬之知而能至盜者伯樂之罪也夫赫胥氏之時民居不知所爲行不知所之含哺而熙鼓腹而遊民能以此矣及至聖人屈折禮樂以匡天下之形縣跂仁義以慰天下之心而民乃始踶跂好知爭歸於利不可止也此亦聖人之過也

夫馬陸居則食草飲水喜則交頸相靡怒則分背相踶馬知已此矣則猶是赫胥氏之時民居不知所爲行不知所之含哺而熙鼓腹而遊也加之以衡扼齊之以月題則猶是聖人屈折禮樂以匡天下之形縣跂仁義以慰天下之心也而馬知介倪闉扼鷙曼詭銜竊轡其知能至盜者則猶之民踶跂好知爭歸於利不可止也介則介閒倪則端倪闉則闉曲扼則控扼鷙則馬之很而曼蓋馬之謾知夫銜扼銜轡介倪闉扼之所在而施其鷙曼以詭銜竊轡此馬之知所以至於盜也然則欲馬之知不至於盜而人之心不至於好知而爭歸於利無他反其真性而已矣自容成氏以至神農氏凡十二世莫非至德而獨言赫胥氏何也以

名制義則赫明也胥耜也赫胥氏則明而萬物相見之時也而居不知所為行不知所之含哺而熙鼓腹而遊則豈必求之於玄冥之間哉赫胥氏之行固已然矣此則反其真性以觀之故也

胠篋第十

將為胠篋探囊發匱之盜而為守備則必攝緘縢固扃鐍此世俗之所謂知也然而巨盜至則負匱揭篋檐囊而趨唯恐緘縢扃鐍之不固也然則向之所謂知者不乃為大盜積者也故嘗試論之世俗所謂知者有不為大盜積者乎所謂聖者有不為大盜守者乎何以知其然邪昔者齊國鄰邑相望雞狗之音相聞罔罟之所布耒耨之所刺方二千餘里闔四境之內所以立宗廟社稷治邑屋州閭鄉曲者曷嘗不法聖人哉然而田成子一旦殺齊君而盜其國所盜者豈獨其國邪并與其聖知之法而盜之故田成子有乎盜賊之名而身處堯舜之安小

國不敢非大國不敢誅十二世有齊國則是不乃竊齊國并與其聖知之法以守其盜賊之身乎攝緘縢固扃鐍以防胠篋發匱之盜者此世俗之所謂知也然巨盜至則負之而趨唯恐其不固則世俗之所謂知者有不為大盜積者乎立宗廟社稷邑屋州閭鄉曲之法以守四境之內者此世俗之所謂聖也然田成子一旦竊其國并其聖知之法以守其盜賊之身則世俗之所謂聖者有不為大盜守者乎世俗所謂聖知者如此則真其聖知者固不然也嘗試論之世俗之所謂至知者有不為大盜積者乎所謂至聖者有不為大盜守者乎何以知其然邪昔者龍逢斬比干剖萇弘胣子胥靡故四子之賢而身不免乎戮故跖之徒問於跖曰盜亦有道乎跖曰何適而無有道邪夫妄意室中之藏聖也入先勇也出後義也知可否知也分均仁也五者不備而能成大盜者天下未之有也由是觀之善人不得聖人之道不立跖不得聖人之道不行天下之善人少而不善人多則聖人之利天下也少而害天下也多世俗之所謂明知者攝緘縢固扃鐍之類而已而所謂聖者立宗廟社稷治

邑屋州閭鄉曲之類而已皆以法爲聖知者也所謂至知至聖者則亦不出所謂聖勇義智仁之名而已而不知知之所以知慮與夫聖之所以聖者也故四子者不能以全其身而跖之徒反資以爲盜也則世俗之所謂至知與至聖者亦不免爲大盜以積且守而已夫所謂至知者常止於所不知而至聖者常在於無名則世俗之所謂至知至聖者如向之所言而使跖之徒反資以爲盜則其利天下也少而害天下也多非虛言也

故曰脣竭則齒寒魯酒薄而邯鄲圍聖人生而大盜起掊擊聖人縱舍盜賊而天下始治矣

絕聖而舍其德而賊心不能起則脣齒之全而梁欲圍邯鄲而難於楚之時也聖際一開賊心乘之則脣竭齒寒而楚有事魯而梁得以圍邯鄲之時也而已魯酒薄而邯鄲圍者以明魯酒薄非以圍邯鄲而邯鄲圍猶聖人生非以起大盜而大盜起也脣齒則以況相因魯酒邯鄲則以況其非相因而因也然則欲治天下則莫若掊擊聖人縱舍盜賊而善惡兩忘而已矣

夫川竭而谷虛丘夷而淵實聖人已死則大盜不起天下平而無故矣聖人不死大盜不止雖重聖人而治天下則是重利盜跖也爲之斗斛以量之則并與斗斛而竊之爲之權衡以稱之則并與權衡而竊之爲之符璽以信之則并與符璽而竊之爲之仁義以矯之則并與仁義而竊之

心之所以不虛而賊心得起於其間者以聖爲之川而壅之也竭其

聖川而涸之則谷虛而盜不生矣心淵之所以不實而賊心得入於其間者以聖爲之丘而傾之也夷其聖丘而塡之則淵實而盜不侵矣則聖人已死大盜不起而天下所以平而無故也平者水停之盛也其可以爲法也內保之而外不蕩也天下平而無故亦若是而已所謂死者不生於其心也苟不能絕聖棄智而賊心生於其間則聖人不死大盜不止也則雖重聖人則是重利盜跖也故爲之斗斛以量之則幷與斗斛而竊之爲之權衡以稱之則幷與權衡而竊之爲之符璽以信之則幷與符璽而竊之爲之仁義以矯之則幷與仁義而竊之何則不能滅其賊心雖有法度莫之能禁而反爲之資也

何以知其然邪彼竊鉤者誅竊國者爲諸侯諸侯之門而仁義存焉則是非竊仁義聖知邪故逐於大盜揭諸侯竊仁義幷斗斛權衡符璽之利者雖有軒冕之賞弗能勸斧鉞之威弗能禁此重利盜跖而使不可禁者是乃聖人之過也故曰魚不可脫於淵國之利器不可以示人彼聖人者天下之利器也非所以明天下也

威賞之加易於小盜而難於大盜故竊鉤者則誅而竊國者則爲諸侯而莫之能誅也至諸侯之門仁義存焉則是非聖知仁義而竊之也況其尤大而揭諸侯者乎則雖有軒冕之賞不能勸斧鉞之威不能禁也則重利盜跖而使不可禁者是乃離其眞而爲聖之過也天下之至柔馳騁天下之至堅無有入於無閒其柔弱之足以勝剛強則所謂利器也猶魚之藏於淵而不可獲也而離其眞以爲聖以明天下而使人得而見之則魚之脫於淵

而獲而以國之利器示人而使大盜之得以竊而竊之也故絕聖棄智大盜乃止擿玉毀珠小盜不起燒符破璽而民朴鄙掊斗折衡而民不爭殫殘天下之聖法而民始可與論議大盜竊聖知小盜竊珠玉故必絕棄擿毀其所竊而後止而不起也然所謂絕聖棄知者非滅其典籍棄其器數之謂也不以生於心而已所謂擿玉毀珠者非出之府庫而棄之山川之謂也不以貴之心而已所謂焚符破璽者非焚而破之也以信信之則民朴鄙而符璽非所恃也所謂掊斗折衡者非掊而折之也以平平之則民不爭而斗衡非所恃也殫殘天下之聖法凡以此而已夫然則民復其性命之情而始可與論議矣擢亂六律鑠絕竽瑟塞瞽曠之耳而天下始人含其聰矣滅文章散五采膠離朱之目而天下始人含其明矣毀絕鉤繩而棄規矩攦工倕之指而天下始人有其巧矣故曰大巧若拙削曾史之行鉗楊墨之口攘棄仁義而天下之德始玄同矣彼人含其明則天下不鑠矣人含其聰則天下不累矣人含其知則天下不惑矣人含其德則天下不僻矣彼曾史楊墨師曠工倕離朱者皆外立其德而以爚亂天下者

也法之所無用也所謂攦乱六律鑠絕竽瑟塞瞽曠之耳者自反聽而已我反聽則天下含其聰矣所謂滅文章散五采膠離朱之目
者內視而已我內視則天下含其明矣則毀絕鉤繩絕規矩攦工倕之指而天
下人始有其巧削曾史之行鉗楊墨之口攘棄仁義而天下之德始玄同則
皆在我棄知絕巧不見可欲而已也人含其明則天下不鑠不鑠則韜其明藏
光而不鑠於外也人含其聰則天下不累不累則聽之無聲而不多於聽也人
含其知則天下不惑不惑則不以物易其性也人含其德則天下不僻不僻則
同於大通也彼外立其德以爚亂天下者則非含其聰明知德而反於性命之
情者也夫水之可以爲法者內保之而外不蕩也法亦若是而已外立其德
而蕩其性固法之所無用也然則莊子之意可知已而揚雄氏曰剽剝聖
人而漸諸以禮樂吾不觀也韓愈氏曰古之無聖人人之類滅久矣今其言曰聖
人不死大盜不止掊斗折衡而民不爭是亦不思而已矣皆以莊子爲責毀詆
擊聖知縱舍盜賊殫殘法度
者也是豈可與微言者乎

子獨不知至德之世乎昔者容成氏大
庭氏伯皇氏中央氏栗陸氏驪畜氏軒轅氏赫胥氏尊盧氏祝
融氏伏犧氏神農氏當是時也民結繩而用之甘其食美其
服樂其俗安其居鄰國相望雞狗之音相聞民至老死而不
相往來若此之時則至治已今遂至使民延頸舉踵曰某所
有賢者贏糧而趣之則內棄其親而外去其主之事足跡接乎

諸侯之境車軌結乎千里之外則是上好知之過也聖人之治常使民無知無欲無知也故結繩而用之無欲也故甘其食美其服樂其俗安其居鄰國相望雞狗之音相聞民至老死不相往來而黃帝耆舊所謂髙下不相苦暴者也則所謂至德之世也而必以容成氏至神農氏爲言者蓋墳典之書存其事猶有傳焉則其治者固亦已試之驗也上誠好知而無道則天下大亂矣何以知其然邪夫弓弩畢弋機變之知多則鳥亂於上矣鉤餌罔罟罾笱之知多則魚亂於水矣削格羅落罝罘之知多則獸亂於澤矣知詐漸毒頡滑堅白解垢同異之變多則俗惑於辯矣故天下每每大亂罪在於好知故天下皆知求其所不知而莫知求其所已知者皆知非其所不善而莫知非其所已善者是以大亂故上悖日月之明下爍山川之精中墮四時之施惴耎之蟲肖翹之物莫不失其性甚矣夫好知之亂天下也自三代以下者是已舍夫種種之民而悅夫役役之佞釋夫恬惔無爲而悅夫啍啍之意啍啍已亂天下矣

知以索之詐以給之斷以入之毒以交之頡而不可係滑而不可持堅之在白白之在堅解以釋之垢以飾之同以合之異以散之俗之所以惑於辯者不過若是而已道在邇而求之遠事在易而求之難天下皆知其所不知則遠與難者也而莫知求其所已知則易與近者也天下皆知美之為美斯惡已皆知善之為善斯不善已皆知非其所不善則惡與不善也而莫知非其所已善者則美與善也復乎無為則離美與善亦非性命之情也山無蹊隧澤無舟梁民至老死不相往來而自為族則所謂種種之民也其所有賢者則贏糧而趣之則役役之佞也恬淡無為則有問而應之而無意於尊尊者也其殺我也以父其諫我也以子則尊尊之意也此皆尚賢好知之過也由有知而後有聖人有聖人而後有大盜聖人大盜皆知之所自出也是以於終皆以去知為言也

在宥第十一

聞在宥天下不聞治天下也在之也者恐天下之淫其性也宥之也者恐天下之遷其德也天下不淫其性不遷其德有治天下者哉昔堯之治天下也使天下欣欣焉人樂其性是不恬也桀之治天下也使天下瘁瘁焉人苦其性是不愉也夫不恬不愉非德也非德也而可長久者天下無之天下有常性性有常德在之使不淫宥之使

不遷而天下自治矣，奚以治天下爲哉。蓋天下者萬物之所一也，其性則我性是也，其德則我德是也。在宥天下則任宥我而已矣，在宥我則所以在宥天下也。何謂在之？使不淫在之爲言也，存之而不亡之謂也。性則其自然而不益生者也，益生則淫矣。存之而不亡，所以防其淫也。故曰在之也者，恐天下之淫其性也。何謂宥之？使不遷宥之爲言也，放之而不縱之謂也。囿之宥物流之宥，刑皆放之而不縱之者也。德則其自足而無以爲者也，爲之則遷矣。放之而不縱，所以守其德也。故曰宥之也者，恐天下之遷其德也。性則不淫，德則不遷，無爲而已矣。無爲則無我，無我則治天下者有其誰哉？夫無爲而已矣，而不容有治天下者存乎其間，則所謂堯桀之是非不可得也。誠有所謂堯桀者，則均於有治天下者也，則不免淫其性遷其德而已矣。故堯則使天下欣欣焉人樂其性，是不恬也；桀則使天下瘁瘁焉人苦其性，是不愉也。人生而靜則性未始有樂苦也，而使之樂苦，則是淫其性也；淫其性未有不遷其德者也。不恬不愉，是乃遷其德而非德也。恬則心之淡，而愉則心之俞，遊心於淡而俞則顛之，是乃所以爲德也。惟德爲可久，則非德而可長久天下無之也。此所謂兩忘而化其道者也。

人大喜邪毗於陽，大怒邪毗於陰。陰陽并毗，四時不至，寒暑之和不成，其反傷人之形乎！使人喜怒失位，居處無常，思慮不自得，中道不成章，於是乎天下始喬詰卓鷙，而後有盜跖、曾、史之行。故舉天下以賞其善者不足，舉天下以罰其惡者不給，故天下之大不足以賞罰。自三代以下者，匈匈焉終以賞罰爲事彼何暇安其性命之情哉萬物負陰而抱陽沖氣以爲和人莫不有沖氣之和以與天地通而有喜焉使之樂其性至於大喜焉而毗於陽有怒焉使之苦其性至於大怒而毗於陰陰陽并毗傷其沖氣以墮四時之施則四時不至寒暑之和不成而反傷人之形至於使人喜怒失位居處無常思慮不自得中道不成章則所謂兩相傷者也於是乎天下始喬詰卓鷙而後有盜跖曾史之行而非其常然者也喬則上高詰則窮深卓則難及鷙則不群皆非平易中正之謂也此賞罰之所以不足而性命之情所以不得而安也若夫化而欲作吾將鎮之以無名之樸無名之樸亦將不欲不欲以靜天下將自正矣至於以賞罰爲事哉而且說明邪是淫於色也說聰邪是淫於聲也說仁邪是亂於德也說義邪是悖於理也說禮邪是相於技也說樂邪是相於淫也說聖邪是相於藝也說知邪是相於疵也天下將安其性命之情之八者存可也亡可也天下將不安其性命之情之八者乃始臠卷傖囊而亂天下也而天下乃始尊之惜之甚矣天下之惑也豈直過也而去之邪乃齊戒以言之跪坐以進之鼓歌以儛之吾若是何哉天下方不安其性命之情則所謂明聰仁義禮樂聖知者非其正也而且說之則明非自見也淫於色而已聰非自聞也淫於聲

而已仁非至仁則不免亂於德也義非至義則不免悖於理也禮非禮之意則相於技而已樂非樂之情則相於淫而已聖非其所以聖則不免爲藝也知非其所以知則不免爲疵也蓋以多能爲聖則是藝而已以有知爲知則是疵而已疵則滌除玄覽者之所欲無者也天下方且病之又說而相之是重病之也故天下將安其性命之情之八者存可也亡可也以其無益損乎其真也天下將不安其性命之情之八者乃始臠卷傖囊而亂天下此莊子所以攘棄而擠擊之也臠則臠而不全卷則收而不舒傖則積而不散囊則結而不解皆所以亂天下者也傖之言倉也而天下乃始尊之惜之則惑也夫天下所謂明聰仁義禮樂聖知者非其正也則先王以爲芻狗蘧廬者也及其過也則去之而已今則不然而乃齊戒以言之跪坐以進之鼓歌以儛之以爲天下之至正真在是也則不知有性命之情而迷之日久者也吾若之何哉

故君子不得已而臨莅天下莫若無爲無爲也而後安其性命之情故貴以身於爲天下則可以託天下愛以身於爲天下則可以寄天下

臨莅天下誠出於不得已而無爲則我奚爲不貴愛以身於爲天下而以徇之哉斯則可以寄託天下者也貴則不輕其身愛則不危其身則貴愈於愛也託如託親寄如寄物則託重於寄也

故君子苟能無解其五藏無擢其聰明尸居而龍見淵默而雷聲神動而天隨從容無爲而萬物炊累焉吾又何暇治天下哉

无解其五藏則不散而淫乎仁義也無擢其聰明則不引而屬乎聲色也尸居而龍見則其見出於无爲也淵默而雷聲則其聲出於不言

也神動則感而後應而天隨則不召而自來也夫唯如此則從容無爲而萬物炊累焉炊則生物之以息相吹者也累則炊之積而爲累也炊累則莫致之塵如塵之自集聚以爲累而非所美也則又何暇治天下哉

崔瞿問於老聃曰不治天下安臧人心老聃曰汝慎無攖人心人心排下而進上上下囚殺淖約柔乎剛彊廉劌彫琢其熱焦火其寒凝冰其疾俛仰之間而再撫四海之外其居也淵而靜其動也縣而天僨驕而不可係者其唯人心乎

在宥天下而不治之乃所以不攖人心也欲治而臧之則是攖之也人心排之則下進之則上則莫知其郷者也上下囚殺則綽約柔乎剛彊廉劌彫琢則其熱焦火其寒凝冰若此則非所宜攖者也因則不放殺則不生淖約則至弱不放一不生而囚殺之則至弱而無有者也故淖約而可以柔乎剛彊而萬物莫之能勝也廉劌以利其鋭彫琢以喪其朴則其熱焦火其寒凝冰而陰陽之沴無息爲大也若此則非所宜攖也非特如是也而其疾俛仰之間再撫四海之外則出入無時者也其居也淵而靜其動也縣而天則僨驕而不可係者也淵而靜則其僨也縣而天則其驕也則操存而舍亡者也一不可係則非所可攖也而攖之適足以亂之而已矣然則如何無爲則無攖無攖則彼無所攖矣

昔者黃帝始以仁義攖人之心堯舜於是乎股無胈脛無毛以養天下之形愁其五藏以爲仁義矜其血氣以規法度然猶有不勝也堯於是放讙兜於崇山投

三苗於三峗流共工於幽都此不勝天下也夫施及三王而天下大駭矣下有桀跖上有曾史而儒墨畢起於是乎喜怒相疑愚知相欺善否相非誕信相譏而天下衰矣大德不同而性命爛漫矣天下好知而百姓求竭矣於是乎釿鋸制焉繩墨殺焉椎鑿決焉天下脊脊大亂罪在攖人心故賢者伏處乎大山嵁巖之下而萬乘之君憂慄乎廟堂之上

向言舜招仁義以撓天下至三代遂以物易其性又言堯治天下使欣欣焉失其性恐學者直以舜與堯爲有未至故又言黃帝以仁義攖人心以明其指在於絕聖棄智而非於其人有闇然者也黃帝則所謂聖智也爲之其未有也流之其末流也而有所謂聖智者不去則不能無以仁義攖人之心矣以我有心故也有心則有身有身則其迹之流不能不以身徇天下以至於有所謂凶德而去之也股無胈脛無毛以養天下之形愁其五藏以爲仁義矜其血氣以規法度則所謂以身徇天下者也猶自不勝而放讙兜投三苗流共工則有所謂凶德而去之也凡以不能絕棄聖智而爲之其未有治之其未亂故也施及三王而天下大駭下有桀跖之窮凶上有曾史之過善而儒墨畢起相與爲敵矣於是乎喜怒愚知善否誕信未嘗不自爲敵而交相疑欺交相非譏而未有得天下之至正者也此所謂大德不同而性命爛漫天下好知而百姓求竭也不爲之其未有治之其未亂而至於此則毫末之成乎合抱者也於是乎釿鋸制焉繩墨殺焉椎鑿決焉則已有而後爲之已亂而後治之其傷不得不然也則天下所以脊脊大亂

者無它罪在攖人心而已矣故賢者伏處乎大山嵁巖之下以避忌害之危萬乘之主憂慄乎廟堂之上而不知所以爲之之方凡以不能無爲以反乎性命之情而已矣今世殊死者相枕也桁楊者相推也刑戮者相望也而儒墨乃始離跂攘臂乎桎梏之間意甚矣哉其無愧而不知恥也甚矣吾未知聖知之不爲桁楊椄槢也仁義之不爲桎梏鑿枘也焉知曾史之不爲桀跖嚆矢也故曰絕聖棄知而天下大治此則三代之末而莊子之時也殊死相枕桁楊相推刑戮相望則又非特三代之初而已矣遁天倍情人莫不然也而儒墨乃始離跂攘臂於罪人之間而欲與之論議是爲無愧而不知恥之甚者也夫世之所以至是者以失其性命之情而已今欲救之而不反其性命之情而重之以有知之聖知仁義不可及之曾史則是使遁天之刑增固而不得解而重利桀跖使得爲先聲而從之也桁楊之椄槢桎梏之鑿枘則增固而不得解也兵之有嚆矢則以爲先聲而從之也以明今之爲害者皆擊聖人攘棄仁義其意若此也黃帝立爲天子十九年令行天下聞廣成子在於空同之上故往見之曰我聞吾子達於至道敢問至道之精吾欲取天地之精以佐五穀以養民人吾又欲官陰陽以遂群生爲之奈何廣成子曰而所欲問者物之質也而所欲官者物之殘

也自而治天下雲氣不待族而雨草木不待黃而落日月之
光益以荒矣而佞人之心翦翦者又奚足以語至道向言黃帝以仁義攖人之
心而繼之以此者以明絕聖弃智而天下治則黃帝其人而向之所言皆寓也天九地十十九年則徼之極也令行天下則功之成也方言問道而曰十九
年令行天下者明數極功成未有不反其宗而能長久者也廣則配地成則終始之全廣成子則至於道而全也不曰大而曰廣者以明雖廣成子至於
大亦有以弘之而至也空則苞物同則大通同之上則無物大通而無以加之之處也敢問至道之精則所欲問者物之質也欲取天地之精以佐五穀
以養民人又欲官陰陽以遂群生則所欲官者物之殘也道為無名之樸故為物之質天地陰陽則道之散散為物之殘也雲氣不待族而雨草木不待
黃而落日月之光益以荒矣則非輔其自然而有以虧之也翦翦則破碎而不可以語道之全也黃帝退捐天下築特
室席白茅閒居三月復往邀之廣成子南首而臥黃帝順下
風膝行而進再拜稽首而問曰聞吾子達於至道敢問治身
奈何而可以長久廣成子蹷然而起曰善哉問乎來吾語汝至
道至道之精窈窈冥冥至道之極昏昏默默無視無聽抱神
以靜形將自正必靜必清無勞汝形無搖汝精乃可以長生目

無所見耳無所聞心無所知汝神將守形形乃長生慎汝內閉汝外多知為敗我為汝遂於大明之上矣至彼至陽之原也為汝入於窈冥之門矣至彼至陰之原也天地有官陰陽有藏慎守汝身物將自壯我守其一以處其和故我脩身千二百歲矣吾形未嘗衰黃帝再拜稽首曰廣成子之謂天也退揖天下則不累於天下也築特室則不累於宮寢之安也席白茅閒居三月則潔齋之至也如此而後可以有問也南明而北幽首末而趾本南首則北趾以明其幽至於窈冥昬默者乃所以為本也順下風而進則循其本以求之者也治身而可以長久者唯道為然是乃問其所質也神之又神而能精焉則窈窈冥冥乃所以為至道之精也窈則深窈冥則玄冥則其形固不得而見也言之所不能論意之所不能致者不期精粗而有所謂精者可知而言則非其極也則昬昬默默乃所以為至道之極也昬則無知默則無言也此則言道之體也知道之體而後可與入道也無視無聽抱神以靜形將自正必靜必清无勞汝形無搖汝精乃可以長生此則與之入道也神之為物也無思無為寂然不動而人心則神也唯無視無聽而抱之則其自靜也抱神必靜則凡所謂形者不期正而自正也必靜必清言其一不可以擾而濁之也形不勞而全精不搖而復乃可以長生則所與入道之辯也可與入道而後可與至於道也目無所見耳無所聞心無所知神將守形形乃長生則至於道也夫神無形者也麗於物而已心不麗於物而反乎無見無知則無所

靈不守其形將安之乎此養神之要也已至於道則保之而已慎汝內則塞其兑而勿出也閉汝外則閉其門而勿納也反是則多知而敗矣乃所以保之也人未嘗知道則域於陰陽而未嘗至其原者也目無所見耳無所聞心無所知則是為汝遂於大明之上而至彼至陽之原入於窈冥之門而至彼至陰之原也其得是而窮之者則知天地有官其官也以此而已矣陰陽有藏其藏也在此而已矣慎守汝身物將自壯則奚為欲取之官以之佐五穀養人民以遂群生為哉

廣成子曰來余語汝彼其物無窮而人皆以為終彼其物無測而人皆以為極得吾道者上為皇而下為王失吾道者上見光而下為土今夫百昌皆生於土而反於土故余將去汝入無窮之門以遊無極之野吾與日月參光吾與天地為常當我緡乎遠我昬乎人其盡死而我獨存乎

向之所謂無見無聞無知則道之體而已至其用則無見乃見之所自而見也無聞乃聞之所自而聞也無知乃知之所自而知也蓋道之為物無窮無測而遂止於無見無聞無知而已則是無窮而以為終而無測而以為極也得吾道者上為皇而下為王則以其神明而皇王之所與起也失吾道者上見光而下為土則以其形不出照臨覆載之間者也今夫百昌皆生於土而反於土則以其形而已故余將去汝入無窮之門遊無極之野則以為終為終以為極者非知我者也吾與日月參光則其明不息吾與天地為常則其久無窮此當我緡乎不知其為當也遠我昬乎不知其為遠也人其盡死而我獨存乎則盡求之吾身不知何物而可以至於此

也万物之靈唯人而已造化之爲人不知幾何而一遇也而人之聪明洞達可以與此者又不知幾何而一遇也而不孜孜焉則彼以慈爲寶者固不厭數數之言也

雲將東遊過扶摇之枝而適遭鴻蒙鴻蒙方將拊髀雀躍而遊雲將見之倘然止贄然立曰叟何人邪叟何爲此鴻蒙拊髀雀躍不輟對雲將曰遊雲將曰朕願有問也鴻蒙仰而視雲將曰吁雲將曰天氣不和地氣鬱結六氣不調四時不節今我願合六氣之精以育群生爲之奈何鴻蒙拊髀雀躍掉頭曰吾弗知吾弗知雲將不得問

雲將則以澤天下爲已任者也扶摇之枝則動之末也鴻大而蒙被觀其名則其物可知也而雲將適遭之於動之末則拊髀雀躍[illegible]遊者乃其人也尚然止贄然立則疑其神將以觀之也叟何人邪則不知其誰氏也叟何爲此則怪其鴻大蒙被而乃在扶摇之枝拊髀雀躍以遊也至遊者物物皆遊則无不在也仰而視則目擊之而存也吁則以其无問而問之也願合六氣之精以育群生則以澤天下爲已任者也曰吾弗知吾弗知則是真知之也雲將不得問則道无問問无應也

又三年過有宋之野而適遭鴻蒙雲將大喜行趨而進曰天忘朕邪天忘朕邪再拜稽首願聞於鴻蒙鴻蒙曰浮遊不知所求狂猖不

知所往遊者鞅掌以觀無妄朕又何知宋者木之可芘而居則根本之深固者也野則廣莫壙埌之處也求之於動之末而不得問則又求之於根本之深固而廣莫壙埌之處也人莫不知所求而我則浮遊不知所求人莫不知所往而我則猖狂不知所往凡以无知而已矣鞅也掌也皆有所拘係之謂也雖遊者若有所拘係而吾則以觀其无妄也天下之真而无妄者不過此物而已矣所謂萬物並作吾以觀其復是也復則不妄矣則朕又何知邪雲將曰朕也自以為猖狂而民隨予所往朕也不得已於民今則民之放也願聞一言鴻蒙曰乱天之經逆物之情玄天弗成解獸之群而鳥皆夜鳴災及草木禍及昆蟲噫治人之過也雲將曰然則吾奈何鴻蒙曰噫毒哉僊僊乎歸矣朕也自以為猖狂而民隨予所往朕也不得已於民則无為而已矣今則民之放也民之放則未能无為者也放則流放之放言係於民而不得釋者也彼以澤天下為任則宜其如此也天則无為也物則无知也无為无知此玄天所以成也有知有為則乱天之經逆物之情而玄天弗成矣歲有玄天冬至是也月有玄天晦日是也日有玄天夜半是也此天之所以為玄天也而人亦有玄天者乃所以成之也古之求正氣之所在而以存其精神美其太本根者未有不知此者也而非所以章章然言之也夫惟玄天之弗成此唯唯之所以不合於前而知鳥之所以飛而不止而至於夜鳴也則災及草木禍及昆蟲群生不遂凡以不知无為而治之之過也毒所以治疾也無為而治之猶無疾而毒之也僊僊乎歸

矣則欲其反本以求之也遷則人之遷去而之天者也天則人之大本也

雲將曰吾遇天難願聞一言鴻蒙曰噫心養汝徒處無爲而物自化墮爾形體吐爾聰明倫與物忘大同乎涬溟解心釋神莫然无魂萬物云云各復其根各復其根而不知渾渾沌沌終身不離若彼知之乃是離之無問其名無闚其情物故自生雲將曰天降朕以德示朕以默躬身求之乃今也得再拜稽首起辭而行

人莫不有成心成則免所事養也心自養而已矣自養則無所事爲而化物也徒處无爲而物自化也墮爾形體則不知吾有六骸也吐爾聰明則不知吾有耳目也倫則理之在我也物則在外也涬溟則合冥之虛而待物也我與物皆忘而大同乎涬溟則心解神釋而莫然無魂矣此所以處无爲之道也致虛極守靜篤至於如此則萬物云云各復其根矣此則物之所以自化也云云則物之方興之時也物之爲物常在於我我則不知物離去云各歸其根而不知矣无所事於毀而外之也各復其根而不知則渾渾沌沌與我旁礴以爲一而終身不離也若其介然之知生乎其間則我與物分而離矣故方其不知也乃玄天之所以成也玄天成則至陰肅肅至陽赫赫肅肅出乎天赫赫發乎地兩者交通成和而物之所以生也則无問其名免闚其情而物故自生也方其无知也則不知其无知也而曰此名无知邪則是問其名也此果无知邪非邪則是闚其情也猶物之方生剔其根而視之則未有能生之者也天之所以造物

亦若是而已矣而鴻蒙知此是其所以稱之爲天也世俗之人皆喜人之同乎己而惡人之異
於己也同於己而欲之異於己而不欲者以出乎衆爲心也夫
以出乎衆爲心者曷嘗出乎衆哉因衆以寧所聞不如衆技
衆矣而欲爲人之國者此攬乎三王之利而不見其患者也
此以人之國僥倖也幾何僥倖而不喪人之國乎其存人之
國也無萬分之一而喪人之國也一不成而萬有餘喪矣道之无爲
而自然非特人君體之而已而以道佐人主者亦當因衆以寧而已而先事於爲人
之國也所以因衆以寧者以一人之所聞固不如衆技之衆而欲自任以爲人之國則
其不喪人之國者僥倖而已三王之興自主之相與固有以是爲利者而其末世以是
爲患者有多矣則欲爲人之國者此攬其利而不見其患也觀此言也則異乎孟子何也
孟子則以平治天下自任而莊子則不弊弊然以天下爲事者也微孟子則天
下之亂無與拔者微莊子則輕欲爲人之國而免以知其患如此之甚也悲夫
有土者之不知也夫有土者有大物也有大物者不可以物物
而不物故能物物明乎物物者之非物也豈獨治天下百姓而
已哉出入六合遊乎九州獨往獨來是謂獨有獨有之人是之謂

至貴（黃帝之問廣成，堯之見四子，凡以大物爲之患而欲用物，物物者之非物而已。吾所貴者道，而道外無物，是以謂□之獨有也）

大人之教，若形之於影，聲之於響，有問而應之，盡其所懷，爲天下配。處乎無響，行乎無方。挈汝適復之撓撓，以遊無端；出入無旁，與日無始。頌論形軀，合乎大同，大同而無已。無已，惡乎得有有！覩有者，昔之君子；覩無者，天地之友。（大人之教，若形之於影，聲之於響，有問而應之，盡其所懷而不爲天下先，此所以爲之配也。處乎無響，則寂然不動也。行乎無方，則未始有封也。故能挈汝適復之撓撓以遊無端，出入無旁，與日無始也。撓撓則動也，復則反大本也。挈天下而往以復之，撓撓而不必靜也，則所謂萬物並作，吾以觀其復，而藏天下於天下者也。以遊無端，則遊乎物之所終始也。出入無旁，則方之所不能閡也。與日無始，則時之所不能拘也。頌論，言也。言則出於不言。形軀，形也。形則象於無形，則合於大同而無已矣。所以有有者，以其有已也。無已，惡乎得有有哉！薰然慈仁謂之君子，則聖人之所以與人同者也，則覩有者特可謂之君子而已。至於覩無，則天地之友，而與人同者不足以名之也）

賤而不可不任者，物也；卑而不可不因者，民也；匿而不可不爲者，事也；麤而不可不陳者，法也；遠而不可不居者，義也；親而不可不廣者，仁也；節而不可不積者，禮也；中而不可不高者，德也；一而不可不易者，道也；神而不可不爲者，天也故聖人觀於天而不助成於德而不累出於道而不謀會於仁而不恃薄於義而不積應於禮而不諱接於事而不辭齊於法而不亂恃於民而不輕因於物而不去物者莫足為也而不可不為

人為貴則物為賤賤則宜若可以不任也而成理之不可易則陰陽五行之所同與今同不任者也故聖人因於物而不去蓋以其賤則莫足為也而不可不任則不可為者也不可為則順其自然而已君為尊則民為卑卑則宜若可以不因也而天之視聽從自民則不可不因也故聖人恃於民而不輕通變之謂事而窮必有變窮而後通非親不為則不能知是匿也則不可不為也故聖人接於事而不辭制而用之謂之法則法非出於道也是亂也而天下以為分則不可不陳也故聖人齊於法而不亂則君子所體而義所以行之則仁近而義遠也然非義則仁不能以獨行雖遠而不可不居也而非所當厚之也故聖人薄於義而不積仁本於孝弟而義以利物則義疏而仁親也而親止於父子則虎狼之所同而非所以為至也則雖親而不可不廣也而常則不成故聖人會於仁而不恃禮以節民心為事則節也而一物不由則不可不積而非所避也故聖人應於禮而不諱不以其節而避之也德者性之所同有則中也而不明於天則不純則中而不可不高也故聖人成於德而不累不累者不以其同而累之也莫非道也則道之所以為一也然而不易則方物之應不備也雖不可不易也故聖人出於道而不謀以其備也无為也則天之所以為神也而有不為則非无為之全也則不可不為也故聖人觀於天而不助以其全也向之所論絕去聖智屏棄仁義與夫符璽斗衡之未皆焚破而掊擊之無遺者蓋而此則自天道之精微以至於事法之匿祖此且不可無何也天之所以神也一昫而万物盈一吹而万物虛其所以成物者一而已矣莊子猶是也則向之所言則其一吹而万物虛之時也今之所言則其一昫而万物盈之時也亦以成物而已矣此莊子所以體神而入乎天也歟

不明於天

者不純於德一不通於道者無自而可不明於道者悲夫何謂道有天道有人道無爲而尊者天道也有爲而累者人道也主者天道也臣者人道也天道之與人道相去遠矣不可不察也天一而已不明於天則不能無爲而不純於一德也而由仁而下猶可彊焉者也道則有天有人不通之則無爲有爲皆無自而可也不通且不可而況於一不明乎無爲者使物有爲者使於物使物者尊使於物者卑夫道則無爲而尊者也有爲者責於人無爲者責人責於人者累責人者何所思哉人道則有爲而累者也主者天道也臣者人道也天道之與人道相去遠矣不可不察也奈何主道可以有爲而累乎夫莊子非皆深於涉世以有爲爲者也而辭語若此者蓋觀之天地之理古今之効知其得失常在此而已矣

壬辰重改證呂太尉經進莊子全解卷第四

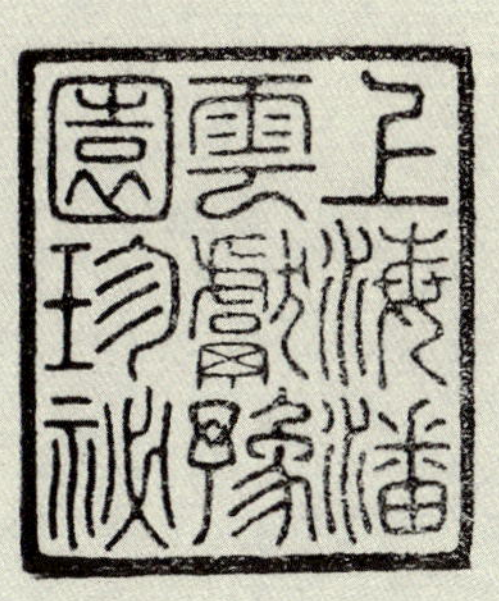

壬辰重改證吕太尉經進莊子全解卷第五

天地第十二

天地雖大其化均也萬物雖多其治一也人卒雖衆其主君也君原於德而成於天故曰玄古之君天下無爲也天德而已矣

天地之大萬化而未始有極也故大小美惡長短高下萬殊而不齊則化而非其所以化也其所以化者均而已均則無大小美惡長短高下之辯乃其所以化也道生一一生二二生三三生萬物巳至於此則巧歷不能得則何從而治乎則其所以治者一而已一則各復其根而不知乃其所以治也天地雖大其化惟均萬物雖多其治惟一則人卒雖衆其主惟君所謂君者原於德成於天而已矣原於德則其化通於天地之均成於天則其治反乎萬物之一此二者未嘗不同同謂之玄故德則曰玄德而天亦曰玄天也古之君天下無爲也天德而已矣則是以真君君天下者也萬物孰有不實而化之者乎

以道觀言而天下之君正以道觀分而君臣之義明以道觀能而天下之官治以道汎觀而萬物之應備

以道觀言則言者未嘗有言也言而無言則爲而無爲矣知言之所以言者如此則所謂真君在是矣而天下之君其有不正乎以道觀分則無爲爲君無爲爲君則有爲爲臣矣而君臣之義其有不明者乎以道觀能則無能也而無不能也无能者無所不能則有能者有所不能而聖人用之以爲官長者也而天

下之官其有不治者乎以道汎觀則物無非道物无非道則萬物之應其有不備者乎嗚呼人唯不知道唯其知道則其所觀者乃如此也故
通於天地者德也行於萬物者道也上治人者事也能有所藝
者技也技兼於事事兼於義義兼於德德兼於道道兼於天
故曰古之畜天下者無欲而天下足無為而萬物化淵靜而百姓
定記曰通於一而萬事畢無心得而鬼神服天之所以為天者得是而已矣地之所以
為地者得是而已矣人誠得是而在我則與天地通矣故曰通於天地者德也以其得是而在我故曰德而已然萬物莫非我也則我無逝而不可
如是而後謂之道故曰行於萬物者道也道之為物如此其大而在上者用之所治人則事而已故曰上治人者事也莫非事也而能有所藝則技
而已故曰能有所藝者技也則技兼於事事兼於義義兼於德德兼於道道兼於天宜矣誠知其莫不兼於天則所以畜天下者豈在於技能事為
之聞哉無欲而天下足無為而萬物化淵靜而百姓定在我而已凡以通於一而以得者無心故也蓋萬事莫不出於一鬼神之所以靈則出乎吾
心而已是以通於一而萬事畢無心得而鬼神服也夫子曰夫道覆載萬物者也洋洋乎
大哉君子不可以不刳心焉無為為之之謂天無為言之之謂德
愛人利物之謂仁不同同之之謂大行不崖異之謂寬有萬不

同之謂富故執德之謂紀德成之謂立循於道之謂備不以物挫志之謂完君子明於此十者則韜乎其事心之大也沛乎其爲萬物逝也若然者藏金於山藏珠於淵不利貨財不近貴富不樂壽不哀夭不榮通不醜窮不拘一世之利以爲己私分不以王天下爲己處顯顯則明萬物一府死生同狀

道在太極之上而不爲高在六極之下而不爲深則萬物固所覆載者也洋洋乎如此其大而心不虛則不足以體之此君子所以不可不刳心也夫出入無時莫知其鄉則所何事於刳哉蓋不得其常心而智識思慮實乎其閒而不知其未始有物則不得不刳而虛之也能刳而虛之則體道而無爲矣無爲爲之之謂天天則人貌而天爲之而無爲則人貌而天之證也無爲言之之謂德德則道之在我言之而無爲則道之在我之證也以是也而愛人利物是之謂仁以是也而不同者我得其所一而同焉是之謂大體性抱神以遊世俗之閒而不絕乎物不殊乎俗則寬之至也有萬不同而用之不竭則富之至也凡此者皆刳心體道而爲與言舉出於無爲則其德之仁與大與寬與富爲能若此也故執德之謂紀紀之在羅網雖衆而各理執德之人通一而萬畢從容無爲無所往而不理亦若紀而已矣德成之謂立德未成而有待焉則有所未樹非所以爲立也德成則無待而立矣道之在我無德而不備不俟它求爲循之而已矣故循於道之謂備尊吾所聞而強行之萬物莫足以傾之則完矣故不以物挫志之謂完君

子之所以刳心凡以此十者而已矣反而求之有諸已而明則其心之大
韜乎其事而死不容則已刳之効也則非特萬物之備於我也而我亦沛
然其爲萬物逝也所謂周行而不殆也若然者藏金於山藏珠於淵以其
在彼猶在我也不利貨財不知利之爲可欲也不近貴富不知勢之爲可
親也不樂壽不哀夭不知有父近也不榮通不醜窮不知有貴賤也不拘
一世之利以爲已私分藏之天下而已也不以王天下爲已處顯物之所
利乃非已出顯則明明則以德而非以位也以處上則帝王天子之德以
處下則玄聖素王之道其實一也萬物備乎我則一府而已矣方生方死
方死方生則
同狀而已矣夫子曰夫道淵乎其居也漻乎其清也金石不得
無以鳴故金石有聲不考不鳴萬物孰能定之淵乎其居以言
其湛而不動也
漻乎其清以言其通而不濁也水之性不濁則清莫動則平鬱閉而不行
亦不能清道亦若是而已矣將以爲無邪則金石不得無以鳴將以爲有
邪則金石有聲不考不鳴則萬物孰能定
之哉蓋不可以爲有亦不可以爲無也夫王德之人素逝而恥通
於事立之本原而知通於神故其德廣其心之出有物採之故
形非道不生生非德不明存形窮生立德明道非王德者邪
蕩蕩乎忽然出勃然動而萬物從之乎此謂王德之人素則
無所
與雜逝則無乎不在而唯事之爲通則固其所恥也貞所謂物徹疏明者
是也立之本原而知通於神故其德廣則周萬物而不遺矣奚以通於事

爲哉所謂本原則道是也而事則其末也立之本原則智乎其事而事自通矣其心之出有物採之非物採之則寂然而已矣所謂不將不迎應而不藏是也故夫耳聞目見手持足運口言心思无非道也則形非道不生之謂也然兹道也百姓日用而不知非得之在我不能明也則生非德不明之謂也夫唯王德之人爲能存形窮生立德明道則在我得之以日用執古之道以御今之有矣存形窮生言其形不必外而生窮也立德明道言其德至於成而道明也蕩蕩乎則乎而無畔域之謂也忽然出勃然動而萬物從之乎則藏不虞以生心而未嘗豫謀之謂也雲從龍風從虎聖人作而萬物覩則其聲氣之所同然也奚以豫謀爲哉

視乎冥冥聽乎無聲冥冥之中獨見曉焉無聲之中獨聞和焉故深之又深而能物焉神之又神而能精焉故其與萬物接也至無而供其求時騁而要其宿大小長短脩遠道之爲物視之不見故視乎冥冥聽之不聞故聽乎無聲雖不見也而見之所自而見也故冥冥之中獨見曉焉雖不聞也而聞之所自而聞也故無聲之中獨聞和焉夫唯如此故深之又深而能物焉則所謂恍兮惚兮其中有物惚兮恍兮其中有象是也神之又神而能精焉則所謂窈兮冥兮其中有精是也能物則言其能物物而不物於物也能精則言其無有遠近幽深而不知也故其與萬物接也至無而供其求則天府之富無有窮也時騁而要其宿大小長短脩遠則其分也未嘗有不足也所謂各正性命保合大和是也非王德之人孰能與於此

黃帝遊乎赤水之北登乎崐崘之丘而南望還歸遺其玄珠使知索之而不得使離朱索之而不得

使喫詬索之而不得也乃使象罔象罔得之黃帝曰異哉象罔乃可以得之乎水北方也水而赤則含陽者也遊乎赤水之北則將以造乎重玄之極處也崑崙之丘則形中之最高也南望則向明而觀之者也將爲至遊以造乎重玄之極而未能黜聰明墮肢體以出夫形之上則其極不過形中之最高而已此所以南望還歸遺其玄珠也玄珠之爲物不可以知知不可以識識不可以言求者也故使知索之而不得則不可以知知也使離朱索之而不得則不可以識識也使喫詬索之而不得則不可以言求也喫則以口契之詬蓋以言逅之也乃使象罔象罔則非無罔則非有非有則不皦非無則不昧不皦不昧此玄珠之所以得也嗚呼黃帝猶或異之則常情之所不信不亦宜乎堯之師曰許由許由之師曰齧缺齧缺之師曰王倪王倪之師曰被衣堯問於許由曰齧缺可以配天乎吾藉王倪以要之許由曰殆哉圾乎天下齧缺之爲人也聰明叡知給數以敏其性過人而又乃以人受天彼審乎禁過而不知過之所由生與之配天乎彼且乘人而無天方且本身而異形方且尊知而火馳方且爲緒使方且爲物絃方且四顧而物應方且應衆宜方且與物化而未始有恒夫何足以配天乎雖然有族有祖可以爲衆

父而不可以為衆父父治亂之率也北面之禍也南面之賊也取天下必

以無事許由則無事者也故堯之師曰許由欲無事者必始於自損齧而缺之則所以損之也損則德之脩而非道之全也故許由之師曰齧缺損之又損以至於無為則王之至於天者也故齧缺之師曰王倪王乃天天乃道王之倪則天而已未足以為道也道則衣被萬物無為而無不為也故王倪之師曰被衣古之君天下者奚為哉天德而已矣天德者乃所以無為而君天下之道也而曰齧缺可以配天乎則是欲以所脩而合於無為也吾籍王倪以要之則欲以無為而致其所脩也失之是全於天而純於德也哉使我介然有知行於大道唯施是畏則不全於天不純於德而以君天下此所以殆哉其危而出及乎其暴也齧缺之為人也聰明叡知給數以敏其性過人則非能默聰明棄聖棄智躇躇以興事而動於不得已日計之而不足歲計之而有餘者也蓋損之而未能至於無為者宜其如此也而又乃以人受天則非全於天者也彼審乎禁過而不知過之所由生則懲忿窒慾欲以禁之而不知過之所由生乃在於禁之之處也非所謂不識不知而順帝之則者也以是為合於無為而與之配天乎彼且乘人而無天只以介然之知萌乎胸次則應感而動其能不以人廢天乎非時出也方且本身而異形則非無我而與萬物為一也方且尊知而火馳則非去智而淵靜也方且為緒使則天下國家之所役也方且為物絯則物有結之而不能自解者也方且四顧而物應則非尸居環堵而使民不知所如往者也方且應衆宜則非立之本原而知通於神者也方且與物化而未始有恒則非不化而能化化而其道不可終者也夫何足以配天乎蓋以其德自所脩而不足以合於無為而已雖然無為之所出未嘗不始於損之而已則有族有祖可以為衆父父而損之非衆甫之所自出故不可以為衆父父也蓋不能無脩則不能無知不能無知則堯桀之所以分而

治亂之率也不以智治國國之福以智治國國之賊則不能無知者是乃北面之禍南面之賊也 堯觀乎華華封人

曰嘻聖人請祝聖人使聖人壽堯曰辭使聖人富堯曰辭使聖

人多男子堯曰辭封人曰壽富多男子人之所欲也汝獨不欲

何邪堯曰多男子則多懼富則多事壽則多辱是三者非

所以養德也故辭封人曰始也我以汝為聖人邪今然君子也

天生萬民必授之職多男子而授之職則何懼之有富而使人分之則何

事之有夫聖人鶉居而鷇食鳥行而無彰天下有道則與物皆昌天下

無道則脩德就閒千歲厭世去而上僊乘彼白雲至于帝鄉三

患莫至身常無殃則何辱之有封人去之堯隨之曰請問封人

曰退已 聖人盡天道者也盡天道則體合變化而物莫之能累君子盡人道者也盡人道則吉凶與民同患而壽富多男子雖人之所欲而不得不以多懼多事多辱為辭也堯非不盡天道而所以與人同者盡人道而已鶉居則居不知所處鷇食則食不知所由來鳥行而無彰則其迹不可得而求神僊之說隱怪之士有求之於服食吐納之間而世俗之儒或旺而不信二者皆非也神則人心與天地通者也僊則人之去而之天者

也生而抱神則其死也必亦抱神而不亡矣生而全天則其死也亦全天而不隕矣則豈可求之於服食吐納之間哉詩書皆有在天之說則去而上僊乘彼白雲至于帝鄉亦奚爲其不信哉堯非有人非見有於人則斯人之退已乃其所體也而言此者以明世儒之知堯者不足以與此也堯治天下伯成子高立爲諸侯堯授舜舜授禹伯成子高辭爲諸侯而耕禹往見之則耕在野禹趨就下風立而問焉曰昔堯治天下吾子立爲諸侯堯授舜舜授予而吾子辭爲諸侯而耕敢問其故何也子高曰昔堯治天下不賞而民勸不罰而民畏今子賞罰而民且不仁德自此衰刑自此立後世之亂自此始矣夫子闔行邪無落吾事俋俋乎耕而不顧古之稱禹者以爲神禹德至於神則其於堯舜宜無間然也則不賞而民勸不罰而民畏與賞罰而民且不仁亦時而已矣而言此者以明君天下者以德而已矣其於賞罰蓋非得已也

泰初有無無有無名一之所起有一而未形物得以生謂之德未形者有分且然無間謂之命留動而生物物成生理謂之形形體保神各有儀則謂之性性脩反德德至同於初同乃

虛虛乃大合喙鳴喙鳴合與天地爲合其合緡緡若愚若昏是謂玄德同乎大順泰初有無無有無名無無則一亦不可得無名則一之所起有一而未形則所謂天地之始者是也既已謂之一矣且得無名乎此物得之以生而謂之德也則所謂有名萬物之母而萬物得一以生者是也未形者有分雖有分也且然而已矣非有間也而謂之命命則無間乎未形之初者也至夫留動而生物物成生理而後謂之形所謂物形之是也雖有形也而形體保神而未嘗夫也各有儀則而未嘗妄也而謂之性性則不失乎已形之後也凡此者無它以夫萬物均之得一以生而命則有分而無間性則保神而不失而神則妙萬物而充塞乎天地之間而已矣故性脩反德則合乎一之未形德至同於初則無亦不可得也同乃虛則其虛至於未始有物也虛乃大則其大至於不同同之也若是則無爲言之而合喙鳴矣喙鳴合則通於天地而與天地爲合矣天地之間其猶橐籥歟虛而不屈動而愈出喙鳴合與天地爲合若此而已其合緡緡之相合非斷合而合也非有所知見而合也若愚則無知若昏則無見無知無見是謂玄德而同乎大順則無所於逆也向之所謂原於德而成於天故曰玄者其德如此而已矣夫子問於老聃曰有人治道若相放可不可然不然辯者有言曰離堅白若縣㝢若是則可謂聖人乎老聃曰是胥易技係勞形怵心者也執狸之狗成思猿狙之便自山林來丘予告若而所不能聞與而所不能言凡有首有趾無心無

耳者衆有形者與無形無狀而皆存者盡無其動止也其死生也其廢起也此又非其所以也有治在人忘乎物忘乎天其名爲忘己忘己之人是之謂入於天有人治道若相放可不可然不然則以齊物者亂事者也辯者有言曰離堅白若縣寓則以辯物爲事者也是若果是也則是之異乎不是也亦無辯然若果然也則然之異乎不然也亦無辯則可不可然不然曷爲其不可哉然以是爲事則是知齊而不知所以齊也不曰堅乎磨而不磷不曰白乎涅而不緇則堅與白雖未嘗離而辯之之若縣寓胡爲其不可哉然以是爲事則是知辯而不知所以辯也夫知齊而不知所以齊知辯而不知所以辯則二者雖相反均之是胥易技係勞形怵心而已矣惡足以爲聖人乎能有所藝者技也則勞形者也思有所繫者係也則怵心者也執狸之狗成思則以思而怵心者也猿狙之便自山林來則以技而勞形者也丘予告若而所不能聞與而所不能言則凡有首有趾無心無耳者衆在天則日月星辰在地則山川草木是也則雖有首有趾無心無耳者不害其爲日月星辰山川草木也奚獨至於人之無窮人之無情而獨疑之哉苟爲無知與無情則有形者與無形無狀而皆存者盡無而已矣有形則人物是也無形則鬼神是也無狀則造化是也此三者有人然之有則不得皆存矣其所以皆存者盡無而已矣苟爲盡無則豈而所能聞與而所能言哉其動止也其死生也其廢起也此又非其所以也則其所以者非可以動止死生廢起言也則奚以齊而辯之爲事哉則所謂亂而非治也有所謂治者其在人也忘乎物忘乎天其名爲忘己忘己之人是之謂入於天入於天則治而不亂也向之所謂原於天者其天如此而已矣

蔣閭葂見季徹曰魯君謂

蒍也曰請受教辭不獲命既已告矣未知中否請嘗薦之吾謂魯君曰必服恭儉拔出公忠之屬而無阿私民孰敢不輯季徹局局然笑曰若夫子之言於帝王之德猶螳蜋之怒臂以當車軼則必不勝任矣且若是則其自為處危其觀臺多物將往投迹者衆將閭葂覤覤然驚曰葂也汒若於夫子之所言矣雖然願先生之言其風也季徹曰大聖之治天下也搖蕩民心使之成教易俗舉滅其賊心而皆進其獨志若性之自為而民不知其所由然若然者豈兄堯舜之教民溟涬然弟之哉欲同乎德而心居矣

必服恭儉則所謂忍性以視民而不知不信者也則其自為處危矣拔出公忠之屬而無阿私則所謂尚賢者也則其觀臺多矣其自為處危而觀臺多則所謂約之人而非立於不測者也如是則吾之行不能無迹而物將往投迹者衆矣則非正而後行確乎能其事者也大聖之治天下也搖蕩民心使之成教易俗則所謂鼓之舞之以盡神者也賊莫大乎德有心而心有眼而禍福無不自已求之者民不窺觀以戕上之迹而自求多福則是舉滅其賊心而進其獨志如此則若性之自為而莫知其為之者莫知其為之者則不知其所由然也若然者豈遺堯舜而

者必有機事有機事者必有機心而不知機心之所自生者未始有物也[illegible]識其一而不識其二也知忘神氣黜形骸以斷道德之全不知其行於萬[illegible]若无非道也顧以之爲累則是治其內而不治其外也夫明白入素无爲復朴體性抱神以遊世俗之間者汝將固驚邪則所謂廢心而用形者是也彼閑子貢之言初則忿然作色而後乃笑則宜其以機械爲累而不敢爲也且渾沌氏之術予與汝何足以識之哉不識不知是乃所以爲渾沌也如其可識則惡足以爲渾沌氏之術哉此篇方論天德之无爲恐不知者以爲无爲如漢陰丈人然者則不可與經世矣故論真渾沌氏之術乃遊乎世俗之間而不爲累也

諄芒將東之大壑適遇苑風於東海之濱苑風曰子將奚之曰將之大壑曰奚爲焉曰夫大壑之爲物也注焉而不滿酌焉而不竭吾將遊焉苑風曰夫子无意于橫目之民乎願聞聖治諄芒曰聖治乎官施而不失其宜拔舉而不失其能畢見其情事而行其所爲行言自爲而天下化手撓顧指四方之民莫不俱至此之謂聖治願聞德人曰德人者居无思行无慮不藏是非美惡四海之內共利之之爲悅共給之之爲安怊乎若嬰兒之失其母也儻乎若行而失其道也財用有餘

而不知其所自來飲食取足而不知其所從此謂德人之容願聞神人曰上神乘光與形滅亡此謂照曠致命盡情天地樂而萬事銷亡萬物復情此之謂混冥諄則諄於誨人者也芒則亡而不可見者也諄芒則今之所以言者是已言而未嘗有言則諄而芒者也大壑則溟海之不可窮而其所出也苑則非墳埆之處也苑風則非起於南海入於北海者也此所以遇之其竅而已矣注焉而不滿酌焉而不竭則天府之宮也吾將遊焉則反乎其所出也苑風不知其至无而供萬物之求故以為无意於橫目之民也官施而不失其宜拔舉而不失其能則非有意於尚賢使能也畢見其情事而行其所為則非使人匿情而投迹者也行言自為而天下化則非不行其言而使人為之者也手撓顧指而四方之民莫不俱至則非以賞勸罰沮也此則聖之見於治而已非所以為德也德人者居無思行無慮不藏是非美惡則其心未嘗不虛也四海之內共利之之為悅共給之之為安則天下樂推而不厭而非求之也怊乎若嬰兒之失其母則不知其所依儻乎若行而失其道則不知其所往財用有餘而不知所自來則四海共利之而已飲食取足而不知其所從則四海共給之而已此謂德人之容而非其所以為神也宇泰定者發乎天光光者所以照也神則乘之以照而非光也與形滅亡而已矣惟其照而與形滅亡乃所以雖照而曠也致命則去故而復常盡情則離偽而居實也天地樂而萬事銷亡則致虛之極也萬物復情則芸芸各歸其根而不知矣此之謂混冥混則合而為一冥則雖照者亦不可得也嗚呼極夫諄芒之體則德全而窮神而聖治者抑其緒餘而已矣

門无鬼與赤張滿稽觀於武王之師赤張滿

不爲夫豈兄堯舜之教民而推先之須溟涬然弟之而蹲其後哉欲同乎德而心居矣心居則无爲而萬物化子貢南遊於楚

反於晉過漢陰見一丈人方將爲圃畦鑿隧而入井抱甕而

出灌搰搰然用力甚多而見功寡子貢曰有械於此一日浸

百畦用力甚寡而見功多夫子不欲乎爲圃者卬而視之曰奈

何曰鑿木爲機後重前輕挈水若抽數如泆湯其名爲槔

爲圃者忿然作色而笑曰吾聞之吾師有機械者必有機事

有機事者必有機心機心存於胷中則純白不備純白不備則

神生不定神生不定者道之所不載也吾非不知羞而不爲

也子貢瞞然慙俯而不對有閒爲圃者曰子奚爲者邪曰孔

丘之徒也爲圃者曰子非夫博學以擬聖於于以蓋衆獨弦

哀歌以賣名聲於天下者乎汝方將忘汝神氣墮汝形骸而

庶幾乎而身之不能治而何暇治天下乎子往矣無乏吾事子

貢卑陬失色頊頊然不自得行三十里而後愈其弟子曰向之人何爲者邪夫子何故見之變容失色終日不自反邪曰始吾以爲天下一人耳不知復有夫人也吾聞之夫子事求可功求成用力少見功多者聖人之道今徒不然執道者德全德全者形全形全者神全神全者聖人之道也託生與民並行而不知其所之汒乎淳備哉功利機巧必忘夫人之心若夫人者非其志不之非其心不爲雖以天下譽之得其所謂謷然不顧以天下非之失其所謂儻然不受天下之非譽無益損焉是謂全德之人哉我之謂風波之民反於魯以告孔子孔子曰彼假脩渾沌氏之術者也識其一不知其二治其內而不治其外夫明白入素無爲復朴體性抱神以遊世俗之間者汝將固驚邪且渾沌氏之術予與汝何足以識之哉能執古之道以御今之有則凡日用者无非渾沌氏之術也豈必天地之初哉而彼以有機械

稽曰不及有虞氏乎故離此患也門無鬼曰天下均治而有虞氏治之邪其亂而後治之與赤張滿稽曰天下均治之為願而何計以有虞氏為有虞氏之藥瘍也禿而施髢病而求醫孝子操藥以脩慈父其色燋然聖人羞之至德之世不尚賢不使能上如標枝民如野鹿端正而不知以為義相愛而不知以為仁實而不知以為忠當而不知以為信蠢動而相使不以為賜是故行而無迹事而無傳門則開闔在我而出入之所由也出而不反見其鬼滅而有實鬼之一也門無鬼則非出而不反滅而有實者也是體道者也赤則陽色張則大充滿則不虛而稽則考也赤張滿稽則非知考於玄妙施虛之處者也以迹稽之而已矣故觀武王之師以為不及有虞氏而離此患也若有虞氏以亂而後治之則武王亦以亂而後治之孰弊弊然以天下為事而有不及哉此則以心稽之而心則玄妙施虛之處也故有虞氏之藥瘍也禿而施髢病而求醫則是亂而後治之也孝子操藥以脩慈父其色燋然聖人羞之道不至於其志而六親不和有孝慈則固聖人之所羞也則有虞氏之治亦豈所得已而謂過於武王哉自其迹觀之則雖伏犧燧人猶不得為至德之世也自其心觀之則雖有虞氏武王之妙處是乃所謂至德之世也以其無為故無名無名故行而無迹事而無傳孰能擬議於其間哉孝子不諛

其親忠臣不諂其君臣子之盛也親之所言而然所行而善則世俗謂之不肖子君之所言而然所行而善則世俗謂之不肖臣而未知此其必然邪世俗之所謂然而然之所謂善而善之則不謂之道諛之人也然則俗故嚴於親而尊於君邪謂己道人則勃然作色謂己諛人則怫然作色而終身道人也終身諛人也合譬飾辭聚衆也是終始本末不相坐垂衣裳設采色動容皃以媚一世而不自謂道諛與夫人之為徒通是非而不自謂衆人愚之至也知其愚者非大愚也知其惑者非大惑也大惑者終身不解大愚者終身不靈三人行而一人惑所適者猶可致也惑者少也二人惑則勞而不至惑者勝也而今也以天下惑予雖有祈嚮不可得也不亦悲乎大聲不入於里耳折楊皇華則嗑然而笑是故高言不止

於衆人之心，至言不出，俗言勝也。以二缶鍾惑，而所適不得矣。而今也以天下惑，予雖有祈嚮，其庸可得邪！知其不可得也而強之，又一惑也，故莫若釋之而不推。不推，誰其比憂！厲之人夜半生其子，遽取火而視之，汲汲然唯恐其似己也。

臣子然君親之所然而善其所善，則世俗以此謂諛而謂之不肖也，而未知其然而善之爲非者果必然邪？至於然世俗之所然、善其所善，則不以爲道諛人也，則所謂嚴於親而尊於君果安在也？謂己道人則勃然作色，謂己諛人則怫然作色，惡其名之惡也，而終身道人也，終身諛人也。合譬飾辭聚衆也，則不免爲其實也。名則惡之，實則爲之，則衆與始卒與本不相當也。道人之惡大，故勃然作色，勃則其氣勃也；諛人之惡小，故怫然作色，怫則其心違而已。合譬言則非其理之當也，飾辭則非其情之實也，而以此聚於人，則其所以爲道諛也。夫合譬飾辭聚衆，以爲道諛且不可，則夫不知反性命之情以得於天，而嚮於人而垂衣裳，設采色，動容貌以自媚一世，而不自謂道諛，而與夫人之爲徒，通是非而不自謂衆人，是乃愚之至也。知其愚者非大愚也，知其惑者非大惑也，則所謂病者能言其病，其病病者猶未病也，猶可爲者也。大惑者終身不解，大愚者終身不靈，則病而不能言其病，無可爲者也。三人行而一人惑，所適者猶可致也，惑者少也，以譬則道興之世也，得道者多而失道者寡故也。二人惑則勞而不至，惑者勝也，以譬則道廢之世也，失道者多而得道者寡也。而今也以天下惑，予雖有所嚮，不可得也，則世與道交相喪，無可與明此者也。民之迷也，其日已久，則雖有所嚮，其之從也？此乃至人之所以深悲也。所猶祭之有言願其嚮此而不可得也大聲不入於里耳折楊皇華則嗑然而笑大言不止於衆人之心至言不出俗言勝也觀惠子之聰明每以莊子之言爲無用則世可知也以二垂鍾惑則惑者一人之足而已而所適者不得則所謂小惑易方是也而今也以天下惑則惑者天下之心也則所謂大惑易性也則予雖有祈嚮其庸可得乎則我非發其道而不以明於天下也以爲知其不可得而强之則我亦一惑而已矣非致命盡情而兼忘天下者也故莫若釋之而不推以與之相忘於道術而已矣不推則誰其比憂邪厲之人夜半生其子遽取火而視之汲汲然唯恐其似己也則道之爲物人心而已矣而彼獨不得則其疾也豈特厲之比也自一而同乎流俗合乎汙世則豈特子之似己之比也則吾雖釋之而不推彼獨不憂邪則其所以比憂者如此也

百年之木破爲犧樽青黃而文之其斷在溝中比犧樽於溝中之斷則美惡有間矣其於失性一也跖與曾史行義有間矣然其失性均也且夫失性有五一曰五色亂目使目不明二曰五聲亂耳使耳不聰三曰五臭薰鼻困惾中顙四曰五味濁口使口厲爽五曰趣舍滑心使性飛揚此五者皆生之害也而楊墨乃始離跂自以爲得非吾所謂得也夫得者困可以爲得乎則鳩鴞之在於籠也亦可以爲得矣且夫趣舍聲色以柴其內

皮弁鷸冠搢笏紳修以約其外內支盈於柴柵外重纆繳睆睆然在纆繳之中而自以為得則是罪人交臂歷指而虎豹在囊檻亦可以為得矣破為犧樽青黃而文之以譬則曾史之循也其斷在溝中以譬則盜跖之汙也形體保神各有儀則謂之性性脩反德德至同於初是乃所以得也烏取曾史盜跖於其間哉蓋有色者有色色者有聲者有聲聲者色者非明而色色者明而以五色亂之乃所以使目不明也聲聲者非聰而聲聲者聰而以五聲亂之乃所以使耳不聰也達乎此則五臭之薰鼻五味之濁口趣舍之滑心亦若是而已心則神也神則無思也無為也寂然不動而已矣發神則順心順心則無趣也無舍也順之而已則亦無思無為寂然而不動也而以趣舍滑之此性之所以飛揚而不止也彼楊墨者固天下之才士也而不聞道則所知者不出五者之間而已乃始離跂自以為得非吾所謂得也蓋聲色臭味趣舍固五官之所困也而楊墨以是為得則鳩鴞在於籠也亦可以為得矣趣舍聲色以柴其內而使道不得集其虛皮弁鷸冠搢笏紳脩以約其外而使心不得解其縲內支盈於趣舍之柴柵外重以弁冠笏紳之纆繳自達者觀之則其在纆繳之中睆睆然明矣而自以為得則是罪人交臂歷指而虎豹在於囊檻亦可以為得也罪人交臂歷指虎豹在於囊檻豈特鳩鴞之在於籠之比哉

天道第十三

天道運而無所積故萬物成帝道運而無所積故天下歸聖

道運而無所積故海内服明於天通於聖六通四辟於帝王之德者其自爲也昧然無不静者矣聖人之静也非曰静也善故静也萬物無足以鐃心者故静也水静則明燭鬚眉平中準大匠取法焉水静猶明而況精神聖人之心静乎天地之鑒也萬物之鏡也天道運而無所積則環轉而無窮而未始有物也故萬物成成則非物彫而刻之也帝道運而無所積則一日萬機而未始有物也故天下歸天下歸則非人悦而求之也聖道運而無所積則無乎不在而未始有物也故海内服海内服則非以力服也中心悦而誠服也聖則通乎聖人之在下者也明於天通於聖知其皆運而無所積則六通四闢於帝王之德者也六則六合六合通則不爲方之所塞也四則四序四序闢則不爲時之所閉也六通四闢則運之而無所往損宜矣運則千轉萬變而未始有窮無所積則介然之有不留乎胷中也雖吾之自爲也猶將外乎而無不静者矣以爲而未嘗爲故也而況人各爲其爲而有不静者乎聖人之静也非曰静也善故静也若以静爲善而後静則非本自静也静之而後静也萬物無足以鐃心者故静也則其本自静也非静之而後静也何則萬物得我以生者也我則不生彼萬物孰能鐃之明乎此者則於其未作也乃所以觀其復也於其芸芸也乃所以歸其根也復而歸其根則其自静也静則明明燭鬚眉平中唯大匠取法焉人莫鑑於流水而鑑於止水以其静也水静猶明而況精神四達並流而無所不極上際於天下蟠于地化育萬物不可爲象而歲之聖人之心則其静也非特水之静明燭鬚眉平中準大匠取法而已蓋天地於

此乎觀則是其鑑也萬物於此乎形則是其鏡也夫虛靜恬淡寂漠無為者天地之平而道德之至故帝王聖人休焉休則虛虛則實實者倫矣虛則靜靜則動動則得矣靜則無為無為也則任事者責矣無為則俞俞俞俞者憂患不能處年壽長矣夫虛靜恬淡寂漠無為者萬物之本也虛則無所於逆靜則一而不變恬則安於無知淡則不與物交寂則寂然不動漠則合己氣於大漠此六者聖人之所以無為也無為也者天地之平而道德之至也平則無有高下而至則無以復加之謂也此帝王聖人之所休焉者也蓋應萬殊之變供萬物之求而無此焉則無所於休而其神窮於事為之際矣其能虛乎故休則虛也虛者乃所以載其心也能剔其心則靜乎其事而其會至於有萬不同矣故虛則實雖一同也而其成理未嘗易也故雖實而倫矣則虛非特以實而倫又將以靜動動而得也數能安以久動之徐生則靜而動也動之徐生則動於不得已而當則動而得者也致虛之極以至於靜則萬物莫足以鐃心而無為矣無為則任事者責而我不勞矣非特然也無為則俞俞俞俞者無所往而不然之謂也無所往而不然則息憂患於何而處乎此年壽之所以長也明乎虛靜之說則恬也淡也寂也實也皆若是而已所從言之異耳則虛靜恬淡寂實無為非特聖人休焉與天地之平道德之至而已矣是乃萬物之本也萬物職職皆從無為殖乃其所以為本也明此以南鄉堯之為君也明此以北面舜之為臣

也以此處上帝王天子之德也以此處下玄聖素王之道也以此退居而閒游江海山林之士服以此進爲而撫世則功大名顯而天下一也靜而聖動而王無爲也而尊樸素而天下莫能與之爭美夫明白於天地之德者此之謂大本大宗與天和者也所以均調天下與人和者也與人和者謂之人樂與天和者謂之天樂莊子曰吾師乎吾師乎齏萬物而不爲戾澤及萬世而不爲仁長於上古而不爲壽覆載天地刻彫衆形而不爲巧此之謂天樂故曰知天樂者其生也天行其死也物化靜而與陰同德動而與陽同波故知天樂者無天怨無人非無物累無鬼責故曰其動也天其靜也地一心定而王天下其鬼不祟其魂不疲一心定而萬物服言以虛靜推於天地通於萬物此之謂天樂天樂者聖人之心以畜天下也古之聖人或南面而爲堯舜或北面而

爲舜或以帝王天子之德處乎上或以玄聖素王之道處乎下或退居而閒遊則江海山林之士服或進爲而撫世則功大名顯而天下一其明乎萬物之本則一而已矣故靜而聖聖則自其內而言之也動而王王則自其外而言之也無爲也而尊則所以臣天下者無事於智矣樸素而天下莫能與之爭美則所以服天下者無事於文采矣凡以明白於天地之德而知此其大本大宗而已矣故其南面北面處上處下進爲退居雖有不同而其大本大宗未始有異也通乎大本大宗則無爲而與天和者也以吾之所以與天和者而均調天下則與人和者也與天和者則遇於天若無不安也故謂之天樂也與人和者則入乎人者無不適也故謂之人樂也此無他師於此而已矣莊子曰吾師乎吾師乎齏萬物而不爲戾澤及萬世而不爲仁長於上古而不爲老覆載天地刻彫衆形而不爲巧則莊子之所師不過此而已矣然則隨其成心而師之誰獨且無師乎則其爲樂也非益生而外至也此所以爲天樂也故曰知天樂者其生也天行而我未嘗生也其死也物化而我未嘗死也靜而與陰同德則陰之爲德靜而不知其爲靜也動而與陽同波則陽之爲波動而不知其爲動也故知天樂者無天怨無人非則以其未嘗在彼也無物累無鬼責則以其未嘗在我也故曰其動也天天之動則無爲而動者也其靜也地地之靜則無爲而靜者也凡所以然者夫豈它求哉一心定而已矣一心定而王天下其鬼不祟哉則不傷彼莫得而祟也其魂不疲彼則無物我莫得而疲也外之其鬼不祟內之其魂不疲則凡生乎天地之間者莫有不服者也此無它一心定而已矣夫一心之所以定者以其未嘗不虛未嘗不靜也而吾能以其虛靜推於天地通於萬物而無不然則其樂也非益生而外至也此所以爲天樂也天樂也者帝王之心以畜天下者也以心畜天下則畜天下者不在乎它也夫豈以天下之大而汨乎吾心哉

夫帝王之德以天地爲宗以道德爲主

以無為為常無為也則用天下而有餘有為也則為天下用而不足故古之人貴夫無為也上無為也下亦無為也是下與上同德下與上同德則不臣下有為也上亦有為也是上與下同道上與下同道則不主上必無為而用天下下必有為為天下用此不易之道也故古之王天下者知雖落天地不自慮也辯雖彫萬物不自說也能雖窮海內不自為也天不產而萬物化地不長而萬物育帝王無為而天下功故曰莫神於天莫富於地莫大於帝王故曰帝王之德配天地此乘天地馳萬物而用人羣之道也夫無為者天地之平道德之至而帝王之德以天地為宗以道德為主則宜其以無為為常也以為宗則知其莫不繼於此也以為主則知其莫不賓於此也以為常則知其有為者非其常也無為也則以一人用天下而天下為之用也故有餘有為也則以天下用一人而一人為之用也故不足此古之人所以貴夫無為也不明於天者不純乎德德則無為而已矣故上無為也下亦無為而與上同則稱德也道則有天道有人道無為而尊者天道也有為而累者人道也故下有為也上亦有為而與下同則言道也上必无為而用天下下必有為而為天下用此不易之道也太宗何不臣不主而可以為哉故

古之王天下者知雖落天地不自慮也而天下爲之慮也落之爲言也言天地
雖大不出吾智之内也辯雖彫萬物不自說也而天下爲之說也彫之爲言也言
萬物雖衆而吾辯能彫而刻之也能雖窮海内不自爲也而天下爲之爲也
窮之爲言也言海内雖廣吾能窮而盡之使莫我勝也天不產而萬物化萬物
化則非我產之也地不長而萬物育萬物育則非我長之也帝王無爲而天下
功天下功則非我爲之也此天之所以神地之所以富而帝王之所以大也使
天也不萬物化而自產之則天其神乎地不萬物育而自長之則地其富乎帝
王之德不天下功而自爲之則帝王其大乎故曰帝王之德配天地配天地者
無爲而已矣無爲也者是乃道之所以乘天地
馳萬物而用人羣者也奈何哉其爲天下用乎

本在於上末在於下要在於主詳在於臣三軍五兵之運德之末也賞罰利害五刑之辟教之末也禮法度數刑名比詳治之末也鍾鼓之音羽旄之容樂之末也哭泣衰絰隆殺之服哀之末也五末者須精神之運心術之動然後從之者也

知五末者須精神之運心術之動而後從之則精神心術乃一五者之所以爲本也則向之所謂虛靜恬淡寂寞無爲者是乃所以保精神明心術而養其本之道也養其本則末從之矣則末

末學者古人有之而非所以先也

學者古人有之而非所以先也則所謂學循乃來與緝熙于光明者豈末學而已哉

君先而臣從父先而子從兄先而弟從長先而少從男先而女從夫先而婦從夫尊卑先後天

地之行也故聖人取象焉天尊地卑神明之位也春夏先秋冬後四時之序也萬物化作萌區有狀盛衰之殺變化之流也夫天地至神而有尊卑先後之序而況人道乎宗廟尚親朝廷尚尊鄉黨尚齒行事尚賢大道之序也語道而非其序者非其道也語道而非其道者安取道

君先而臣從父先而子從以至兄弟長少男女夫婦莫不然者此人道尊卑先後之序也至於天以神而位乎上地以明而位乎下春夏以生而先秋冬以成而後以至萬物始化而萌既作而區自微至著莫不有狀則盛衰之殺變化之流皆有成理而不可易者也天地至神不能而有尊卑先後之序則凡人道其本末之在上下要歸之在主臣而可以易乎故非特君臣父子兄弟長少男女夫婦之尊卑先後爲出於天地之理也而宗廟朝廷鄉黨行事一時之所在猶各有所尚而不可亂皆大道之序而已矣則夫語道而非其序者非其道也語道而非其道安取道哉此百家之所以往而不反而內聖外王之道所以暗而不明鬱而不發也

是故古之明大道者先明天而道德次之道德已明而仁義次之仁義已明而分守次之分守已明而形名次之形名已明而因任次之因任已明而原省次之原省已明而是非次之是非已明而賞罰次之賞罰已明而愚知處

宜貴賤履位仁賢不肖襲情必分其能必由其名以此事上以此畜
下以此治物以此脩身知謀不用必歸其天此之謂大平治之至也故
書曰有形有名形名者古人有之而非所以先也古之語大道
者五變而形名可舉九變而賞罰可言也驟而語形名不知其
本也驟而語賞罰不知其始也倒道而言迕道而說者人之所治也
安能治人驟而語形名賞罰此有知治之具非知治之道可用於天下
不足以用天下此之謂辯士一曲之人也禮法數度形名比詳古人
有之此下之所以事上非上之所以畜下也盡其心者知其性也知其性則知天矣則天者固性
命之極也欲明大道而不明乎天則非所謂真知也知而不真則所謂道者非
道所謂德者非德矣故先明天而道德次之則所謂道德者乃真道德而仁義
之所自出也故道德已明而仁義次之古之人所以通於一而萬事畢以是而
已矣立天之道非陰則陽立地之道非柔則剛立人之道非仁則義仁者左也
義者右也有左有右則有分有守也故仁義已明而分守次之有分有守則其
形可見而其名可言也故分守已明而形名次之古之人所以分剛柔別正直由
三而六由六而九如視白黑如數一二以是而已矣有形有名而不可亂則其
能可因其材可任矣故分守已明而因任次之古之人所以灼知三有宅心灼

見三有役心以是而已矣因之一不失其能任之不失其材則其心可原其迹可省也故因任已明而原省次之內之則原其心外之則省其迹而所謂是者真是而非者真非也故原省已明而是非次之是非已得其真則賞當於所是而罰當其所非矣故是非已明而賞罰次之賞罰不失於是非之實則愚智處宜而不敢違也貴賤履位而不敢易也仁賢不肖襲情而不敢踰也必分其能則官之所施皆稱乎能其事者也必由其名則名之所加皆適然當其實者也凡下之事上上之畜下內之治物外之脩身莫不以此而智謀不用必歸其天此文王所以不識不知順帝之則而周之多士亦皆秉文之德對越在天也其所以為太平而比隆於唐虞也驟而語形名不知其大本也則天與道德為之本而形名為之末也驟而語賞罰不知其始也則天與道德為之始而賞罰為之終也倒以言其不正不正則以末為大亡之謂也迕以言其不順不順則當後而先之謂也言道而無本末先後之序則是自亂自亂則人之所治也

昔者舜問於堯曰天王之用心何如堯曰吾不敖無告不廢窮民苦死者嘉孺子而哀婦人此吾所以用心已舜曰美則美矣而未大也堯曰然則何如舜曰天德而出寧日月照而四時行若晝夜之有經雲行而雨施矣堯曰膠膠擾擾乎子天之合也我人之合也夫天地者古之所大也而黃帝堯舜之所共美也故古之王天下者奚為哉天地而已矣

孟子曰充實之謂美充實而有光輝之謂大而易以明芘爾思爲奉光大則所謂光大者因出乎思爲之外也誠使堯之用心不出憮怛之愛雖充之以被四表是乃美而未大也若夫天德而出寧則雖出而未嘗不寧也日月照而四時行一往一來一屈一伸而莫有爲者也若晝夜之有經則相代乎前而莫知其所萌雲行而雨施而天下均平矣則其視夫不敖無告不廢困窮苦死者嘉孺子而哀婦人而以用心者豈不膠膠擾擾乎哉膠膠言其固而不離也擾擾言其雜而不一也則舜之所言者乃天之合也而堯之所言乃人之合而已矣夫堯非有人非見有於人而推天爲大惟堯則之則豈以憮怛之愛累其心惟人之合而未大哉蓋世儒之所知堯者以爲不虐無告不廢困窮乃眞堯之所以爲堯也故寓之二聖人之言以明所大而共美者爲在於此與黃帝不異也

孔子西藏書於周室子路謀曰由聞周之徵藏史有老聃者免而歸居夫子欲藏書則試往因焉孔子曰善往見老聃而老聃不許於是繙十二經以說老聃中其說曰太謾願聞其要孔子曰要在仁義老聃曰請問仁義人之性邪孔子曰然君子不仁則不成不義則不生仁義眞人之性也又將奚爲矣老聃曰請問何謂仁義孔子曰中心物愷兼愛無私此仁義之情也老聃曰意幾乎後言夫兼愛不亦迂乎無私焉乃私也夫子若欲使

天下無失其牧乎則天地固有常矣日月固有明矣星辰固
有列矣禽獸固有群矣樹木固有立矣夫子亦放德而行循道
而趨已至矣又何偈偈乎揭仁義若擊鼓而求亡子焉意夫
子亂人之性也西藏書於周室則不用於時而藏其言以待後之君子之意也子路勇於爲義而老聃免藏史而歸居則不用於時
而藏之以待後之君子者固宜所往因也十二經則春秋是也詩書禮樂易皆孔子之所傳而獨繙十二經以說者以孔子之所以經世爲在於此而志
有所不用故也孔子以人道教天下而老聃則絕學反樸而示之以真者也以人道教天下則藏其妙用而未之嘗言則十二經之要所以經世者不過
仁義而已矣絕學反樸而示之以其真則仁義在所攘棄宜其以爲不足而非人之性也自人道觀之仁非特成己而已所以成物也故不仁則不成義
非特利物而已所以立我也故不義則不生君子之生成在於仁義故以爲真人之性也自道之真觀之中心物愷則非外鑠我者也物愷則無物而不
樂也則上仁無爲而無以爲者也故幾之而已幾則非其至也後言夫兼愛則非天德而出寧雲行而雨施者也故以爲迂迂則非真造之也凡名生於不
足則無私者乃所以爲私也夫子欲使天下無失其牧乎亦輔万物之自然而已矣天地固有常日月固有明星辰固有列禽獸固有群樹木固有立則所
謂輔萬物之自然也夫子亦放德而行循道而趨已至矣德則無爲而道法自然故也又何偈偈乎揭仁義若擊鼓而求亡子焉父子之道天性也子而亡之
非擊鼓之所可求也猶人之失性非揭仁義之可復也故以仁義爲非人之性而夫子乱人之性也莊子論大道之序仁義次於道德而言此者明世儒

之所以知孔子者不過於此而絕棄之不盡則無以反其宗而道德仁義亦無自而明矣士成綺見老子而問曰吾聞夫子聖人也吾固不辭遠道而來願見百舍重趼而不敢息今吾觀子非聖人也鼠壤有餘蔬而棄妹不仁也生熟不盡於前而積斂無崖老子漠然不應士成綺明日復見曰昔者吾有刺於子今吾心正卻矣何故也老子曰夫巧知神聖之人吾自以為脫焉昔者子呼我牛也而謂之牛呼我馬也而謂之馬苟有其實人與之名而弗受再受其殃吾服也恒服吾非以服有服士成綺鴈行避影履行遂進而問脩身若何老子曰而容崖然而目衝然而顙頯然而口闞然而狀義然似繫馬而止也動而持發也機察而審知巧而覩於泰凡以為不信邊境有人焉其名為竊鼠壤有餘蔬則可以振季女之飢而棄妹則不仁也妹少女也生熟不盡於前則與者同以無厭而積斂無崖則不義也言不仁則不義可知也老子以絕學反樸示人以其真而士成綺求之以仁義則漠然不應乃所以使其意消而心卻也

巧智神聖之人自以爲勝則絶學反樸而未始有物者也而子以其事爲不仁其事爲不義則是呼我牛而謂之牛呼我馬而謂之馬也大丈夫居其實不居其華華則前識實則識知之之所不得預也苟有其實人與之名而不受則吾所以莫然也聞其死齊其事終身不救不受而受之則齊其事而不救而遺身外者也吾服也恒服則其心未始不在道也吾非以服有服而人莫以爲勤行者也士成綺知其不足以得至人之心者以在已者不足故也此所以進而問修身也其容崖然則若不與物交而其目衝然則逐物於外也其顙頯然則若大樸而其口闞然則言之欲出諸其口也其狀義然則若不明而其心則若繫馬而止也動而持非能不動者也發也機則不可以制也審而察則非蔽蒙明者也智巧而覩於泰則非樸素而守約者也凡以所爲皆以爲不信而已邊境有人焉其名爲竊邊境則非遊乎道之中竊則非其有而取之也

老子曰夫道於大不終於小不遺故萬物備廣廣乎其無不容也淵淵乎其不可測也形德仁義神之末也非至人孰能定之夫至人有世不亦大乎而不足以爲之累天下奮棅而不與之偕審乎無假而不與利遷極物之眞能守其本故外天地遺萬物而神未嘗有所困也通乎道合乎德退仁義賓禮樂至人之心有所定矣於大不終則天地雖大未離乎內於小不遺則秋毫雖小待之成躰則天下之物有不備者乎此所以廣廣乎其无不容也淵淵乎其不可測也此道之所以爲

神也則留而為形失而為德廢而為仁義乃所以為神之末也則形德仁義非至人其孰能定之乎夫至人有世不亦大乎而不足以為之累則能棄世而已矣天下奮棅而不與之偕則能忘天下而已矣凡此無他審乎無假而不與利遷則天下奮棅而不與之偕也極物之真守其本則有世之大而又足以為之累也凡神之所以困以不知此而已矣故外天地遺萬物而神未嘗有所困也通乎道而不塞合乎德而不雜退仁義而不留賓禮樂而不主若此而後其心有所定也則非至人其孰能定之哉

世之所貴道者書也書不過語語有貴也語之所貴者意也意有所隨意之所隨者不可以言傳也而世因貴言傳書世雖貴之哉猶不足貴也為其貴非其貴也故視而可見者形與色也聽而可聞者名與聲也悲夫世人以形色名聲為足以得彼之情夫形色名聲果不足以得彼之情則知者不言言者不知而世豈識之哉莊子言此欲學者忘其書遺其言而不求於形色名聲之間也

桓公讀書於堂上輪扁斲輪於堂下釋椎鑿而上問桓公曰敢問公之所讀者何言邪公曰聖人之言也曰聖人在乎公曰已死矣曰然則君之所讀者古人之糟魄已夫桓公

日寡人讀書輪人安得議乎有說則可無說則死輪扁曰臣也以臣之事觀之斲輪徐則甘而不固疾則苦而不入不徐不疾得之於手而應於心口不能言有數存焉於其間臣不能以喻臣之子臣之子亦不能受之於臣是以行年七十而老斲輪古之人與其不可傳也死矣然則君之所讀者古人之糟魄已矣（斲輪事之粗者也然徐則甘而不固疾則苦而不入不徐不疾得於手而應於心者雖父子猶不能以喻而受之則天道之為物其傳之難於斲輪甚矣誠不能求之於心而唯書之為讀則糟魄之論非虛言也）

天運第十四

天其運乎地其處乎日月其爭於所乎孰主張是孰維綱是孰居無事推而行是意者其有機緘而不得已邪意者其運轉而不能自止邪雲者為雨乎雨者為雲乎孰隆施是孰居無事淫樂而勸是風起北方一西一東有上彷徨孰噓吸是

孰居無事而披拂是敢問何故巫咸招曰來吾語汝天有六極五常帝王順之則治逆之則凶九洛之事治成德備監照下土天下戴之此謂上皇

天猶運也而吾不知其真爲運也地猶處也而吾不知其真爲處也日月猶爭於所也而吾不知其真爲爭於所也而求其主張者維綱者與夫推而行是者皆不可得也意者其有機緘而不得已邪意者其運轉而不得自止邪此皆吾不可得而知也以爲雲者爲雨乎則水之升而爲雲也以爲雨者爲雲乎則雲之解而爲雨也而求其隆施與其居無事淫樂而勸是者又不同得也風起北方一西一東有上彷徨未嘗有定也則其起於他方一南一北一上一下亦若是而已而求其噓吸與夫居無事而披拂者皆不可得也此乃道之不測而爲神也不測則無問無問則無應矣雖然知吾所以語汝者則知神之所爲矣知神之所爲則夫主張者維綱者隆施者噓吸者與夫居無事推而行是者淫樂而勸是者披拂是者皆以此而已則雖不容合乃所以若合之也天有六極五常五常則五福福極皆具彝倫而獨以福爲常者斂時敷錫在於五福而不在於六極故以福爲常也嚮用五福威用六極則順之而吉也及是則逆之而凶也九洛之事則洛之九疇也九疇之用至於福極則治成德備監照下土而天下戴之矣皆其監照下土而天下戴之此所以爲上皇也上皇則挈天地馳日月隆施雲雨噓吸風氣而常居無事之地者也則求上皇者豈必於鴻荒之世哉

商太宰蕩問仁於莊子莊子曰虎狼仁也曰何謂也莊子曰父子相親何爲不仁曰請問至仁莊子曰至仁無

親太宰曰蕩聞之無親則不愛不愛則不孝謂至仁不孝可乎莊子曰不然夫至仁尚矣孝固不足以言之此非過孝之言也不及孝之言也夫南行者至於郢北面而不見冥山是何也則去之遠也故曰以敬孝易以愛孝難以愛孝易而忘親難忘親易使親忘我難使親忘我易兼忘天下難兼忘天下易使天下兼忘我難夫德遺堯舜而不爲也利澤施於萬世天下莫知也豈直太息而言仁孝乎哉夫孝悌仁義忠信貞廉此皆自勉以役其德者也不足多也故曰至貴國爵并焉至富國財并焉至願名譽并焉是以道不渝

世俗之所謂仁者苟有愛焉皆可以謂之仁也則雖虎狼之具亦父子相親則何爲不可以言仁哉若夫至仁則天地聖人之仁是也則必與道合體而無爲爲則豈容心於其間哉此至仁所以無親也所謂無親則不愛不愛則不孝則非過孝之言也不及孝之言也至仁無親則過孝之言也南行者至於郢北面而不見冥山則去之遠也道至於至仁則孝固不足以言之則亦去之遠而已矣乃所以爲過孝之言也故曰以敬孝易以愛孝難敬孝

則禮也愛孝則情也以愛孝易而忘親難愛孝則情也忘親則道也忘親易使親忘我難忘親則忘之在已者也使親忘我則忘之在人者也使親忘我易兼忘天下難使親忘我則脩之家而已兼忘天下則脩之天下者也兼忘天下易使天下兼忘我難兼忘天下則我之能外天下而已天下兼忘我則天下往而相忘也為仁而至於此則德遺堯舜而不為利澤施於萬世而不知也是乃所謂與道合體而無為也則豈直太息而言仁孝乎哉所謂至仁不仁者是也自至仁觀之則夫孝悌仁義忠信貞廉皆自勉以役其德豈足多哉故曰至貴國爵并焉至富國財并焉則擯天下之富貴而刼其爵與財者是也至願名譽并焉則脩其可願而至於至仁則孝悌仁義忠信貞廉雖遺之而不為而其名譽固已并於其間矣是以道不渝不渝則言其無所往而不存也

北門成問於黃帝曰帝張咸池之樂於洞庭之野吾始聞之懼復聞之怠卒聞之而惑蕩蕩默默乃不自得帝曰汝殆其然哉吾奏之以人徵之以天行之以禮義建之以太清四時迭起萬物循生一盛一衰文武倫經一清一濁陰陽調和流光其聲蟄蟲始作吾驚之以雷霆其卒無尾其始無首一死一生一僨一起所常無窮而一不可待汝故懼也吾又奏之以陰陽之和燭之以日月之明其聲能短能長能柔能剛變化

齊一不主故常在谷滿谷在阬滿阬塗郤守神以物爲量其聲揮綽其名高明是故鬼神守其幽日月星辰行其紀吾止之於有窮流之於無止子欲慮之而不能知也望之而不能見也逐之而不能及也儻然立於四虛之道倚於槁梧而吟目知窮乎所欲見力屈乎所欲逐吾既不及已矣形充空虛乃至委蛇汝委蛇故怠吾又奏之以無怠之聲調之以自然之命故若混逐叢生林樂而無形布揮而不曳幽昏而無聲動於無方居於窈冥或謂之死或謂之生或謂之實或謂之榮行流散徙不主常聲世疑之稽於聖人聖也者達於情而遂於命也天機不張而五官皆備此之謂天樂無言而心悅故有焱氏爲之頌曰聽之不聞其聲視之不見其形充滿天地苞裹六極汝欲聽之而無接焉而故惑也樂也者始於懼懼故祟吾又次之以怠怠故遁卒之於惑惑故愚愚

故道道可載而與之俱也吾師乎吾師乎䪠萬物而不為戾澤及萬世而不為仁長於上古而不為老覆載天地刻彫
衆形而不為巧此之謂天樂天樂則道也故以咸池況之咸池備矣道則萬物
莫不備者也張之於洞庭之野則示之以廣莫壙埌之處也其為物默默乃不自
得則至於忘已而已矣奏之以人徼之以天則奏之雖人以大一坐工品美也則所謂
樂出虛是也行之以禮義建之以太清則行之雖禮義以太清建也則樂著
太始是也太清則以其聲言之也由乎人為以見天理由乎禮義以知太清則
四時迭起萬物循生莫非樂也一盛而文也一衰而武也而綸經之不可亂也
一清而陰也一濁而陽也而調和之未嘗戾也其聲則流光乎天地之間而未
嘗絕也蟄蟲始作吾驚之以雷霆雖其聲之流光不感則不發也吾求之未其
卒無尾吾觀之本其始無首一死一生一僨一起而其所常未嘗有窮也而一
不可待汝故懼也此無他我以人示之而彼以人入之而已以人入天則萬變而
萬不同矣而欲得其所謂一者豈可待乎見其萬變而不得其所謂一者宜其
懼也吾又奏之以陰陽之和燭之以日月之明則非人也天而已矣其聲能短
能長能柔能剛變化齊一不主故常而其所以為聲則一也在谷滿谷在阬滿
阬塗郤守神以物為量乃其所以為聲也雖以物為量其聲揮綽揮綽則不
制於宇宙之間也其名高明高明則天之所以為天也是故鬼神守其幽
而不雜擾也日月星辰行其紀而不差忒也吾止之於有窮流之於無止
唯所示之而已子欲慮之而不能知也望之而不能見也逐之而不能及
也天之所以為天者非慮之所能知也非望之所能見也非逐之所能及
也唯其如此故儻然立於四虛之道倚於槁梧而吟目知窮乎所欲見力
屈乎所欲逐則不求知之見之及之而形充空虛乃至委蛇矣儻然立於
四虛之道則東西南北無所適而不通矣倚於槁梧而吟則儻然而求其息
也形充空虛則墮枝體黜聰明而不制於有身者也委蛇則周旋曲折一

以任之而不加私意於其間也汝委蛇故怠此無他哉以天示之彼以天受
之則宜其周旋曲折一以任之而無追求之勤也吾又奏之以無怠之聲
調之以自然之命則忘乎人忘乎天者也忘乎人故無怠忘乎天故自然
而已故混逐叢生林樂而無形萬物共芸名歸其根也混逐叢生則芸芸林
之爲樂則樂而不知其爲樂其樂無形則各歸其根也布揮而不曳則混
逐叢生非我曳也幽昏而無聲則林樂而無形不可聞也不曳也動於無
方而已矣無聞也居於窈冥而已矣或謂之死則以死爲反者是也或謂
之生則萬物不得無以生者是也或謂之實則自其本觀之也或謂之榮
則自其末觀之也行流散徙不主常聲則不制於一而已矣此舉世之所
疑而聖人體之於起居造次之間而未嘗須臾離者也此其所以稽之也
聖也者無它達於情而遂於命也達於情而遂於命則耳之所以聽目之
所以視口之所以言鼻之所以聞心之所以思莫非是也則其天機而已矣
以張爲哉此所以爲天樂也知天樂則無言而心悅矣不知此者則其五
官未有不張而用之者也故有焱氏爲之頌曰聽之不聞其聲視之不見
其形充滿天地苞裹六極咸池之妙至於如此汝欲聽之宜其無接也唯其
無接則莫知其所之而吾之聽亦不用矣故惑也此無它忘乎人忘乎天以
入於天而已矣樂也者始於懼懼故祟祟則指所一且出而出也於至樂之
間而加懼焉此所以爲祟也吾又次之以怠怠故遁唯其追求之勤則所謂
祟者出而不藏至其怠也則遁矣卒之於惑惑故愚愚故道道可載而與
之俱也身之所以不能載道而與之俱者以其智識之昭昭也唯其去智而
與惑故愚愚則無知此其所以載
道而與之俱而天樂之所以全也孔子西遊於衛顏淵問師金曰
以夫子之行爲奚如師金曰惜乎而夫子其窮哉顏淵曰何也

師金曰夫芻狗之未陳也盛以篋衍巾以文繡尸祝齋戒以將之
及其已陳也行者踐其首脊蘇者取而爨之而已將復取而盛以
篋衍巾以文繡遊居寢卧其下彼不得夢必且數眯焉今而
夫子亦取先王已陳芻狗取弟子遊居寢卧其下故伐樹於宋
削迹於衛窮於商周是非其夢邪圍於陳蔡之間七日不火
食死生相與鄰是非其眯邪夫水行莫如用舟而陸行莫如用
車以舟之可行於水也而求推之於陸則沒世不行尋常古今
非水陸與周魯非舟車與今蘄行周於魯是猶推舟於陸也
勞而無功身必有殃彼未知夫無方之傳應物而不窮者也且子
獨不見夫桔槔者乎引之則俯舍之則仰彼人之所引非引人也
故俯仰而不得罪於人故夫三皇五帝之禮義法度不矜於同而
矜於治故譬三皇五帝之禮義法度其猶柤梨橘柚邪其味相反

而皆可於口故禮義法度者應時而變者也今取猨狙而衣以周公之服彼必齕齧挽裂盡去而後慊觀古今之異猶猨狙之異乎周公也故西施病心而矉其里其里之醜人見而美之歸亦捧心而矉其里其里之富人見之堅閉門而不出貧人見之挈妻子而去之走彼知美矉而不知矉之所以美惜乎而夫子其窮哉

聖人不仁以百姓為芻狗而無常心以百姓心為心則其自視亦芻狗而已則其所以應世之迹者為芻狗可知也凡所謂禮義法度者皆其應世之迹也方其應世也則嚴之飾之而用之以至誠則芻狗之未陳而盛以篋衍巾以文繡尸祝齋戒以將之之譬也及其過也委而去之而已矣而心未嘗係焉則芻狗之已陳而行者踐其首脊蘇者取而爨之之譬也今也以其一時應世過而去之之迹而與弟子絃誦講習則是取已陳之芻狗盛以篋衍巾以文繡而遊居寢臥其下之譬也夫取已陳之芻狗盛以篋衍巾以文繡遊居寢臥其下則非過而去之者也則心不能無所係者也晝想夜夢神形所遇誠不能過而去之而心有所係則彼不得夢必且數眯固其宜也眯則寱藝呻吟而迷之尤者也取先王一時應世過而去之之迹而與弟子絃誦講習晝夜不息則伐樹於宋削迹於衛窮於商周之夢圍於陳蔡之間七日不火食死生相與鄰之眯乃其報也夫唯不能過而去之而心有所係以經世則舟陸之非宜而周魯之不行而未知無方之傳應物而不窮者也以治人則非桔槔之俯仰而不得罪於人者也以應變則非柤梨橘柚其味相反而皆可於口而

衣緩狙以周公之服也以服海內則非其所以聖是知美矉而不知矉之所以美也夫有教立道而無心者仲尼也則雖取先王應世之迹而終日講習晝夜不息固豈有所係哉彼視宋之伐衞衞之削迹商周之窮陳蔡之阨猶觀雀蚊虻相過乎前也道之不行已知之矣則必丹陳之必行强魯之必用而不知無方之傳以至俯仰得罪於人而不知禮義法度應世而變與夫矉之所以美哉蓋學孔子而不知孔子之所以為孔子者則其弊常若此此莊子所以歎言之也

孔子行年五十有一而不聞道乃南之沛見老耼老耼曰子來乎吾聞子北方之賢者也子亦得道乎孔子曰未得也老子曰子惡乎求之哉曰吾求之於度數五年而未得也老子曰子又惡乎求之哉曰吾求之於陰陽十有二年而未得老子曰然使道而可獻則人莫不獻之於其君使道而可進則人莫不進之於其親使道而可以告人則人莫不告其兄弟使道而可以與人則人莫不與其子孫然而不可者無他也中無主而不止外無正而不行由中出者不受於外聖人不出由外入者無主於中聖人不隱名公器也不可多取仁義先王之蘧廬也止可以一宿而不可

久處覯而多責古之至人假道於仁託宿於義以遊逍遙之墟
食於苟簡之田立於不貸之圃逍遙無為也苟簡易養也不
貸無出也古者謂是采真之遊以富為是者不能讓祿以顯
為是者不能讓名親權者不能與人柄操之則慄舍之則悲而
一無所鑑以闚其所不休者是天之戮民也怨恩取與諫教生
殺八者正之器也唯循大變無所湮者為能用之故曰正者正也
其心以為不然者天門弗開矣道生一一生二二生三而道非一二三也而求之於度數則不出乎數之中而
已故五年而未得也五則數之中也道分而為陰陽而道非陰陽也而求之
於陰陽則不出乎天宇之大而已故十有二年而未得也十有二則周天之大
數也道之所以不可獻之於其君進之於其親告之於兄弟與其子孫者凡以
中無主外無正而已中無主也則我雖欲授之而彼且不止也外無正也則
彼雖欲受之而我則不行也物之有主也其固有之也道之在己也非能有
其所無也有其固有而已矣莫之有而有之是中無主而不止也射之有正也
所以受之也道之於人也非能與其所不受也與其所受而已矣莫之受而強
之是外無正而不行也是故由中出者不受於外聖人不出以其無正也由外
入者無主於中聖人不隱以其不止也不隱則不能推而內之之謂也然則道
非可以求之於度數也非可以求之於陰陽也求諸身而已矣非可以獻之於

其君進之於其親告之於其兄弟與之於其子孫自得而已矣名者公器也不可以多取多取則德之所蕩也仁義先王之蘧廬也止可以一宿而不可以久處久處則覯而多責也則其過出去之而已矣古之至人假道於仁託宿於義假道託宿則非久處也過而去之之謂也以遊逍遙無爲之墟則無所往而不適也食於苟簡易養之田則其求易富也立於不貸無出之圃則不與物交而淡之至也容矣至於覯而多責哉古者謂是采真之遊則所遊之墟所食之田所立之圃凡所采者莫非真也以富爲是者不能讓祿知有富而已以顯爲是者不能讓名知有名而已親權者不能與人柄知有勢力而已而親權者操之則慄舍之則悲則傷生害性尤其甚者也而不能讓之者一無所鑒以闚其不休者而已一無所鑒則觀於濁水而迷於清淵者也不休則天刑之不可解者也怨恩取與諫教生殺八者正之器也而非正之道也唯循大變無所湮者乃所以用其器之道也以其道用其器此正之所以爲正也天門者無有也萬物出乎無有則循大變而無所湮者之所由而出入也而其心以爲不然則其天門之不開也可知矣此之學孔子者得其迹而不得其心則其患常在於此也

孔子見老聃而語仁義老聃曰夫播糠眯目則天地四方易位矣蚊虻噆膚則通昔不寐矣夫仁義憯然乃憤吾心亂莫大焉吾子使天下無失其朴吾子亦放風而動揔德而立矣又奚傑然若負建鼓而求亡子者邪夫鵠不日浴而白烏不日黔而黑黑白之朴不足以爲辨名譽之觀不足以爲廣泉涸魚相與

處於陸相呴以濕相濡以沫不若相忘於江湖孔子見老聃歸三日不談弟子問曰夫子見老聃亦將何規哉孔子曰吾今於是乎見龍龍合而成體散而成章乘乎雲氣而養乎陰陽予口張而不能嗋予又何規老聃哉播糠眯目則天地四方易位目非糠之所宜加也蚊虻噆膚則通昔不寐膚非蚊虻之所宜集也至人之心若鏡而已而仁義憯然亂之豈非播糠眯目蚊虻噆膚之比哉天下莫不有無名之樸而能使之無失則放風而動總德而立矣風之動則莫之使而自動也德之立則莫之違而自立也又奚傑傑然若負建鼓而求亡子者邪天下已失其樸而救之以仁義則是傑傑然亦負建鼓而求亡子之類也揭揭然傑傑然皆用力之意也負建鼓則以聲聞名譽求之也夫鵠不日浴而白烏不日黔而黑則其樸之自然也雖有黑萬物之辨何所加飾於其間哉則名譽之觀無以加廣於人之性亦若是而已泉涸魚相與處於陸相呴以濕相濡以沫不若相忘於江湖則天下已失其樸而相呴濡以仁義之濕沫不若相忘於道術之江湖也龍之為物也合而成體散而成章乘乎雲氣而養乎陰陽未始累於其身者也老聃以仁義為心之播糠蚊虻則不累於其身可知矣子貢曰然則人固有尸居而龍見雷聲而淵默發動如天地者乎賜亦可得而觀乎遂以孔子聲見老聃老聃方將倨堂而應微曰予年運而往矣子將何以戒我乎子貢曰夫三王五帝之治天下不同其係聲名一也而

先王獨以爲非聖人如何哉老聃曰小子少進子何以謂不同對曰堯授舜舜授禹禹用力而湯用兵文王順紂而不敢逆武王逆紂而不肯順故曰不同老聃曰小子少進余語汝三皇五帝之治天下黃帝之治天下使民心一民有其親死不哭而民不非也堯之治天下使民心親民有爲其親殺其殺而民不非也舜之治天下使民心競民孕婦十月生子子生五月而能言不至乎孩而始誰則人始有夭矣禹之治天下使民心變人有心而兵有順殺盜非殺人自爲種而天下耳是以天下大駭儒墨皆起其作始有倫而今乎婦女何言哉余語汝三皇五帝之治天下名曰治之而亂莫甚焉三皇之知上悖日月之明下睽山川之精中墮四時之施其知憯於蠆蠆之尾鮮規之獸莫得安其性命之情者而猶自以爲聖人不可恥乎其無恥也子貢蹵蹵然立不安老子以仁義之憒其心此之蠆櫳之睽月蝕蚀之瞽膚則以五帝三王爲

非其所以爲聖而非之宜矣而子貢又求之於禪讓爭順逆之間則其迹之尤粗者也蓋自其迹言之則使民心變者固不若競競不若親親不若一然均之不免於治天下而使民有心而已則雖名曰治之而亂天下者亦自此始也故苟爲用智則豈特五帝三王而已哉雖三皇之知亦將上悖日月之明下睽山川之精中墮四時之施而其知憯於蠣蠆之尾矣蓋日月之所以明山川之所以精四時之所以施無所專知者也用知則悖其所以明睽其所以精而墮其所以施矣是知之爲毒憯於蠣蠆之尾也甚矣則雖鮮規之獸亦莫得安其性命之情而況於人乎蓋獸之爲物伏於山林夜行晝居雖飢渴隱約猶且胥疏於江湖之上則鮮規之甚也子貢聞其非三皇五帝而不得其所以非者是以蹵蹵然立不安也

孔子謂老聃曰丘治詩書禮樂易春秋自以爲久矣孰知其故矣以奸者七十二君論先王之道而明周召之迹一君無所鉤用甚矣夫人之難說也道之難明邪老子曰幸矣子之不遇治世之君也夫六經先王之陳迹也豈其所以迹哉今子之所言猶迹也夫迹履之所出而迹豈履哉夫白鶂之相視眸子不運而風化蟲雄鳴於上風雌應於下風而風化類自爲雌雄故風化性不可易命不可變時不可止道不可壅苟得於道無自而不可失焉者無自而可

孔子不出三月復見曰丘得之矣烏鵲孺魚傅沫細要者化有弟而兄啼久矣夫丘不與化爲人不與化爲人安能化人老子曰可丘得之矣六經則先王之法明而在度數而見之於書者也非其所以化者也其所以化者則其神明而已矣夫豈法度之所能紀而書之所能傳哉則今子之言猶迹而已夫迹履之所出而迹豈履哉以是而化天下宜其不用也夫白鶂之相視眸子不運而風化則其所以相感者以神而不以聲也蟲雌雄鳴於上風雄應於下風則其所以相感者以聲而不以形也而類自爲雌雄故風化若是者凡以性殊而不可易命定而不可變時行而不可止道通而不可壅故也夫豈可以言議而意測哉則所以化天下者固不在於陳迹之間也故苟得於道者無自而不可失焉者無自而可則所以化天下亦求之道而已孔子不出三月復見曰丘得之矣則不出戶庭而得之齋心服形之間者也烏鵲孺魚傅沫細要者化此三者莫不皆生而其所以生者未嘗同則知之所不能知也知之所不能知則化而已矣有弟而兄啼則情使之然也情使之然則情而已矣故以化則烏鵲孺魚傅沫細要者化而均可以生而不及於化人乎以青則兄弟之不能均得而欲人之化難矣久矣夫丘不與化爲人則爲道而不至於與造物者爲人也爲道而不至於與造物者爲人則安能化人哉此之學孔子而不得其所以迹者其患常在於此也

壬辰重改證呂太尉經進莊子全解卷第五

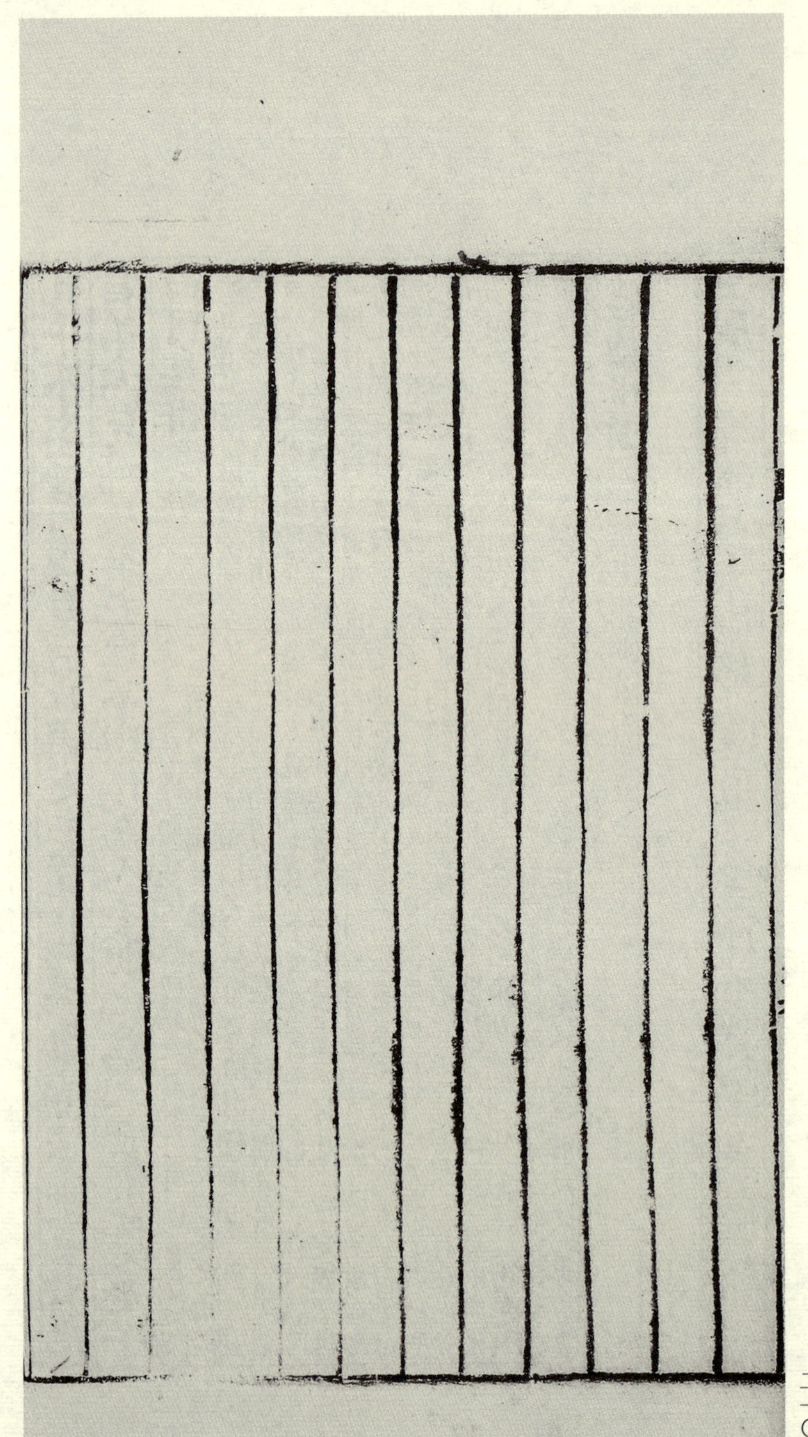

刻意第十五

刻意尚行離世異俗高論怨誹爲亢而已矣此山谷之士非世之人枯槁赴淵者之所好也語仁義忠信恭儉推讓爲脩而已矣此平世之士教誨之人遊居學者之所好也語大功立大名禮君臣正上下爲治而已矣此朝廷之士尊主強國之人致功并兼者之所好也就藪澤處閒曠釣魚閒處無爲而已矣此江海之士避世之人閒暇者之所好也吹呴呼吸吐故納新熊經鳥申爲壽而已矣此道引之士養形之人彭祖壽考者之所好也若夫不刻意而高無仁義而脩無功名而治無江海而閒不道引而壽無不忘也無不有也澹然無極而衆美從之此天地之道聖人之德也故曰夫恬淡寂寞虚無無爲此天地之

平道德之質也刻意以爲高仁義以爲脩功名以爲治江海以爲閒導引以爲壽則有待於物者也有待於物則不能無不忘不能無不忘則不能無不有故或高或脩或治或閒或壽而不能兼而有之者也若夫不刻意而高無仁義而脩無功名而治無江海而閒不導引而壽則無待於物者也無待於物則無不忘無不忘則無不有故澹然無極而衆美從之澹然無極則不爲刻意仁義功名江海道引之所限也衆美從之則所謂高脩治閒壽者不召而自來也凡天地之道聖人之德則如此而已矣知天地之道聖人之德爲如此則知所謂恬淡寂寞虛無無爲乃天地之平而道德之質也平則非其高下之相傾而質則非其文也蓋無不忘也則不累於有無不有也則不累於無不累於有無之間此所以爲無爲也然古之聖人亦有時乎爲高則伯夷是已有時乎爲脩則孔子孟軻是已有時乎爲治則伊尹是已有時乎爲閒則許由是已有時乎爲壽則黃帝是已而不累於爲聖人者凡以雖爲而不累於爲雖無爲而不累於無爲此所以俱爲無爲也故曰聖人休休焉則平易矣平易則恬惔矣平易恬惔則憂患不能入邪氣不能襲故其德全而神不虧人之心未始有物而萬物莫不備也未始有物則無事於信之也萬物莫不備則無事於取之也聖人者無不忘也無不有也則休休焉不役心於取捨之間而平易矣平言其不陂易言其不艱不陂則是非不得爲之高下也不艱則隤然而道之體非以心思而智索也平易則恬惔矣恬言其無知惔言其不與物交則所謂寂寞虛無無爲者亦若此而已所從言之異也夫憂患邪氣之所以得入而襲之者以知知物交而隙生其間故也則平易恬惔者固憂患之所不能入而邪氣之所不能襲也憂患則疑於自內出然非生而有則

自外至者也故曰入邪氣則忽然乘吾之間以冦吾真若兵之襲人而人不知也故曰龍蛇憂患不能入故其德全邪氣不能襲故神不虧古之人所以塞其兌閉其門而塗隙守神者以此而已故曰聖人之生也天行其死也物化靜而與陰同德動而與陽同波不為福先不為禍始感而後應迫而後動不得已而後起去知與故循天之理故無天災無物累無人非無鬼責其生若浮其死若休不思慮不豫謀光矣而不耀信矣而不期其寢不夢其覺無憂其神純粹其魂不罷虛無恬淡乃合天德聖人之生也天行天行則我未嘗生也故其出也不訢其死也物化物化則我未嘗死也故其入也不拒靜而與陰同德則靜而不知其為靜也動而與陽同波則動而不知其為動也不為福先則福亦不至不為禍始則禍亦不來感而後應不感則不應也迫而後動不迫則不動也不得已而後起非不得已則不起也蓋為福先為禍始非感而應非迫而動非不得已而起則是用知與故者也知與故者人之所為也不為福先不為禍始感而應迫而動不得已而起則去知與故循天之理者也天之理則自然而已矣夫惟循天理而不違故無天災去知故而不用故無物累天之所不能災而物之所不能累則無人非無鬼責宜矣故曰天且不違而況於人乎況於鬼神乎其生若浮若浮則若沉而浮非有所得也其死若休若休則若作而休非有所喪也不思慮則無感而寂也不豫謀則物至而應也光矣而不耀則發乎天光而非燭也信矣而不期則其中有信而非

爲也其寢不夢其神凝也其覺無憂寤寐同也其神純粹純粹則不雜也其魂不罷不罷則以無所爲也向之所謂虛無恬惔寂寞無爲者其證則若此而已虛無恬惔乃合天德天德者聖人之所以君天下而非所以爲天下用者也故曰悲樂者德之邪喜怒者道之過好惡者德之失故心不憂樂德之至也一而不變靜之至也無所於忤虛之至也不與物交淡之至也無所於逆粹之至也悲樂之於情尤其濡滯而難去者也故爲德之邪邪則反正者也喜怒則倐起而易去故爲道之過過則不當而已三者皆生於好惡好惡則悲樂喜怒之未形於外者也故爲德之失蓋德失而後爲道過道而入於邪邪則反正而害之者也故心不憂樂德之至也以其無好惡之失喜怒之過而其積乃至於不憂不樂是以爲德之至也人之於其心也終日萬慮而未嘗止則惡能頃刻而靜哉而德人之不憂不樂而至於一而不變是以爲靜之至也唯其如此則是無已無已以遊出則無所於忤者虛舟之觸物而莫有忤之者是以爲虛之至也不能無已者物來則與之交未免乎所謂味也無已而不與物交則無味矣是以爲淡之至也已往而物無與忤物來而我不與之交物與我無辨矣物與我無辨則雖入水蹈火無拂而非我其庸有逆乎是以爲粹之至也則向之所謂德所謂靜所謂虛所謂淡粹其義若此而已則其他可以類推也故曰形勞而不休則弊精用而不已則勞勞則竭水之性不雜則清莫動則平鬱閉而不流亦不能清天德之象也故曰純粹而不

雜靜一而不變淡而無為動而以天行此養神之道也夫有干越之劒柙而藏之不敢用也寶之至也精神四達並流無所不極上際於天下蟠於地化育萬物不可為象其名為同帝純素之道唯神是守守而勿失與神為一一之精通合于天倫野語有之曰衆人重利廉士重名賢士尚志聖人貴精故素也者謂其無所與雜也純也者謂其不虧其神也能體純素謂之真人觀聖人之心虛無恬淡如向所言則雖終日從事而精不勞精不勞則形不勞古之人所謂廢心而用形而視聽不以耳目者用此道也今也屬耳目乎聲色而役心乎取捨用其形而精隨之故形勞而不休精用而不已以至於斃且竭宜矣水之性不雜則清莫動則平則其清平固其自然也直不雜莫動之而已知其如此而以鬱閉不流為莫動則不能清則所謂天德者其象亦猶是也故純粹而不雜則水之不雜而清之象也靜一而不變淡而無為則水之莫動而平之象也動而以天行則水之不以鬱閉不流為莫動之象也而天下之方術有制於虛靜而不知觀萬物之復於並作之間而歸其根於芸芸之際者不知此者也此養神之道而世之人以為養形足以存生者又不足以與此也夫有干越之劒柙而藏之不敢用者寶之至也非以其用之利邪精神四達並流而無所不極上際於天下蟠於地化育萬物不可為象其用之利豈直干越之劒

哉其名爲同帝則其可貴豈直干越之劒之可寶哉乃不知蠲之以純粹神之以靜一藏之以無爲將之以天行是不明乎貴賤之分也精出乎至陰神生乎至陽兩者交通成和而物生我身之與天地其本一也則上際下蟠化育萬物而名之爲同帝非虛言也純素之道唯神是守守之者以純素而已矣方其守也則有所謂守之者焉及其至也守而勿失則守之者與所守者合而爲一矣一之精通合于天倫天倫者天理也人而合乎天理則亦天而已矣此聖人所以貴精也故素也者謂其無所與雜也存乎纖豪則雜矣純也者謂其不虧其神也萌乎微動則虧矣故體純素者唯真人能之

繕性第十六

繕性於俗俗學以求復其初滑欲於俗思以求致其明謂之蔽蒙之民古之治道者以恬養知生而無以知爲也謂之以知養恬知與恬交相養而和理出其性夫德和也道理也德無不容仁也道無不理義也義明而物親忠也中純實而反乎情樂也信行容體而順乎文禮也禮樂徧行則天下亂矣彼正而蒙己德德則不冒冒則物必失其性也性脩反德德至同於初而繕之於俗則其患常在於益生而失其初而又俗學以求復之則滋遠矣不見可欲使心不亂而汩欲於俗則其患常在於趣捨以雜其明而

又思以求致之則滋昏矣性之在人明之在性固未嘗亡也直以蔽之於俗而又求復之以俗學汩之於欲而又求致之以思是重自障覆而莫之得見也則謂之蔽蒙之民豈不宜哉古之治道者以恬養知生而無以知爲也此之謂以知養恬蓋所謂恬者生而安之而不知其然之謂也安之而不知其然則無知而已矣故謂之恬人之常言謂安爲恬靜爲恬蓋恬則安之而靜也以是而養知則非思以求致其明矣知其生而無以知爲而不用知則異乎安之而不知其然矣故謂之知以是而養恬則非俗學以求復其初矣易謂之陰陽謂之神明老氏謂之惚恍而莊子謂之恬知其實一也古之治道者未有不以是交相養而能至者也蓋恬之失在昧則無以發乎照曠知之失在擾則無以復乎混冥二者交相養而後和理出其性也見子終日號而嗌不嗄和之至出怒不怒雖同乎天和者爲然則所謂和者可知矣萬物有成理而不說而解牛者依乎天理則所謂理者可知矣蓋以知養恬而和出其性以恬養知而理出其性出其性則非自外至也通於天也者德也和故通於天地而無間故爲德而德則和也行於萬物者道也理故行於萬物而不圍故爲道而道則理也德之體和而其用無不容則爲仁故德無不容仁也道之體理而其用無不理則爲義故道無不理義也行乎萬物而無不理則義明而物不得不親而理則出乎性故義明而物親忠也所謂忠則中純實而非爲而樂之所由生也故中純實而反乎情樂也信則自諸中有諸中必形諸外而爲文故信行容體而順乎文禮也禮樂徧行而天下亂矣則所謂禮者忠信之薄而亂之首是也蓋各正性命合大和萬物未有不然者也則彼各正而自蒙己德矣則所謂德者及天以冒彼爲哉禮樂徧行而一之於外則道德之理滋遠而不能無冒冒則物必失其性此天下所以亂也莊子之論禮樂出於仁義忠信仁義忠信出於道德而道德出於性而孔子以爲聖人作易順性命之理和順於道德而理於

義窮理盡性以至於命孟子亦謂仁義皆內而出於性而性則盡其心者爲能知之而知其性則知天其指同矣而韓愈氏以爲博愛之謂仁行而宜之之謂義由是而之焉之謂道則道乃出於仁義而仁義則何自而出也則荀子所謂禮義生乎僞何以異哉古之人在混芒之中與一世而得澹漠焉當是時也陰陽和靜鬼神不擾四時得節萬物不傷群生不夭人雖有知無所用之此之謂至一當是時也莫之爲而常自然逮德下衰及燧人伏犧始爲天下是故順而不一德又下衰及神農黃帝始爲天下是故安而不順德又下衰及唐虞始爲天下興治化之流澆淳散朴離道以善險德以行然後去性而從於心心與心識知而不足以定天下然後附之以文益之以博文滅質博溺心然後民始惑亂無以反其性情而復其初所謂古之人與一世而得澹漠者即燧人伏犧神農黃帝堯舜至一之妙也所謂燧人伏犧黃帝堯舜則混芒之糟迹也非離三皇五帝而別有所謂古之人也混言其不分芒言其無象澹言其不交漠言其不見身與世若此則所謂至一也故由其妙觀而觀之則是以道莅天下故陰陽和靜鬼神不擾四時得節萬物不傷群生不夭

固其宜也道之在天下常使民無知無欲使夫知者不敢爲則人雖有知無所用之謂之至一亦其宜也道常無爲而法自然則常是時也固莫之爲而常自然矣由其粗迹觀之則三皇五帝雖時有厚薄其應不同而均之於爲天下而其德不免於下衰而不出於至一也故爲道者常絶聖棄智復歸於無物而是篇之言必至於如此者誠以夫至一之際雖遂人伏羲神農黄帝堯舜不得容於其間也而世之學聖人之言與其迹者不知乎五帝有所謂鼓萬物而不與聖人同憂之數則聞斯言也或疑或驚或笑或罵固不足異也遂人伏羲順而不一神農黄帝安而不順唐虞興治化之流澆淳散朴則時有厚薄其應不同也興治化之流則遠其源而澆淳則不厚散朴則爲器器則所謂大道廢有仁義知慧出有大僞也道無善無不善而有所謂善則不合而離矣上德不德不德則無所行而有所謂行則不易而險矣仁義則所謂善與行也而仁則善之長而義所以行之也道德則性而已仁義則性之發乎心也離道以善險德以行則是去性而從於心也心也而欲作吾將鎮之以無名之樸無名之樸亦將不欲不欲以靜天下將自正固不可以知知而不可以識識也今以心定天下之心則心與心識知而不足以定天下矣夫惟其不足以定天下故附之以文益之以博文滅質博溺心文則禮樂博則學而質則性也所謂禮樂徧行而天下亂也然後民始惑亂無以反其性情而復其初則所謂繕性於俗而俗學以求復其初滑欲於俗而思以求致其明豈可得哉

由是觀之世喪道矣道喪世矣世與道交相喪也道之人何由興乎世世亦何由興乎道哉道無以興乎世世無以興乎道雖聖人不在山林之中其德隱矣隱故不自隱古之所謂隱士者非伏其

身而弗見也非閉其言而不出也非藏其知而不發也時命大謬也當時命而大行乎天下則反一無迹不當時命而大窮乎天下則深根寧極而待此存身之道也

世以不明而道隱則是世喪道也道以不真而世喪則是道喪世也世與道交相喪則真所謂道之人何由興乎世而世亦何由興乎真所謂道哉世與道交相興則聖人作而物覩道無以興乎世世無以興乎道則雖聖人體性抱神以遊乎世俗之間而莫之知則固已隱矣奚以自隱於山林之中爲哉古之所謂隱士者非伏其身而弗見也非閉其言而不出也非藏其知而不發也時命大謬也則所謂龍德而隱是也當時命而大行乎天下則返一無迹則華胥之夢姑射之遊是也不當時命而大窮乎天下則深根寧極而待則確乎其不可拔是也龍蛇之蟄以存身也如此而已矣觀莊子之言豈亦慨然乎時命之不遭邪夫道以慈爲寶則世道之交相喪固在所哀而聞是道者有過於廢興之間則所以存身者不可不知固在所敎也而莊子神人也固所謂不與聖人同憂者亦何慨然於大謬之間哉

古之行身者不以辯飾知不以知窮天下不以知窮德危然處其所而反其性已又何爲哉道固不小行德固不小識小識傷德小行傷道故曰正己而已矣樂全之謂得志古之所謂得志者非軒冕之謂也謂其無以益其樂而已矣今之所謂得

志者軒冕之謂也軒冕在身非性命也物之儻來寄也寄之其來不可圉其去不可止故不爲軒冕肆志不爲窮約趨俗其樂彼與此同故無憂而已矣今寄去則不樂由是觀之雖樂未嘗不荒也故曰喪己於物失性於俗者謂之倒置之民存身則靜而已行身則非可以從靜也必應變而不害乎靜也不以辨飾知則忘言而智無所不知也不以智窮天下不以知窮德則去知而外之以知天下內之而德備也忘言而知無所不知去知而外之以知天下內之而德備則危然處其所而反其性已又何爲哉危然處其所則不待避世離物而出與物不足以累之此行身之道也道固不小行德固不小識不可少損以趨世也凡以小識傷德小行傷道而已矣故曰正己而已矣正己則不少損以趨世者也孟子所謂大人者正己而物正是也樂全則無以益其樂之謂也無以益其樂者唯大樂爲然則道是也志於道而求得之此古之所謂得志也道則性命而軒冕則物之寄而非性命也而謂之得志則俗而已矣今以其寄去而易其無以益之之大樂則是喪己於物失性於俗也己與性在內而重物與俗在外而輕今喪失其所重於其所輕是倒置也謂之民則治於人者也言此者明有道者雖時命大謬而不小行小識以趨世而易其無以益之之樂也

秋水第十七

秋水時至百川灌河涇流之大兩涘渚崖之間不辯牛馬於是

焉河伯欣然自喜以天下之美爲盡在已順流而東行至於北海東面而視不見水端於是焉河伯始旋其面目望洋向若而歎曰野語有之曰聞道百以爲莫已若者我之謂也且夫我嘗聞少仲尼之聞而輕伯夷之義者始吾弗信今我睹子之難窮也吾非至於子之門則殆矣吾長見笑於大方之家秋水時至百川灌河則學自外至聞見雜博而未達乎大道之譬言泛濫流之大兩涘渚涯之間不辨牛馬則爲道而下出而旁中央之方域而未至乎無所見之譬也以天下之美爲在已則以言其以少爲足也順流而東行至於北海則以言其離未達乎大道循性而求之不已則必得其所歸東則水之性北則萬物之所歸也東面而視不見水端則以言其初晤道之無窮而不得其朕也旋其面目望洋向若則以言其迴趣大道而將從無窮之遊也北海若曰井蛙不可以語於海者拘於墟也夏蟲不可以語於冰者篤於時也曲士不可以語於道者束於教也今爾出於涯涘觀於大海乃知爾醜爾將可與語大理矣天下之水莫大於海萬川歸之不知何時止而不盈尾閭泄之不知何時已而不虛春秋

不變水旱不知此其過江河之流不可爲量數而吾未嘗以此自多者自以比形於天地而受氣於陰陽吾在天地之間猶小石小木之在大山也方存乎見少又奚以自多計四海之在天地之間也不似礨空之在大澤乎計中國之在海內不似稊米之在大倉乎號物之數謂之萬人處一焉人卒九州穀食之所生舟車之所通人處一焉此其比萬物也不似豪末之在於馬體乎五帝之所連三王之所爭仁人之所憂任士之所勞盡此矣伯夷辭之以爲名仲尼語之以爲博此其自多也不似爾向之自多於水乎拘於墟則大小之所限也篤於時則久近之所專也束於教則方術之所制也天下之所以不得逍遙遊者凡以此而已矣出於涯涘而觀於大海則睨其所拘限而預於無方之觀此其所以可與語大理也萬川歸之不知何時已而不盈則益之而不加益也尾閭洩之不知何時止而不虛則損之而不加損也春秋不變則非久近之所專也水旱不知則非大小之所限也此水之幾於道也計四海之在天地之間中國之在海內人卒之在萬物若存若亡如是其微而五帝之所連三王之所爭仁人之所憂任士之所勞不過於此而伯夷辭之以爲名仲尼語之以爲博而自大道之無

方觀之則輕其義而少其聞豈誕也哉河伯曰然則吾大天地而小毫末可乎北海若曰否夫物量無窮時無止分無常終始無故是故大知觀於遠近故小而不寡大而不多知量無窮證曏今故故遥而不悶掇而不跂知時無止察乎盈虛故得而不喜失而不憂知分之無常也明乎坦塗故生而不悅死而不禍知終始之不可故也計人之所知不若其所不知其生之時不若未生之時以其至小求窮其至大之域是故迷亂而不能自得也由此觀之又何以知毫末之足以定至細之倪又何以知天地之足以窮至大之域道非小大也而河伯自多於水故北海若言天地之大以救其自多而已而河伯遂欲大天地而小毫末以不知物之量無窮時無止分無常終始無故也誠知其如此則大小豈有定體哉何謂量無窮今夫天地吾以為至大而極吾分之所知終莫得其盡則吾所謂大者豈知其真為大哉大吾不知其真為大則小吾安知其真為小也是之謂量無窮是故大知觀於遠近其幹如此故小而不寡大而不多以知量之無窮也知效一官行此一鄉德合一君而徵一國而宋榮子猶然笑之則小而寡之者也鷽鳩之笑大鵬曰奚以之九萬里而南為則大而多之者也何謂時無止今我以曏為曏而今為今心未

又言而所謂今者已過而爲昔矣則所爲昔與今者豈有止哉是之謂時無止
故雖夫歸今之昔故也則遥而不悶掇而不跂以知時之無止也吾安能辨其端
待百年之王乎則遥而悶者也彭祖乃今以久特聞衆人匹之則短而跂者自也
何謂分無常曰户則有盈盈則虧天地盈虛與時消息則物之分孰能常而不
變哉是之謂分無常故安分乎盈虛則得而不喜失而不憂知分之無常也何謂
終始無故有始者必有終則始未嘗有故也有終者必有始則終未嘗有故也
原始之所自起要終之所由歸而明乎坦途故生而不說死而不禍以知終始
之不可故也則物之所謂量所謂時所謂分所謂終始豈真知也哉知而非真
知則所知固不若其所不知也生而有知未生則無知也則其生之時固不若
其未生之時也蓋知至小也無窮至大也以其至小而求窮其至大之域是以
迷亂而不能自得也則小豪末大天地
奚足以定至細之倪與窮至大之域哉 河伯曰世之議者皆曰至精無
形至大不可圍是信情乎北海若曰夫自細視大者不盡自大
視細者不明夫精小之微也垺大之殷也故異便此勢之有也
夫精粗者期於有形者也無形者數之所不能分也不可圍者
數之所不能窮也可以言論者物之粗也可以意致者物之精
也言之所不能論意之所不能察致者不期精粗焉是故大人
之行不出乎害人不多仁恩動不爲利不賤門隸貨財弗爭

不多辭讓事焉不借人不多食乎力不賤貪汙行殊乎俗不
多辟異為在從眾不賤佞諂世之爵祿不足以為勸戮恥不
足以為辱知是非之不可為分細大之不可為倪聞曰道人不
聞至德不得大人無己約分之至也自細視大者不盡則凡目力之所不及者是也直不盡也非
不可圍也自大視細者不明則焦冥之集蚊睫而離朱當書拭目視之而不見者是也直不明也非無形也夫精小之微也學大之殷也以為細大視之
各異便則勢之有也而以為無形不可圍則非也夫精粗者期於有形者也無形者數之所不能分也不可圍者數之所不能窮也豈可以名之以
精粗小大哉蓋可以言論者物之粗也可以意致者物之精也道則言之所不能論意之所不能察致而不期精粗者也則體道者亦若是而已矣
是故大人之行不出乎害人不多仁恩不出乎害人則其性之自然也不多仁恩則非有為而為之也動不為利不賤門隸門隸則以利為事者也貨
財不爭不多辭讓辭讓則不爭也事焉不借人不多食乎力不賤貪汙食乎力則亦借人而貪汙則反是者也行殊乎俗不多辟異辟異則以殊俗
為事者也為在從眾不賤佞諂佞諂則君親之所然而然之從君親而非從眾者也凡皆出於自然而莫知其然也世之爵祿不足以為勸而戮恥不
足以為辱矣夫豈知是非之為分而細大之為倪而為之哉人之所以不能至於不聞不得無己者以不能無所分而已矣約分之至至於無所分此道
人之所以不聞至德之所以不得而大人之所以無己也河伯曰若物之外若物之內惡至而

倪貴賤惡至而倪小大北海若曰以道觀之物無貴賤以物觀
之自貴而相賤以俗觀之貴賤不在己以差觀之因其所大而
大之則萬物莫不大因其所小而小之則萬物莫不小知天
地之為稊米也知豪末之為丘山也則差數覩矣以功觀之因
其所有而有之則萬物莫不有因其所無而無之則萬物莫
不無知東西之相反而不可以相無則功分定矣以趣觀之因
其所然而然之則萬物莫不然因其所非而非之則萬物莫
不非知堯桀之自然而相非則趣操覩矣昔者堯舜讓而
帝之噲讓而絕湯武爭而王白公爭而滅由此觀之爭讓之
禮堯桀之行貴賤有時未可以為常也梁麗可以衝城而不
可以窒穴言殊器也騏驥驊騮一日而馳千里捕鼠不如狸狌
言殊技也鴟鵂夜撮蚤察豪末晝出瞋目而不見丘山言

殊性也故曰蓋師是而無非師治而無亂乎是未明天地之
理萬物之情者也是猶師天而無地師陰而無陽其不可行
明矣然且語而不舍非愚則誣也帝王殊禪三代殊繼差其
時逆其俗者謂之簒夫當其時順其俗者謂之義之徒默
默乎河伯汝惡知貴賤之門小大之家河伯聞是非之不可爲分細大之不可爲倪而約分之
至至於無所分則疑物之內外將無以至而倪貴賤小大也蓋以道觀之萬
物一體則物安有貴賤邪以物觀之自貴而相賤而道非物也以俗觀之貴
賤不在己而道非俗也道非物與俗則非貴賤也以差觀之因其所大而大之
則毫末之於無形猶爲丘山也况其大者乎如是則萬物莫不大矣因其所
小而小之則天地之於太虛猶爲稊米也况其小者乎如是則萬物莫不小矣
知天地之差於太虛而至於爲稊米毫末差於無形而至於爲丘山則所謂
差者其數覩矣而道非差也則非小大也以功觀之因其所有而有之若有
東必有西以其相待而有之也如是則萬物莫不有矣因其所無而無之若無東
則無西以其不得其所待則無也如是則萬物莫不無矣知東西之相反而相
待而後有則不可以相無則所謂功者其分定矣而道非功也則非有無也
以趣觀之因其所然而然之則物固有所然而萬物莫不然矣因其所非而
非之則物固有所非而萬物莫不非矣知堯桀之出於自是其所是而交相
非則所謂趣者其操覩矣而道非趣也則非是非也故道非物與俗也則無
貴賤非差也則無小大非功也則無有無非趣也則無是非則爲道者亦兩

怠而休乎天均而已矣惡用而偏貴賤小大哉故以堯舜之讓爲是則之噲
以絶也以湯武之爭爲是則白公以滅也則爭讓之禮堯桀之行貴賤有時而
未可以爲常也未可以爲常則貴賤之異也梁麗可以衝城而不可窒穴言
殊器也器殊則其用之異也騏驥驊騮一日而馳千里捕鼠不如狸狌言殊
技也技殊則其能之異也鴟鵂夜撮蚤察毫末晝出瞋目不見丘山言殊性也
性殊則其適之異也以大四者之不同而欲齊之以所是則是師是而無非
師治而無亂也是未明天地之理萬物之情也而古之君子固有若是者
彼非不明也有爲而爲之也如其不明而爲之則是師天而無地師陰而無陽
宜其爲非愚則誣也帝王殊禪三代殊繼差其時逆其俗謂之篡夫篡夫則
以言其獨也當其時順其俗謂之義我之徒義之徒則以言其有輿也則貴賤
小大惡可以爲常哉夫道則貴賤之所自
出故曰門而小大之所同歸也故曰家　河伯曰然則我何爲乎何
不爲乎吾辭受趣舍吾終奈何北海若曰以道觀之何貴何
賤是謂反衍無拘而志與道大蹇何少何多是謂謝施無一而
行與道參差嚴乎若國之有君其無私德繇繇乎若祭之有
社其無私福汎汎乎其若四方之無窮其無所畛域兼懷萬物
其孰承翼是謂無方萬物一齊孰短孰長道無終始物有死
生不恃其成一虛一滿不位乎其形年不可舉時不可止消息

盈虛，終則有始。是所以語大義之方，論萬物之理也。物之生也，若驟若馳，無動而不變，無時而不移。何為乎，何不為乎？夫固將自化。

學者平日係於有物，一聞大道無貴賤小大，則於為不為辭受趣舍之際，泫然莫知其所從，故問其宜也。以道觀之，道猶無物，則貴賤少多安可得邪？所謂貴賤者，是物之反衍而已，非道也。言反則有往，反則為貴，往則為賤也。言衍則有耗，衍則為貴，耗則為賤也。則當放志而無拘，拘而志則與道大蹇而不通矣。所謂少多者，物之謝施而已，非道也。言謝則有榮，謝則為少，榮則為多也。言施則有斂，施則為多，斂則為少也。當兩行而無一，一而行則與道參差而不當矣。嚴乎若國之有君，其無私德，無私德則於所君之人無所獨賴也，則無拘而志之之謂也。繇繇乎若祭之有社，其無私福，無私福則於所祭之人無所偏與也，則無一而行之之謂也。泛泛乎其若四方之無窮，其無所畛域，無所畛域則與道之通而不大蹇之謂也。兼懷萬物，其孰承翼，是謂無方。承則戴而承之也，翼則傍而助之也。兼懷萬物而無方，則物在我所蓄，而我其孰承而翼之也。萬物一齊，孰短孰長，則與道當而不參差之謂也。公無偏係，適與道當，則萬物一齊，孰短孰長哉？道無終始，物有死生，不恃其成，恃其成則悅生惡死，而不知終始之不可改也。一虛一滿，不位乎其形，位乎其形則不察乎虛盈，而不知分之無常也。年不可舉則雖遙而不悶也，時不可止則雖掇而不企也。消息盈虛，終則有始，則天行而已矣。是所以語大義之方，論萬物之理也。言大義之方則非小道，言萬物之理則非其事也，奈何係其心於辭受取舍之際乎？物之生也，若驟若馳，則變化之密移也。無動而不變，無時而不移，則人莫之知也，亦何係其心於為不為之間乎？夫固將自化，則安排而去化而已矣。

河伯曰：然則何

貴於道邪北海若曰知道者必達於理達於理者必明於權明於權者不以物害己至德者火弗能熱水弗能溺寒暑弗能害禽獸弗能賊非謂其薄之也言察乎安危寧於禍福謹於去就莫之能害也故曰天在內人在外德在乎天知天人之行本乎天位乎得蹢躅而屈伸反要而語極曰何謂天何謂人北海若曰牛馬四足是謂天落馬首穿牛鼻是謂人故曰無以人滅天無以故滅命無以得徇名謹守而勿失是謂反其真無爲而無不爲而任物之自化者固所謂道也而河伯不知乃以爲何貴於道故北海若告之以知道者必達於理達於理者必明於權明於權者不以物害己凡此曰知道者之事而已而非體道者之極致也至德者火弗能熱水弗能溺寒暑弗能害禽獸弗能賊則體道者固如此也則大宗師所謂真人而達生所謂純氣之守者是也而曰非謂其薄之也言察乎安危寧於禍福謹於去就莫之能害也則皆知道者達於理明於權不以物害己而已矣非體道者之極致也察乎安危寧於禍福則知其無可奈何而安之者也則天在內矣謹於去就則人之所畏不可不畏則人在外矣以是而入德則雖未能天而不人而德在乎天矣知天人之行本乎天位乎得則出天而之人也蓋德者得也

言得則人而已矣踦躍而屈伸反要而語極則出人而入天也踦躍而屈伸則人也反要而語極則天也無以人滅天無以故滅命無以得徇名謹守而勿失是謂反其真反其真則其於道也豈特知之已也哉夔憐蚿蚿憐蛇蛇憐風風憐目目憐心夔謂蚿曰吾以一足趻踔而行予無如矣今予之使萬足獨奈何蚿曰不然子不見夫唾者乎噴則大者如珠小者如霧雜而下者不可勝數也今予動吾天機而不知其所以然蚿謂蛇曰吾以衆足行而不及子之無足何也蛇曰夫天機之所動何可易邪吾安用足哉蛇謂風曰予動吾脊脅而行則有似也今子蓬蓬然起於北海蓬蓬然入於南海而似無有何也風曰然予蓬蓬然起於北海而入於南海也然而指我則勝我蹈我亦勝我雖然夫折大木蜚大屋者唯我能也故以衆小不勝爲大勝也爲大勝者唯聖人能之夔以一足而憐蚿之多足蚿以多足而憐蛇之無足蛇以動其脊脅而憐風之蓬蓬然有聲而無形而起於北海而入於南海也則風憐目之察此而見彼而目憐心之無所見而無往不至則可知也

夔則以己之所易而憐彼之所難也。然夔以一足爲易，而憐蚿多足之難；而蚿復以多足爲易，而憐蛇無足之難；則天機之所動，豈容其然哉？其難易豈在於多少有無之間哉？天機則無爲而自然者也。由是以知風與目與心，莫不出於無爲而自然，如河伯之區區計夫貴賤小多之間者，不足以與此者也。夫風以小不勝爲大勝，而人之目與心之用，其神於風也遠矣，乃不能得所謂無見無知而能見見知知者，以制萬物之大勝，豈真知也哉。

孔子遊於匡，宋人圍之數匝，而弦歌不輟。子路入見曰：何夫子之娛也？孔子曰：來，吾語汝。我諱窮久矣，而不免，命也；求通久矣，而不得，時也。當堯舜而天下無窮人，非知得也；當桀紂而天下無通人，非知失也；時勢適然。夫水行不避蛟龍者，漁父之勇也；陸行不避兕虎者，獵夫之勇也；白刃交於前，視死若生者，烈士之勇也；知窮之有命，知通之有時，臨大難而不懼者，聖人之勇也。由處矣，吾命有所制矣。無幾何，將甲者進，辭曰：以爲陽虎也，故圍之；今非也，請辭而退。言孔子之畏匡，於死生之際，安於命而不懼，而卒之以匡人之退者，明夫不能去智與故，而以死生爲憂者，非徒無益，亦適足以累其心而已矣。

公孫龍問於魏牟曰：龍少學先王之道，長而明仁義之行合同異離堅白然不然可不可困百家之知窮衆口之辯吾自以為至達已今吾聞莊子之言汒焉異之不知論之不及與知之弗若與今吾無所開吾喙敢問其方公子牟隱机大息仰天而笑曰子獨不聞夫埳井之蛙乎謂東海之鼈曰吾樂與吾跳梁乎井幹之上入休乎缺甃之崖赴水則接腋持頤蹶泥則沒足滅跗還虷蟹與科斗莫吾能若也且夫擅一壑之水而跨跱埳井之樂此亦至矣夫子奚不時來入觀乎東海之鼈左足未入而右膝已縶矣於是逡巡而却告之海曰夫千里之遠不足以舉其大千仞之高不足以極其深禹之時十年九潦而水弗為加益湯之時八年七旱而崖不為加損夫不為頃久推移不以多少進退者此亦東海之大樂也於是埳井之蛙聞之適適然驚規規然自失也且夫知不知是非

之境而猶欲觀於莊子之言是猶使蚉負山商蚷馳河也必不勝任矣且夫知不知論極妙之言而自適一時之利者是非埳井之蛙與且彼方跐黃泉而登大皇無南無北奭然四解淪於不測無東無西始於玄冥反於大通子乃規規然而求之以察索之以辯是直用管闚天用錐指地也不亦小乎子往矣且子獨不聞夫壽陵餘子之學行於邯鄲與未得國能又失其故行矣直匍匐而歸耳今子不去將忘子之故失子之業公孫龍口呿而不合舌舉而不下乃逸而走所謂是非之境者是非之所自起也莊子之言得於是非之所自起是以視之若棄為一此所以為至妙而知不知是非之境者觀之而泛然無所關其竅也跐黃泉則遊乎六極之下也登太皇則出乎太極之上也無南無北奭然四解淪於不測則忘乎幽明無方而入於神也無東無西始於玄冥反於大通則會乎沖和出神而遊乎明也要而言之則所謂六通四闢形充空虛是也此意之所不能盡言之所不能論而規規然而求之以察索之以辯則用管闚天用錐指地之類也莊子釣於濮水楚王使大夫二人往先焉曰願以境內累矣莊子持竿不顧曰吾聞楚

有神龜死已三千歲矣王巾笥而藏之廟堂之上此龜者寧其死爲留骨而貴乎寧其生而曳尾於塗中乎二大夫曰寧生而曳尾塗中莊子曰往矣吾將曳尾於塗中莊子不知有死生者也而大此者以放時之趣利而忘生而二大夫之知爲足以與此而已矣

惠子相梁莊子往見之或謂惠子曰莊子來欲代子相於是惠子恐搜於國中三日三夜莊子往見之曰南方有鳥其名鵷鶵子知之乎夫鵷鶵發於南海而飛於北海非梧桐不止非練實不食非醴泉不飲於是鴟得腐鼠鵷鶵過之仰而視之曰嚇今子欲以子之梁國而嚇我邪莊子之所賤如魏牟之言則毋所欣忭者也則自比於神龜鵷鶵而以惠子爲鴟梁國爲腐鼠不亦可乎

莊子與惠子遊於濠梁之上莊子曰儵魚出游從容是魚樂也惠子曰子非魚安知魚之樂莊子曰子非我安知我不知魚之樂惠子曰我非子固不知子矣子固非魚也子之不知魚之樂全矣莊子曰請循其本子

曰汝安知魚樂云者既已知吾知之而問我我知之濠上也循其本則惠子謂子非魚安知魚之樂則是子非我所固已知我不知魚之樂矣非我而知我不知魚之樂則知我非魚而能知魚之樂矣是既已知吾知之而問我也而我則知之濠上而已不待於為魚而後知也

至樂第十八

天下有至樂無有哉有可以活身者無有哉今奚為奚據奚避奚處奚就奚去奚樂奚惡夫天下之所尊者富貴壽善也所樂者身安厚味美服好色音聲也所下者貧賤夭惡也所苦者身不得安逸口不得厚味形不得美服目不得好色耳不得音聲若不得者則大憂以懼其為形也亦愚哉夫富者苦身疾作多積財而不得盡用其為形也亦外矣夫貴者夜以繼日思慮善否其為形也亦疏矣人之生也與憂俱生壽者惛惛久憂不死何之苦也其為形也亦遠矣烈士為天下見善矣未足以

活身吾未知善之誠善邪誠不善邪若以爲善矣不足活身以爲不善矣足以活人故曰忠諫不聽蹲循勿爭故夫子胥爭之以殘其形不爭名亦不成誠有善無有哉今俗之所爲與其所樂吾又未知樂之果樂邪果不樂邪吾觀夫俗之所樂舉群趣者誙誙然如將不得已而皆曰樂者吾未之樂也亦未之不樂也果有樂無有哉吾以無爲誠樂矣又俗之所大苦也故曰至樂無樂至譽無譽天下是非果未可定也雖然無爲可以定是非至樂活身唯無爲幾存請嘗試言之天無爲以之清地無爲以之寧故兩無爲相合萬物皆化芒乎芴乎而無從出乎芴乎芒乎而無有象乎萬物職職皆從無爲殖故曰天地無爲也而無不爲也人也孰能得無爲哉芒之言芒物之既云則非有也芴之言勿勿之使不得爲而已非無也則芒芴者疑於有無之辭也故曰雜乎芒芴之間而有氣是也莊子妻死惠子弔之莊子則方箕踞鼓盆而歌惠子曰與人居長子老身死不哭

亦足矣又鼓盆而歌不亦甚乎莊子曰不然是其始死也我獨何能無槩然察其始而本無生非徒無生也而本無形非徒無形也而本無氣雜乎芒芴之間變而有氣氣變而有形形變而有生今又變而之死是相與為春秋冬夏四時行也人且偃然寢於巨室而我噭噭然隨而哭之自以為不通乎命故止也莊子之所貴則孔子孟孫才顏氏而其制行則若子桑子反子琴張之徒何也蓋人道之弊天下沈於哀樂之邪而滅其天理故所以救之為若此也支離叔與滑介叔觀於冥伯之丘崑崙之虛黃帝之所休俄而柳生其左肘其意蹙蹙然惡之支離叔曰子惡之乎滑介叔曰亡予何惡生者假借也假之而生生者塵垢也死生為晝夜且吾與子觀化而化及我我又何惡焉支則支分離則離散滑則滑雜介則介間而叔則末也析物離形而得其盡者支離叔之事也雜間乎群有之間而得其盡者滑介叔之事也冥則無所見也伯則長也丘則高而中也崐崘則有形之最高也虛則壙埌無人之野也觀乎無所見至於無以過之則雖非大通乃所以為冥伯之丘而有形之最高而壙埌無人之處也黃帝齊心服形則其所休者固嘗如此也俄而柳生其左肘則心無形廢如土壤而不覺柳之生其

附也物則易生之物也以假介爲事則其初不免驚而惡之也然知其生之爲假借塵垢而死生之爲晝夜則又何惡也古之所謂觀化者其道蓋如此也

莊子之楚見空髑髏髐然有形㩻以馬捶因而問之曰夫子貪生失理而爲此乎將子有亡國之事斧鉞之誅而爲此乎將子有不善之行愧遺父母妻子之醜而爲此乎將子有凍餒之患而爲此乎將子之春秋故及此乎於是語卒援髑髏枕而卧夜半髑髏見夢曰子之談者似辯士諸子所言皆生人之累也死則無此矣子欲聞死之說乎莊子曰然髑髏曰死無君於上無臣於下亦無四時之事從然以天地爲春秋雖南面王樂不能過也莊子不信曰吾使司命復生子形爲子骨肉肌膚反子父母妻子閭里知識子欲之乎髑髏深矉蹙頞曰吾安能棄南面王樂而復爲人間之勞乎原始要終故知死生之說以其一體而已矣則世之貪生而惡死固非是矣如其樂死而惡生則豈所以爲一體耶而言此者以世人之所病尤在於貪生惡死也則南面王之樂豈無爲而言之乎

顏淵東之齊孔子有憂

色子貢下席而問曰小子敢問回東之齊夫子有憂色何邪孔子曰善哉汝問昔者管子有言丘甚善之曰褚小者不可以懷大綆短者不可以汲深夫若是者以為命有所成而形有所適也夫不可損益吾恐回與齊侯言堯舜黃帝之道而重以燧人神農之言彼將內求於己而不得不得則惑人惑則死且汝獨不聞邪昔者海鳥止於魯郊魯侯御而觴之于廟奏九韶以為樂具太牢以為膳鳥乃眩視憂悲不敢食一臠不敢飲一杯三日而死此以己養養鳥也非以鳥養養鳥也夫以鳥養養鳥者宜栖之深林遊之壇陸浮之江湖食之鰌鰷隨行列而止委蛇而處彼唯人言之惡聞奚以夫譊譊為乎咸池九韶之樂張之洞庭之野鳥聞之而飛獸聞之而走魚聞之而下入人卒聞之相與還而觀之魚處水而生人處水而死彼必相與異其

好惡故異也故先聖不一其能不同其事名止於實義設於適是之謂條達而福持知不足知是非之境而聞莊子之言則眩視憂悲固所不免也故屢及海鳥之説欲學者之深思而教者之慎出也衝城窒穴之殊器千里捕鼠之殊技夜明晝昏之殊性此先聖之所以不一其能不同其事也名止於實則無過實之名義設於適則無過施之義條達則隨其條之短長而不求通求通則不達矣福持則因其分之大小而不過與過與則不持矣

列子行食於道從見百歲髑髏攓蓬而指之曰唯予與汝知而未嘗死未嘗生也汝果養乎予果歡乎種有幾得水則爲㡭得水土之際則爲鼃蠙之衣生於陵屯則爲陵舄陵舄得鬱棲則爲烏足烏足之根爲蠐螬其葉爲蝴蝶蝴蝶胥也化而爲蟲生於竈下其狀若脫其名爲鴝掇鴝掇千日爲鳥其名爲乾餘骨乾餘骨之沫爲斯彌斯彌爲食醯頤輅生乎食醯黃軦生乎九猷瞀芮生乎腐蠸羊奚比乎不箰久竹生青寧青寧生程程生馬馬生人人又反入於機萬物皆出於機皆入於機易曰精氣爲物游魂爲變遊竟之竅無所不之則百歲髑髏何知也剗心去智至於無知則知其未嘗生

未嘗死與之均矣知其未嘗死則汝與吾奚畏於死知其未嘗生則予與汝奚憂而況於生乎夫惟知遊魂之無所不之而精氣之爲物則凡其識果有幾邪精之氣游魂而已矣故鼃也蠙之衣也陵舄也一種也或得水或得水土之際或得陵屯而其生名不同也烏足也蠐螬也胡蝶也其與陵舄亦一種也或得鬱棲或以根或以葉而其爲變各不同也鴝掇也乾餘骨也斯彌也食醯頤輅也其與黃軦亦一種也或以竈下或以其日之久或以其沐而其生各不同也黃軦之於九猷瞀芮之於腐蠸羊奚之於不箰久竹則不箰其種之所自而生也久竹也青寧也程也亦一種也而馬與人有自之而生也則物或以無情而相生或以有情而相生或以無情而生有情或以有情而生無情或生於非類則皆精氣游魂之所爲也凡列子之所言則其所嘗聞見而知之一也其所未嘗聞見者可勝道哉黃帝書曰天生人也人心機也萬物皆出於機皆入於機而獨人心謂之機而此亦以人爲反入於機此其爲天地之貴而萬物之靈乎

壬辰重改證呂太尉經進莊子全解卷第六